Dominique Michel

La Bible
au-delà de la religion

Tome 2
La mutation du sacré
Rois, Prophètes et Sages

Peinture de Claire MILLÉ
Sur le pourpre royal, le divin se répand en éclats d'or,
du temple de Jérusalem vers le peuple symbolisé par un olivier.

*Un vent de tempête venait du nord, une grande nuée et un feu fulgurant et, autour, une clarté ;
en son milieu, comme un étincellement de vermeil au milieu du feu (Ex 1,4).*

© Dominique MICHEL, 2024
Édition : BoD · Books on Demand, 31 avenue Saint-Rémy,
57600 Forbach, bod@bod.fr
Impression : Libri Plureos GmbH, Friedensallee 273,
22763 Hamburg (Allemagne)
ISBN : 978-2-3225-5387-7
Dépôt légal : Décembre 2024

À mes petits-enfants
Jérémy, Clément, Nathan, Elisa, Evan, Eloïse,
Thomas, Chloé et Mila.

Avertissement

L'ordre choisi pour l'étude des livres de la Bible n'est pas toujours celui, variable, des différentes traductions de la Bible. J'ai opté pour un ordre chronologique selon les dates supposées de ces écrits.

Du fait du nombre et de la diversité des textes étudiés, la lecture en continu de ce tome peut paraître exigeante au lecteur. Les introductions et conclusions qui encadrent les commentaires de ces écrits bibliques permettent au lecteur dans un premier temps d'en saisir les grandes lignes et de choisir ultérieurement les textes qu'il souhaite approfondir. Par ailleurs, il m'a semblé important d'inclure dans cette étude de nombreuses citations plus à même que tout commentaire d'exprimer la force et la beauté du message biblique. Le lecteur peut survoler ces citations ou au contraire s'arrêter sur celle qui résonne en lui.

Les citations bibliques sont en italique et proviennent de la TOB, Traduction Œcuménique de la Bible.
Leur référence est indiquée entre parenthèses avec l'abréviation du livre concerné, suivi du numéro de chapitre, puis du verset après la virgule.

Introduction

Rappel du tome précédent

Le tome 1 de *La Bible au-delà de la religion* porte sur les cinq premiers livres de la Bible, appelés la Torah chez les Juifs ou Pentateuque chez les Chrétiens.

Avec le livre de la Genèse, nous avons lu les récits mythiques de la création du cosmos, la naissance des premiers groupes humains et la violence qui a recouvert la surface de la terre au grand dam du créateur. Récits dont nous avons souligné la remarquable pertinence anthropologique.

L'histoire d'Abraham, originaire d'Our en Chaldée - partie sud de la Mésopotamie -, nous fait entrer dans des récits protohistoriques qui s'inscrivent dans une époque trop lointaine pour que l'on puisse qualifier d'historique les faits rapportés.

Abraham a entendu cette parole : « *Va pour toi*[1], *de ta terre, de ton enfantement, de la maison de ton père, vers la terre que je te ferai voir* » *(Gn 12,1 - traduction d'André Chouraqui)*.

L'injonction est assortie d'une promesse inouïe pour un homme dont la femme est stérile : *Je ferai de toi une grande nation et je te bénirai. Je rendrai grand ton nom (Gn 12,1)*.

---

[1] - *Va pour toi* ou « Va vers toi » - voir les réflexions de Marie Balmary dans son livre : « le sacrifice interdit », l'appel d'Abraham.

Alors que son père Terah avait émigré du sud au nord de la Mésopotamie, d'Our à Harran, lui quitte Harran, repart vers le sud mais du côté ouest du croissant fertile. Il arrive au pays de Canaan et là, Yhwh[2], lui promet que cette terre sera donnée en héritage à ses descendants et qu'elle sera leur royaume.

Son itinérance géographique s'accompagne d'un chemin spirituel qui le libère de ses attachements psychiques afin qu'il devienne fécond et engendre avec Sara, un fils, Isaac qui à son tour avec Rebecca sera père des jumeaux, Esaü et Jacob. Jacob, par un stratagème de sa mère qui le préfère à Esaü, hérite de la promesse de devenir une grande nation, provoquant l'hostilité de son frère. Rebecca, pour le protéger, l'incite à quitter Canaan afin d'échapper aux menaces de mort d'Esaü. Il remonte alors à Harran chez son oncle Laban qui le prend à son service. Amoureux de Rachel, fille cadette de Laban, il doit d'abord épouser Léa, l'aînée, et ce n'est qu'après sept ans de service supplémentaire que Rachel devient sa seconde épouse. Après la rivalité mortifère entre les deux frères, la rivalité entre les deux sœurs se traduit par une sorte de compétition pour donner la vie. C'est à celle qui donnera le plus d'enfants à Jacob, et elles n'hésitent pas à mobiliser leurs servantes à cet effet. Rachel, la préférée, est la moins féconde. Après les dix garçons de Léa et des deux servantes, elle donne naissance à Joseph et plus tard à un petit dernier, Benjamin. C'est ainsi que naissent les douze fils qui sont les ancêtres des douze tribus d'Israël[3]. Jacob, en manifestant clairement sa préférence pour Joseph, attise la jalousie de ses frères qui tentent de le tuer. Finalement il est vendu comme esclave en Egypte où il connaît un destin extraordinaire. Devenu gouverneur de l'empire Egyptien, il sauve toute sa famille menacée par la famine et la fait venir en Egypte.

---

2 - Yhwh, nom ineffable, composé de 4 lettres hébraïques, *je suis qui je serai* (Ex 3,14), nommé Adonai, Kurios, Dominus, Seigneur, l'Eternel, selon les Bibles.
3 - En Gn 32, 29, Dieu lutte avec Jacob puis lui donne le nom d'*Israël* signifiant « tu as lutté avec Dieu ». Le peuple constitué de ses descendants porte ce nom d'Israël.

INTRODUCTION

Le livre de l'Exode reprend des générations plus tard l'histoire de la descendance de cette famille très féconde devenue esclave du Pharaon. La prolificité de cette tribu fait peur au Pharaon qui cherche alors à en stopper le développement. Il en a cependant bien besoin pour construire les pyramides. Le livre raconte comment elle est libérée de la tutelle de l'Egypte par Moïse, personnage central du livre. Arrachée à sa condition d'esclave, cette tribu sans attache profonde, à laquelle s'est joint *un ramassis de gens (Ex 12,37)*, se retrouve perdue dans le désert. Moïse reçoit alors de Yhwh des directives pour structurer le groupe autour d'un projet, celui de partir s'installer dans *un pays ruisselant de lait et de miel (Ex 3,8)*, et d'un enseignement, les dix commandements ou dix paroles *(Ex 20)*, qui engagent le peuple dans une profonde révolution religieuse et l'exigence d'une éthique.

Le livre du Lévitique centré sur des directives cultuelles amorce la métamorphose du sacré[4] (Lv 19,2). Le culte rendu à Yhwh, épuré de toute superstition, opère un glissement du sacré vers la sainteté[5]. La relation à Dieu implique que la relation des hommes entre eux soit libérée de la violence et qu'ils portent leur attention sur les plus pauvres. Le livre des Nombres rapporte les résistances et les difficultés du peuple à entrer dans cette métamorphose, à rompre avec les pratiques ancestrales du sacré, et à se fier à la promesse transmise par Moïse.
Enfin le livre du Deutéronome développe les instructions données à Moïse. L'éthique sur laquelle repose la Loi ne sera possible qu'avec le développement d'une relation confiante et personnelle de l'homme avec Yhwh, son créateur.

---

4 - Le sacré primitif est le domaine intouchable et inquestionable de la relation aux dieux (cf. tome I p 261).
5 - Le sens premier du mot saint est « séparé » (cf. tome I p 263).

Arrière-plan historique

Les livres que nous allons étudier dans ce deuxième tome, s'inscrivent dans une période historique très large, depuis l'entrée en terre promise, que les historiens situent autour du 13ᵉ siècle, jusqu'au dernier siècle avant l'ère chrétienne.

Cet ensemble d'écrits a vu le jour au sein d'un petit peuple qui a pris racine lors du second millénaire sur une bande de terre entre la mer Méditerranée et le fleuve Jourdain appelée pays de Canaan, terre qui est le passage obligé entre deux grandes zones géographiques, la Mésopotamie au Nord-est et l'Egypte au sud-Ouest, berceaux de civilisations qui tiennent une place centrale dans l'évolution de l'histoire humaine. Elles sont à l'origine de cités-états, qui, avec la création d'une administration, la mise en place d'institutions politiques et religieuses, la découverte de la métallurgie et de l'agriculture, la pratique du commerce, donneront naissance à des empires. C'est aussi en Mésopotamie que les archéologues situent, autour du troisième millénaire, la naissance du premier système d'écriture, l'écriture cunéiforme[6].

À l'aube du premier millénaire, époque où les tribus des Hébreux mettent à leur tête un roi pour constituer une nation, l'Assyrie avec sa capitale Ninive[7] est maître d'un empire sans équivalent aux époques antérieures. L'empire assyrien connaît son apogée territorial au 8ᵉ siècle après ses victoires en Perse au sud-est et sur l'Egypte, couvrant ainsi la majeure partie du Moyen-Orient.

Quelques décennies plus tard, cet empire est déstabilisé par la récurrence de crises successorales et son incapacité à dominer durablement des populations d'un territoire aussi vaste et tout particulièrement celles

---

6 - Cf. La découverte en 1901 de notre ère, à Suse, d'une stèle du Code juridique Hammourabi daté de 1750 av. J.-C. (musée du Louvre).

7 - Les ruines de Ninive sont recouvertes à certains endroits par les nouvelles banlieues de Mossoul (Irak).

INTRODUCTION

de la région de Babylone, farouchement indépendantiste. Profitant d'une guerre civile entre Assyriens, un pouvoir autonome se constitue à Babylone avec à sa tête Nabuchodonosor. Avec l'appui des Mèdes, celui-ci envahit l'Assyrie et détruit Ninive en 612. Babylone étend alors sa domination sur toutes les anciennes provinces de l'Assyrie et devient le nouvel empire.
Mais en 539, le roi Perse Cyrus, s'empare de Babylone. Toute la région est alors dominée pendant près de deux cents ans par ce troisième empire.
En 334, Alexandre le Grand, roi de macédoine, débarque en Asie Mineure, traverse la Mésopotamie, conquiert Babylone et pousse son armée jusqu'au fleuve Indus, il meurt à Babylone en 323. Ses principaux généraux se partagent cet immense territoire. La Palestine est rattachée à Ptolémée, la dynastie des Lagides, puis en 200, après la défaite des Lagides face aux Séleucides, elle tombe sous la coupe de ces derniers. Enfin, en 63, le général romain Pompée prend Jérusalem et toute la région devient province romaine.

La logique impériale

Depuis toujours, le but ultime de tout empire est la conquête du monde connu et sa mise en ordre. Cet objectif a une dimension quasi cosmique et donc sacrée, car il est justifié par la volonté de combattre le chaos et d'établir l'ordre dans l'univers.
La multitude des peuples aux marges de l'empire est perçue comme inférieure, mal organisée et leur diversité symbolise le désordre du monde que l'empereur a pour mission de combattre.
La fonction avouée de la construction d'un empire est d'unifier le monde. Les évolutions sur le plan religieux suivent la même dynamique, remise en ordre des cultes, limitation et hiérarchisation des dieux. C'est ainsi que dans chaque empire, il y a une divinité suprême, Assur

pour les Assyriens, Mardouk pour les Babyloniens, Ahura Mazda pour les Perses, Zeus pour les Grecs. L'empereur occupe une position à part parmi les humains, sa fonction est sacrée, il est l'élu des dieux et ses actions pour rétablir l'ordre et la paix reflètent les volontés divines.
Il faut reconnaître que cet objectif impérial a permis les grands développements de la civilisation : l'organisation du territoire, la construction de capitales, la constitution de provinces, l'organisation de réseaux de communication. Mais tout cela au prix d'une emprise souvent violente sur les populations, sous forme de taxes et de corvées. Les peuples qui ne sont pas simplement annexés sont mis sous tutelle et doivent payer un lourd tribut. Quant aux populations récalcitrantes, elles peuvent être déportées.
Avec le temps, ces empires sont minés, de l'intérieur par les rivalités liées aux successions et par la résistance des populations assujetties, de l'extérieur par les guerres contre d'autres empires qui ont aussi une visée hégémonique. Force est de constater qu'historiquement toute construction politique fondée sur une approche impériale est incapable d'atteindre son objectif de paix et de stabilité.

Face à la logique impériale, l'enseignement de la Torah

Dans l'objectif de la construction d'un peuple, la Torah raconte une tout autre approche. Le contraste entre la logique impériale et l'enseignement biblique est saisissant.
Dans le récit de *la tour de Babel (Gn 11)*[8], nous avons relevé la peur des hommes face à la diversité des populations de la terre. La volonté d'uniformiser qui s'ensuit déplaît à Yhwh. Il s'y oppose par la création de langues différentes qui sauvegardent la diversité au risque de semer la confusion.

---

8 - cf. tome 1 p 93.

INTRODUCTION

Plus tard, avant *la sortie d'Egypte*, nous avons noté que le gouvernement du Pharaon incarnait les forces de mort alors que Yhwh proposait un projet de vie en créant un peuple nouveau, libéré de la logique impériale, avec le don de la Torah et la promesse d'une terre nouvelle.

Les termes de l'*alliance* que sont les dix commandements (Ex 20), cœur de la Torah, engagent une mutation profonde dans la perception du sacré en donnant le jour à une éthique.
L'existence d'un lien des empereurs avec leurs dieux dont ils tirent légitimité et puissance est vigoureusement dénoncée. Il n'y a qu'un seul Dieu, Yhwh, nom qui ne doit pas être prononcé, Dieu insaisissable par les puissants, Dieu attentif aux populations les plus fragiles qui vivent à la marge de la société : *Car c'est Yhwh votre Dieu qui est le Dieu des dieux et Yhwh des seigneurs, le Dieu grand, puissant et redoutable, l'impartial et l'incorruptible, qui rend justice à l'orphelin et à la veuve, et qui aime l'émigré en lui donnant du pain et un manteau. Vous aimerez l'émigré, car au pays d'Égypte vous étiez des émigrés (Dt 10,17-19).*

L'éthique des dix commandements est développée tout au long de la Torah : *Tu n'exploiteras ni n'opprimeras l'émigré, car vous avez été des émigrés au pays d'Egypte. Vous ne maltraiterez aucune veuve ni aucun orphelin. Si tu le maltraites, et s'il crie vers moi, j'entendrai son cri, ma colère s'enflammera, (...) Si tu prêtes de l'argent à mon peuple, au malheureux qui est avec toi, tu n'agiras pas avec lui comme un usurier ; vous ne lui imposerez pas d'intérêt (Ex 22,20+).*
Elle est la condition pour habiter une terre nouvelle, la terre promise : *Tu écouteras, Israël, et tu veilleras à les mettre en pratique : ainsi tu seras heureux, et vous deviendrez très nombreux, comme te l'a promis Yhwh, le Dieu de tes pères, dans un pays ruisselant de lait et de miel (Dt 6,3).*

Cependant on a vu les difficultés du peuple à appliquer la Torah face à la puissance des empires. Une fois installé, le peuple est confronté au prestige de leur culture et à la force de leurs armées. La Torah l'a mis en garde, il ne devra pas convoiter leurs richesses. *Tu ne te laisseras pas prendre au piège par l'envie de garder pour toi leur revêtement d'argent et d'or, car c'est une abomination pour Yhwh ton Dieu (Dt 7,25).*
Il ne doit pas chercher à les imiter. *Tu ne te feras pas de dieux en forme de statue (Ex 34,17). Vous ne suivrez pas d'autres dieux parmi ceux des peuples qui vous entourent (Dt 6,14).* Yhwh avertit aussi le peuple qu'une fois bien installé dans ce territoire où coulent le lait et le miel, la richesse pourrait être un piège. *Si tu manges à satiété, si tu te construis de belles maisons pour y habiter, si tu as beaucoup de gros et de petit bétail, beaucoup d'argent et d'or, beaucoup de biens de toute sorte, ne va pas devenir orgueilleux et oublier Yhwh ton Dieu. (...) Ne va pas te dire : « C'est à la force du poignet que je suis arrivé à cette prospérité », mais souviens-toi que c'est Yhwh ton Dieu qui t'aura donné la force d'arriver à la prospérité (...) (Dt 8,13-17).*

L'antidote à la tentation impériale, à toute velléité d'appropriation, est l'humilité et la reconnaissance du don reçu. Après avoir pris possession du territoire promis, le peuple ne doit pas se considérer comme supérieur aux autres peuples, il ne doit pas tomber dans l'arrogance du propriétaire, il doit reconnaître que cette terre est un don de Yhwh : *Reconnais que ce n'est pas parce que tu es juste que Yhwh ton Dieu te donne ce bon pays en possession, car tu es un peuple à la nuque raide (Dt 9,6).*

La période au désert avait cet objectif d'éducation à l'humilité afin de rester réceptif à sa Parole : *Il t'a mis dans la pauvreté, il t'a fait avoir faim et il t'a donné à manger la manne que ni toi ni tes pères ne connaissiez, pour te faire reconnaître que l'homme ne vit pas de pain seulement, mais qu'il vit de tout ce qui sort de la bouche de Yhwh. Ton manteau ne s'est pas usé sur toi, ton pied n'a pas enflé depuis quarante ans, et tu reconnais, à la réflexion, que Yhwh ton Dieu faisait ton éducation comme un homme fait celle de son fils (Dt 8,3-5).*

La pérennité du peuple ne réside pas dans la puissance et la domination des autres peuples, mais dans la transformation intérieure du cœur de chacun par l'écoute de la parole : *Oui, la parole est toute proche de toi, elle est dans ta bouche et dans ton cœur, pour que tu la mettes en pratique. Vois : je mets aujourd'hui devant toi la vie et le bonheur, la mort et le malheur, moi qui te commande aujourd'hui d'aimer Yhwh ton Dieu, de suivre ses chemins, de garder ses commandements, ses lois et ses coutumes. Alors tu vivras, tu deviendras nombreux, et Yhwh ton Dieu te bénira dans le pays où tu entres pour en prendre possession (Dt 30,14-16).* Alors, paradoxalement et de façon contre-intuitive, le peuple n'a pas à craindre la domination des empires. S'il écoute la parole de Yhwh, s'il reste humble, il subsistera et verra s'écrouler devant lui les uns après les autres les empires orgueilleux : *Car si vous gardez vraiment tout ce commandement que je vous ordonne de mettre en pratique, en aimant Yhwh votre Dieu, en suivant tous ses chemins et en vous attachant à lui, Yhwh dépossédera toutes ces nations devant vous, si bien que vous déposséderez des nations plus grandes et plus puissantes que vous (Dt 11,22-23).*

Trois groupes de livres pour s'arracher aux forces de la violence

Après les récits mythiques puis légendaires de la naissance de ce peuple, examinés dans le premier tome, nous suivrons maintenant pendant plus d'un millénaire sa longue et douloureuse histoire pour s'arracher aux forces de la violence, inhérente à la logique impériale, et de tenter de donner le jour à une société régie par la justice et la liberté.

Nous verrons comment avec le développement d'écrits de genres littéraires différents, la pédagogie divine pendant ce millénaire se déploie inlassablement au sein de l'histoire de ce peuple pour tenter de faire aboutir ce projet.

Tous ces écrits bibliques, en effet, mettent en lumière la nécessité pour l'homme de se démarquer des illusions du sacré primitif et de lutter concrètement contre toutes les formes de domination et d'injustice, sources de la violence. Un tel projet, assez décalé par rapport aux réalités du monde où les puissants l'emportent sur les plus faibles, ne pourra aboutir sans l'humble écoute de ces messages pour changer en profondeur le cœur de l'homme et lui ouvrir ainsi la perspective de la création d'un peuple nouveau guidé par la justice.

Ces écrits sont classés traditionnellement en trois groupes[9] : les historiographes, les prophètes-écrivains, et un troisième groupe qui rassemble d'autres écrits.
Ce tome II de *la Bible au-delà de la religion* reprend le découpage des Bibles chrétiennes en trois parties correspondant à ces trois catégories d'auteurs.

La première partie rapporte l'histoire du peuple, depuis l'installation en terre de Canaan (~1200 à 1000 av. J.-C.) et le passage d'une organisation tribale à la monarchie (~ 1000 av. J.-C.), jusqu'à la destruction de Jérusalem, la captivité et l'exil d'une partie de la population, et la fin du royaume (585 av. J.-C.).
L'objectif de ces historiographes est moins de transcrire les faits historiques avec exactitude, que d'apporter un enseignement en utilisant parfois des récits populaires, plus ou moins légendaires, porteurs de sens. Ils décrivent les résistances des autorités à cet enseignement.
De fait, le peuple succombe cycliquement aux charmes de la puissance et se tourne vers les dieux locaux. Il connaîtra alors le sort de tous les

---

9 - Dans la Bible hébraïque, les livres historiques et les livres des prophètes sont regroupés sous le nom de *Nevi'im*.

petits peuples défaits par les grands empires.

Dans la deuxième partie, nous étudierons les prophètes-écrivains (~ de 750 à ~ 500 av. J.-C.) qui surgissent au temps de la monarchie pour dénoncer les pouvoirs politiques et religieux en place, leur reprochant de s'écarter de l'enseignement de Moïse, de retomber dans des pratiques cultuelles traditionnelles et politiquement de rester dans la logique de la puissance au détriment de la justice. Les prophètes transmettent la parole de Dieu dans un contexte précis de l'histoire. Ils annoncent les catastrophes à venir, conséquences de l'infidélité du peuple à la Parole[10], mais aussi promettent l'avènement, pour *un reste*[11], d'une ère nouvelle et l'avènement d'un nouveau type de royauté porté par un messie[12].

Le troisième groupe rassemble les « autres écrits ». Ce sont des œuvres d'auteurs multiples plus tardifs, nées dans un contexte politique et culturel bien différent : il n'y a plus de roi en Israël, l'influence de la première religion monothéiste, le zoroastrisme, est important, puis à partir du 4ᵉ siècle avant notre ère la culture grecque s'impose. Cette période qualifiée traditionnellement de « postexilique » voit naître des livres de sagesse, de conte, de prière, et même plus surprenant un long poème d'amour, *le cantique des cantiques*. Enfin dans les deux derniers siècles avant Jésus Christ, un nouveau genre littéraire apparaît, les écrits apocalyptiques[13]. Cette littérature, par l'usage d'un langage symbolique, porte un regard critique sur les puissances du monde. Elle révèle, au travers des catastrophes qui s'annoncent, le sens de l'histoire humaine et l'imminence d'un monde nouveau.

---

10 - *Oui, la parole est toute proche de toi, elle est dans ta bouche et dans ton cœur, pour que tu la mettes en pratique (Dt 30,14)*, cf. tome 1 p 43.

11 - Le terme de *reste* très utilisé par les prophètes représente un petit nombre de survivants ou rescapés du peuple.

12 - Le mot messie (*messiah* en hébreu) ou christ (*christos* en grec), signifie « oint », celui qui a reçu l'onction divine.

13 - Relatif à l'Apocalypse, du grec Ἀποκάλυψις, signifiant « Révélation ».

Première partie

LIVRES HISTORIQUES

Oui, sois fort et très courageux ;
veille à agir selon toute la Loi que t'a prescrite Moïse, mon serviteur.
Ne t'en écarte ni à droite ni à gauche afin de réussir partout où tu iras.
Ce livre de la Loi ne s'éloignera pas de ta bouche ;
tu le murmureras jour et nuit afin de veiller à agir selon tout ce qui s'y trouve écrit,
car alors tu rendras tes voies prospères, alors tu réussiras. (…)
Ne tremble pas, ne te laisse pas abattre,
car Yhwh, ton Dieu, sera avec toi partout où tu iras (Jos 1,7-9).

Introduction

L'ensemble des livres regroupés sous ce vocable d'« historique » sont *les livres de Josué, des Juges, de Samuel I et II et des Rois I et II*. Ce sont des chroniques[1] qui couvrent une période très large de plus de sept cents ans entre l'installation en terre de Canaan vers le 12e siècle et la chute de Jérusalem en 585 avant notre ère.

Ces livres sont qualifiés d'historique en ce sens qu'ils rapportent des évènements qui s'inscrivent dans la chronologie de l'histoire, mais l'historicité des faits rapportés mérite d'être questionnée à la lumière de l'acception moderne de ce terme qui sous-tend la quête d'une vérité objective des événements dans l'espace et dans le temps de l'histoire. Si certains récits peuvent être qualifiés au moins partiellement d'historiques dans la mesure où ils rapportent des événements datés en des lieux donnés, corroborés par les études archéologiques, d'autres passages relèvent clairement du genre épique ou légendaire. Ces auteurs n'ont pas le souci de l'exactitude factuelle de nos historiens, ils apportent un enseignement.

Néanmoins cet enseignement passe souvent par une analyse critique des événements et une description de leurs conséquences historiques. Il s'agit là, à l'aube de l'histoire de l'écriture, d'une approche inédite. À cette époque, la pratique de l'écrit était si onéreuse qu'elle était, de fait, réservée aux cours royales pour vanter les exploits du prince. La Bible rompt avec l'approche apologétique des premiers écrits de l'histoire de l'humanité, en donnant une grande place à des écrivains qui dénoncent les agissements et la politique des gouvernants. ils en analysent les conséquences. Ils peuvent, à ce titre, être considérés comme les premiers historiens. Reste une énigme, comment ces auteurs indépendants des pouvoirs établis ont-ils pu rassembler les moyens

---

1 - Il existe dans la Bible, deux livres nommés « livres des chroniques », placés après les livres d'Esdras et Néhémie, dans les Ketouvim, ou autres écrits. Ils sont une reprise de ces livres historiques par des prêtres, les lévites.

nécessaires à la réalisation très onéreuse d'une masse si importante d'écrits, souvent d'une grande qualité littéraire ? On peut supposer qu'ils ont trouvé, en particulier en la personne des prophètes, un écho dans les profondeurs de la société qui a fait naître en son sein, un développement intellectuel et spirituel exceptionnel.

Nous touchons là, avec la rédaction de ces écrits bibliques, un phénomène unique dans l'histoire de l'écriture. En effet, il se dégage de ce continuum de récits mythiques, légendaires, historiques relevant de genres littéraires très différents, s'étalant sur plusieurs siècles, une cohérence d'ensemble remarquable, portée par la nature des enseignements de tous ces auteurs.

Les deux premiers livres « historiques », ceux de *Josué* et des *Juges* couvrent la période de la conquête du pays par les tribus de Jacob et leur implantation entre les années 1250 et 1050 environ av. J.-C. Puis les deux livres de *Samuel* relatent les difficultés de ces tribus à subsister face aux tribus voisines d'où leur désir de passer à un autre mode de gouvernance. Finalement, autour de 1050, elles s'entendent pour se rassembler sous la bannière d'un roi et former une nation qui prend pour capitale Jérusalem. Cette belle entente ne dure pas. Dans les *livres des Rois* qui suivent, à la succession du roi Salomon, les tribus du Nord se séparent des tribus du Sud et forment un royaume indépendant, le royaume d'Israël qui prend pour capitale Samarie. Après une période relativement florissante, la pression assyrienne se fait de plus en plus menaçante et en 722, la ville de Samarie est prise, la population est déportée au nord, dans les villes de l'Assyrie. Suite à la disparition du royaume du Nord, nous assistons à une lente agonie du royaume du Sud qui est finalement anéanti par Nabuchodonosor en 585.

JOSUÉ

Appui indéfectible de Yhwh

Le livre débute par l'investiture de Josué qui succède à Moïse. Nous avons déjà rencontré Josué dans le livre de l'EXODE où il apparaît comme un lieutenant militaire de Moïse (Ex 17,8-10), puis son auxiliaire (Ex 24,13). Ce nom de Josué qui signifie « Yhwh sauve » fut donné par Moïse à un certain Hoshéa, fils de Noun (Nb 13,16), marquant ainsi sa vocation. A noter que le nom de « Jésus » dérive de Josué.
Josué reçoit de Yhwh la mission de conduire le peuple libéré de l'esclavage jusqu'à la terre promise, ce territoire où les patriarches Abraham, Isaac et Jacob ont séjourné autrefois et qui fut l'objet de la promesse de Yhwh, promesse renouvelée à chaque génération : *C'est là le pays que Yhwh a promis par serment à Abraham, Isaac et Jacob en leur disant : « C'est à ta descendance que je le donne » (Dt 34,4).*
Ce don de la terre implique de la part du peuple - et cela peut paraître contradictoire - la volonté de la conquérir. L'association du don et d'une conquête sera source de tension, riche d'enseignement spirituel, tout au long de l'histoire. L'opération, prévient Yhwh, sera difficile, il lui faudra s'armer de courage, mais il pourra toujours compter sur son appui indéfectible : « *Moïse, mon serviteur, est mort ; maintenant*

donc, lève-toi, passe le Jourdain que voici, toi et tout ce peuple, vers le pays que je leur donne - aux fils d'Israël (...). Comme j'étais avec Moïse, je serai avec toi ; je ne te délaisserai pas, je ne t'abandonnerai pas. Sois fort et courageux, car c'est toi qui donneras comme patrimoine à ce peuple le pays que j'ai juré à leurs pères de leur donner » (Jos 1, 2-6).

La conquête du territoire

Le territoire à conquérir, il faut le souligner, est bien délimité : *Depuis le désert et le Liban que voici jusqu'au grand fleuve, l'Euphrate, tout le pays des Hittites, et jusqu'à la Grande Mer, au soleil couchant, tel sera votre territoire (Jos 1, 4).* Il ne s'agit donc pas de construire un empire, qui lui, par principe, ne connaît pas de frontière.

Après avoir donné ses instructions au peuple en vue de cette marche vers la terre promise, Josué envoie deux espions reconnaître le territoire. Arrivés à Jéricho, les deux hommes trouvent asile chez une prostituée du nom de Rahab (Jos 2,1). Le roi de Jéricho apprend l'intrusion de ces deux personnes, s'en méfie et demande à Rahab de les lui livrer. Mais cette femme a eu la révélation de l'importance de leur mission, elle les cache et feint, devant les émissaires du roi, de les avoir vus repartir. Avant qu'ils ne se retirent, Rahab leur demande de se souvenir d'elle lors de la conquête à venir. Quand les poursuites furent abandonnées, *les deux hommes redescendirent de la montagne ; ils traversèrent et vinrent auprès de Josué, fils de Noun, et ils lui rapportèrent tout ce qu'ils avaient trouvé. Ils dirent à Josué : « Vraiment Yhwh a livré tout le pays entre nos mains et même tous les habitants du pays ont tremblé devant nous » (Jos 2,22).*

Suit la description de la traversée du Jourdain *(Jos 3)* et de l'entrée en terre de Canaan qui semblent relever plus d'une procession liturgique que d'une manœuvre militaire. L'arche d'alliance[2] est portée par les prêtres et au moment où ils mettent les pieds dans l'eau du Jourdain, le

---

2 - L'arche d'alliance est un coffre en bois contenant les tables de la Loi (les 10 commandements) données à Moïse sur le mont Sinaï (décrit en Ex 25, 10).

fleuve s'arrête de couler pour permettre au peuple de passer à pied sec *(Jos 3,16)*. C'est évidemment un « remake » de la traversée de la mer rouge *(Ex 14,29)*. Yhwh après les avoir sortis de l'esclavage, leur ouvre la porte d'un monde nouveau.

Circoncision des israélites

Après la sortie d'Egypte et les quarante ans au désert, une fois le jourdain franchi, Yhwh dit à Josué : « *Fais-toi des couteaux de silex[3] et remets-toi une nouvelle fois à circoncire les fils d'Israël* ». *Josué se fit des couteaux de silex et circoncit les fils d'Israël sur la colline des Prépuces. (...) Josué circoncit tous ceux du peuple qui étaient nés dans le désert, car ils étaient incirconcis puisqu'on ne les avait pas circoncis en chemin. Or, lorsqu'on eut achevé de circoncire toute la nation, ils demeurèrent sur place dans le camp jusqu'à leur guérison. Et Yhwh dit à Josué : « Aujourd'hui, j'ai roulé loin de vous l'opprobre d'Egypte » (Jos 5, 2-9). Et la manne cessa le lendemain de la première Pâque en Canaan quand ils eurent mangé des produits du pays (Jos 5,12).*

Le peuple a franchi le Jourdain, est entré en terre promise, s'est fait circoncire, il est sevré de la manne telle un nourrisson qui doit passer à une autre nourriture. Il devient responsable de sa subsistance. Une nouvelle étape de la vie d'Israël commence.

Les trompettes de Jéricho

Le caractère liturgique de la conquête est souligné par toute une série d'actions préalables à caractère religieux : construction d'un autel (Jos 4,20), circoncision des hommes (Jos 5,1), célébration de la Pâque (Jos 5,10), avant d'attaquer la ville de Jéricho (Jos 6).
Le siège de la ville elle-même prend un caractère cultuel. Chaque jour, pendant six jours, tout le peuple doit en procession faire le tour complet

---

3 - L'usage d'un couteau de silex permet de faire remonter l'origine de la circoncision à une époque très ancienne où on ne connaissait pas le métal (note de la TOB).

des murailles de la ville. Le septième jour, il fait sept fois le tour, puis *le peuple poussa la clameur, et on sonna du cor*[4].
Lorsque le peuple entendit le son du cor, il poussa une grande clameur, et le rempart s'écroula sur place ; le peuple monta vers la ville, chacun droit devant soi, et ils s'emparèrent de la ville (Jos 6,20).
Cette célèbre légende des « trompettes de Jéricho » laisse bien entendre que c'est Yhwh, et non la force militaire, qui donne la victoire. Il y a cependant une contrepartie à ce soutien de Yhwh : le peuple ne doit pas se mélanger aux populations locales, elles sont « vouées à l'interdit », personne ne doit s'approprier leurs biens : *Prenez bien garde à l'interdit de peur que vous ne convoitiez et ne preniez de ce qui est interdit, que vous ne rendiez interdit le camp d'Israël et que vous ne lui portiez malheur. Tout l'argent, l'or et les objets de bronze et de fer, tout cela sera consacré à Yhwh et entrera dans le trésor de Yhwh (Jos 6,18-19).*
Les conséquences de cet interdit sont à nos yeux beaucoup moins merveilleuses : *Ils vouèrent à l'interdit tout ce qui se trouvait dans la ville, aussi bien l'homme que la femme, le jeune homme que le vieillard, le taureau, le mouton et l'âne, les passant tous au tranchant de l'épée (Jos 6,21).*
Seules Rahab et sa famille sont épargnées !

Infidélité de Akan

Après cette victoire sur Jéricho, Josué doit s'attaquer à la ville d'Aï, beaucoup plus petite. À sa grande surprise, il est battu ! Mais alors que fait Yhwh ? Josué le supplie de s'expliquer.
Yhwh lui répond : « *Israël a péché ; oui, ils ont transgressé mon alliance, celle que je leur avais prescrite ; oui, ils ont pris de ce qui était interdit, ils en ont même volé, camouflé, mis dans leurs affaires* » *(Jos 7,11).*

---

4 - *Cor* : sorte de trompe faite de cornes de bélier.

Le coupable, un certain Akan, reconnaît sa faute : « *En vérité, c'est moi qui ai péché contre Yhwh, Dieu d'Israël, et voici de quelle manière j'ai agi. J'avais vu dans le butin une cape de Shinéar d'une beauté unique, deux cents sicles d'argent et un lingot d'or d'un poids de cinquante sicles ; je les ai convoités et je les ai pris ; les voici dissimulés dans la terre au milieu de ma tente et l'argent est dessous* » *(Jos 7, 20-21).*
Akan est lapidé, puis le peuple repart à l'assaut d'Aï et cette fois la ville tombe entre leurs mains : *Tout Israël revint vers Aï et la passa au tranchant de l'épée. Le total de ceux qui tombèrent ce jour-là, hommes et femmes, fut de douze mille, tous gens de Aï (Jos 8,24).*

Les récits de victoires s'enchaînent (Jos 7-11) et finalement tous les territoires sont conquis et le peuple connaît la paix : *Josué prit tout le pays selon tout ce que Yhwh avait dit à Moïse et il le donna comme patrimoine à Israël en le répartissant selon les tribus. Et le pays fut en repos, sans guerre (Jos 11,23).*

Victoire et répartition des territoires

Au chapitre 12, tous les territoires conquis sont listés, trente et un au total. Josué les répartit entre chacune des tribus (Jos 12-14), puis le texte nous donne une longue liste, très détaillée, avec le nom de chaque ville et l'affectation aux onze tribus correspondant aux fils de Jacob (Jos 15-19).

Il y a deux curiosités dans cette répartition du territoire. La première est la création de six *villes de refuge*, destinées à donner un abri provisoire à un meurtrier afin de le mettre à l'abri d'une vengeance en attendant son jugement (Jos 20,9).
La seconde particularité concerne la tribu de Lévi qui est destinée exclusivement au service du culte (Jos 14,3). Elle ne reçoit pas de territoire en propre, mais seulement quelques *villes de résidence*, au sein des territoires de chacune des tribus (Jos 21).

Ces deux particularités illustrent l'amorce d'une mise en place d'instances, juridiques pour la première, cultuelles pour la seconde, qui relient l'ensemble des tribus afin de leur donner une identité spécifique commune.

Un autel est construit près du Jourdain en mémoire de leur volonté de se rattacher tous à Yhwh, malgré les risques de tensions qui affleurent déjà entre les tribus de Cisjordanie et celles de Gad et Ruben en Transjordanie (Jos 22).

Le livre se termine par un long discours de Josué qui, avant de mourir, rappelle les bienfaits de Yhwh auxquels le peuple doit le repos dans ce bon territoire : *Je vous ai donné un pays où tu n'avais pas peiné, des villes que vous n'aviez pas bâties et dans lesquelles vous habitez, des vignes et des oliviers que vous n'aviez pas plantés et vous en mangez les fruits ! (Jos 24,13).*

Josué leur demande d'affirmer, explicitement et solennellement, leur désir de maintenir le lien avec Yhwh en écartant toutes les formes de culte aux dieux locaux. Le peuple répondit : « *Quelle abomination ce serait pour nous d'abandonner Yhwh pour servir d'autres dieux !* » *(Jos 24,16).* Le peuple s'y engage, une stèle est dressée à Sichem[5] pour témoigner de cette alliance avec Yhwh (Jos 24,27).

Historicité du Livre de Josué

Alors que ces événements datent du 12^è siècle av. J.-C., on situe la rédaction des documents épars qui ont été compilés pour donner ce livre, autour du 8^è siècle av. J.-C.. Ce décalage de plusieurs siècles incite à la plus grande prudence quant à l'historicité de ces événements.

L'image véhiculée par ce livre d'une conquête éclair et totale du pays de Canaan, ne résiste pas à la critique historique moderne. Il est écrit dans le livre suivant, le livre des Juges, que la conquête fut loin d'être

---

5 - Abram (Gn 12,7) et Jacob (Gn 33,20) ont dressé un autel à Sichem (actuelle ville de Naplouse).

totale. Plus probablement, il y eut cohabitation, les Cananéens laissant aux Hébreux des terrains montagneux très peu habités et se gardant les plaines plus fertiles.

Les études archéologiques d'aujourd'hui, qui tentent de retrouver la genèse du peuple d'Israël, évoquent une imbrication de peuplades, plutôt qu'une conquête venue de l'extérieur. Des luttes, probablement limitées et ponctuelles, entre peuplades qui globalement vivaient ensemble de façon pacifique, ont été transcrites sous un mode épique pour transmettre un message : l'identité du peuple d'Israël, son unicité, tient dans sa relation avec Yhwh et l'assurance de son soutien.

Questions sur la violence des « guerres de Yhwh »

Ceci étant, la violence qui se dégage de cette lecture de la conquête, avec l'image de Yhwh en chef de guerre, est pour nous choquante et nous interpelle. Comment lire par exemple ce passage extrêmement dur sur la nécessité de vouer à l'interdit (ou anathème) les autres nations ? *Yhwh avait décidé d'endurcir leur cœur à engager la guerre avec Israël, afin de les vouer à l'interdit en sorte qu'il ne leur soit pas fait grâce et qu'on puisse les exterminer comme l'avait prescrit Yhwh à Moïse (Jos 11,20).* Cette phrase et bien d'autres de ce type dans ce livre et dans le livre des Juges qui suit, donne une image de Dieu difficilement supportable et apparemment en parfaite contradiction avec le Dieu miséricordieux qui se révèlera de plus en plus clairement le long de l'histoire biblique.

On peut comprendre la position d'un certain Marcion qui, au 2è siècle de notre ère, estimant ces textes par trop en contradiction avec la révélation évangélique, a voulu séparer radicalement la foi chrétienne de ses sources juives.

Tel ne fut pas l'avis des pères de l'Église de cette époque. Les positions de Marcion furent condamnées comme hérétiques. L'enracinement de l'Évangile dans le judaïsme et ses écrits fut alors énergiquement affirmé (144 ap. J.-C.).

La question reste donc entière, comment lire ces textes qui semblent justifier la violence guerrière et l'élimination des ennemis ? Ces textes ne donnent-ils pas de l'eau au moulin de ceux qui considèrent que la violence est liée aux religions monothéistes ?

Pour les comprendre nous devons, dans un premier temps, les situer dans leur contexte socio-historique, puis voir comment une lecture, sur différents plans, anthropologique, théologique et spirituel, nous apporte un enseignement qui nous concerne individuellement et collectivement aujourd'hui.

Le contexte historique

À cette époque - au 12e siècle av. J.-C. - on est encore très loin du monothéisme chaque peuple avait son dieu attaché à un lieu donné. Les guerres entre les peuples, guerres inéluctables pour tout simplement subsister ou se développer, étaient intrinsèquement sacrées ou plutôt sacrales en ce sens que le dieu de chacun des protagonistes était impliqué.

L'engagement de Yhwh dans la guerre et ses massacres qui nous scandalisent aujourd'hui, non seulement ne choquait pas les esprits de l'époque, mais l'absence de soutien de Yhwh était inimaginable, car une fonction essentielle du dieu associé à un peuple était justement de le défendre.

On ne peut qualifier les *guerres de Yhwh* de guerre de religions en ce sens qu'il ne s'agissait pas d'imposer sa religion ou son dieu aux autres - chacun avait légitimement le sien - mais plutôt de prendre le dessus sur ses rivaux, grâce à l'aide de son dieu. Le culte aux dieux tenait une place déterminante dans toute action politique et militaire. Il n'y avait pas de frontières étanches entre ces différents plans. L'image d'un dieu guerrier était partagée par toutes les cultures du Proche-Orient de cette époque, à l'instar du dieu assyrien luttant au côté du roi son « lieutenant ». La religion juive qui naît à cette époque ne pouvait échapper à cette représentation primitive de Dieu. Nous suivrons tout au long de l'histoire biblique, les étapes de la métamorphose de la représentation de Dieu. La révélation progressive du dessein de Yhwh s'enracine dans le terreau commun de l'histoire de l'humanité et c'est à partir de ses racines et non pas en étant déconnectée d'elles que la pédagogie biblique pourra se déployer et orienter l'évolution sociale et spirituelle du peuple juif d'abord, puis de toute l'humanité.

Néanmoins, au-delà de ce contexte historique que l'on peut comprendre, que peuvent nous apporter ces récits censés procurer un enseignement au lecteur ? Nous pouvons appréhender cet enseignement, par une analyse de la violence à plusieurs niveaux.

Lecture anthropologique de la violence et du développement psychique.

La philosophie depuis Spinoza utilise le terme de « conatus » pour exprimer la force déployée par tout être pour subsister. Cette force s'exprime dès la naissance par les cris du nouveau-né avant qu'il ne « dévore » le sein de sa mère. Plus tard, l'enfant est naturellement « tyrannique » avec ses parents. À l'aube de sa vie, il doit s'affirmer et il ne pose son « moi » qu'en s'opposant. La force de son premier « non ! » dégage une certaine violence, sans qu'il faille y voir au stade des premières années de la vie, une quelconque connotation péjorative et morale et encore moins provoquer une réaction de rejet. Puis lors de son entrée en société, l'enfant comme on peut le constater dans les cours de récréation, est amené à se battre, toujours d'après lui pour se défendre contre un autre, « c'est lui qui a commencé ! ». Cette violence primaire est liée au jeu du désir mimétique[6] et à l'adoption d'un modèle. Si la présence d'un modèle participe activement au développement de la personne, le besoin de s'affirmer en vient à transformer le modèle en rival et la force du « conatus » pour subsister, mute en violence pour dominer.

Le premier récit du livre de la GENÈSE illustre, dans cette volonté d'être « le tout » (le péché originel), la perte de la relation avec Yhwh d'une part, mais aussi entre les hommes, perte illustrée par le meurtre d'Abel par Caïn. Face à la violence généralisée de l'humanité qui en découle, Yhwh a voulu effacer sa création par un déluge. Suite à cette catastrophe, Yhwh part dans une nouvelle création. Il fait alliance avec Noé – souvenez-vous de l'arc-en-ciel (Gn 9,16) -. Il prend acte de la violence structurelle de l'homme en lui permettant d'être carnivore, alors que dans le jardin d'Eden il était végétarien. Il promet de ne plus détruire l'humanité (Gn 8,21). Le rejet pur et simple de la violence est impossible, car cela reviendrait à rejeter tous les hommes et à détruire la création.

Nous retrouvons cette fonction ambivalente du modèle-obstacle où la violence et l'amour sont imbriqués dans toutes les étapes de la croissance de l'individu. On sait en particulier que beaucoup de drames liés à la violence entre personnes ont pour arrière-plan une relation amoureuse. Cette imbrication de l'amour et de la violence n'est pas toujours perçue. Pour illustrer ce déni, Lacan[7] a raillé « le déluge d'amour » versé par certains milieux chrétiens.
Ce débordement verbal, cette emphase sur l'amour peut traduire une expression idéologique plutôt que des sentiments réels ressentis. Les paroles d'amour ont alors pour fonction inconsciente de voiler

---

6 - cf. l'oeuvre de René Girard.
7 - Jacques Lacan, psychiatre français (1901-1981).

opportunément des violences intérieures moins avouables. Ceci explique que chez certaines personnes fortement investies dans des milieux idéologiquement très marqués, chez certains religieux de toute obédience ou au sein même de courants non-violents, peuvent surgir d'une façon surprenante des violences très primaires, en parfaite contradiction avec l'idéal dont ils sont porteurs. L'inconscient se venge brutalement du déni de cette ambivalence « amour-violence ».

L'enjeu de l'éducation est de permettre à chacun de conjuguer l'affirmation de soi avec la nécessaire construction d'une relation à l'autre non violente. Vaste programme !

La Bible s'y emploie par l'éducation d'un peuple mis à part, séparé des autres peuples et relié à Yhwh par la parole. Nos connaissances du psychisme ne disent pas autre chose : le chemin qui permet à l'enfant de se développer passe par une séparation physique d'avec ses parents et la construction d'un lien avec eux d'un nouveau type : la parole.
La séparation (Gn 1,1) est une étape incontournable dans la construction de la personne. La fonction de l'inter-dit est de sortir de la fusion et de la confusion[8] pour créer un espace où la parole pourra se déployer.

Le peuple d'Israël, qui est ici dans les premières phases de son existence, doit s'affirmer. Les *guerres de Yhwh* sont pour le peuple d'Israël l'affirmation de son « moi », de son destin spécifique. Elles sont associées dans ce livre à un certain nombre d'interdits, nommés anathèmes, qui ont pour but de séparer le peuple d'Israël des autres peuples. Sans cette séparation, plus de distance entre ce peuple et son environnement, et l'identité spécifique de ce peuple ne pourrait voir le jour.

Il ne faut donc pas trop s'étonner de la violence qui suinte du livre de Josué et du suivant, les Juges. Ils décrivent la genèse et l'enfance de

---

8 - L'interdit : cf. Tome 1 p 67.

ce peuple. Yhwh est même prêt à voir la violence de son peuple mise sur son dos (Jos 6,21). Plus tard Jésus lui-même assume cette fonction de la séparation et des violences qui peuvent s'en suivre. « *N'allez pas croire que je sois venu apporter la paix sur la terre ; je ne suis pas venu apporter la paix, mais bien le glaive. Oui, je suis venu séparer l'homme de son père, la fille de sa mère, la belle-fille de sa belle-mère : on aura pour ennemis les gens de sa maison.* » *(Mt 10,34)*

La Bible ne surplombe pas la violence des hommes, elle la prend à bras-le-corps, elle est l'histoire de cette désintrication progressive, laborieuse, de l'amour et de la violence. Elle nous permet de suivre le cheminement d'un peuple, avec lequel Yhwh a conclu une alliance pour le libérer et l'introduire dans une *terre promise, où coulent le lait et le miel (Ex 3-8)*. Sur ce chemin difficile, la pédagogie biblique nous amène à prendre acte de la violence, à la regarder en face, à la porter plutôt qu'à la rejeter, pour progressivement la transformer, la retourner en force d'amour.

Caractéristiques des guerres de Yhwh

L'objectif de la conquête est de construire un peuple porteur d'une identité propre, fondée sur son alliance avec Yhwh et de le protéger des risques de dissolution de cette alliance par le contact quotidien avec d'autres peuples. L'ampleur de la violence rapportée par les auteurs du livre qui écrivent plusieurs siècles après les faits est probablement plus théorique que réelle. Elle s'explique par l'expérience du danger mortel pour Israël, dans les siècles suivants, que l'abandon de la Loi et la persistance de l'idolâtrie ont constitué.

C'est l'expression *crainte de Yhwh*, dont nous avons développé toute la richesse dans le tome précédent[9], qui cristallise cette identité.

---

9 - La crainte de Yhwh : cf. Tome 1 p 312.

Une prostituée cananéenne Rahab, une étrangère mue par la *crainte de Yhwh* est rattachée au peuple d'Israël (Jos 2 et 6,22).
La conquête n'est pas une guerre nationaliste. Yhwh ne soutient pas son peuple inconditionnellement, il peut même se retourner contre lui, comme nous le voyons avec la défaite devant la ville d'Aï. L'absence de la *crainte de Yhwh* chez un seul membre du peuple, tel Akan qui a profité de la guerre pour s'enrichir personnellement, fait courir un grave danger à tout le peuple et explique l'échec militaire (Jos 7).

Les guerres de Yhwh, symbole du combat spirituel

Les récits guerriers qui nous heurtent dans ce livre sont porteurs de symboles riches d'enseignements. La première leçon est assez paradoxale, elle nous enseigne que la conquête est un don. Certes nous sommes acteurs de cette conquête de la terre promise - du « royaume des cieux » dira-t-on plus tard - mais nos efforts et nos mérites ne nous donnent pas un droit de propriété sur la terre. Cette terre est donnée pour construire un royaume nouveau, dans une relation étroite avec Yhwh et la réalisation de son dessein. Hors de cette relation, ce don n'a plus de sens, l'humanité s'enfonce dans l'idolâtrie et la violence, la terre elle-même sera détruite.
Une autre leçon nous est donnée dans l'épisode de Rahab, cette femme qui ouvre à Israël la porte de la terre promise. Cette porte n'est pas ouverte pas des hommes forts et respectables, mais par une femme étrangère et prostituée de surcroit. Il n'y a pas de personnes ou de groupes spécifiques attitrés à recevoir, en exclusivité, la force de l'esprit de Yhwh. *Le vent souffle où il veut*[10], dira plus tard Jésus.
Par ailleurs symboliquement, ces récits nous avertissent que le cheminement spirituel n'est pas un long fleuve tranquille, il est un combat (cf. le combat de Jacob[11]). Ce combat peut prendre des formes très diverses, suivant l'histoire et le charisme de chacun.

---

10 - Jn 3,8.
11 - Après son combat, Jacob s'appellera Israël en Gn 32,24.

Les guerres contre les peuples idolâtres symbolisent les combats à mener dans le champ politique, social ou professionnel, combats pour la justice, pour la défense *de la veuve, du pauvre et de l'orphelin (Ex 22,21).*
Au-delà des formes d'actions militantes très concrètes pour rétablir la justice, ces guerres symbolisent aussi nos combats intérieurs pour faire tomber nos propres défenses, à l'instar des murailles de Jéricho. Murailles qui nous enferment dans le désir d'un toujours plus de l'avoir, du pouvoir, du savoir : ces idoles qui nous rendent esclaves de l'argent et de la notoriété.
Les murailles dissimulent nos démons intérieurs. Comment faire tomber la violence que l'on cache, les jalousies que l'on refoule, les ressentiments que l'on cultive ? Le cortège qui tourne avec persévérance autour des murailles de Jéricho, pendant six jours, *pour qu'elles s'écroulent (Jos 6,20),* représente le long combat à mener individuellement, mais aussi collectivement, par les cris de la prière, pour faire tomber les obstacles à l'advenue du royaume.

N'ayons pas peur

Pour mener ce combat, ce livre est un appel à l'audace, au courage, à surmonter la peur par la confiance en la parole de Yhwh.
Toute la Bible est parsemée de chants de combat et pas uniquement dans le premier Testament. Dans son cantique, la « douce » Marie[12], enceinte de Jésus, se félicite du combat de Yhwh contre les puissants : *Le Seigneur est intervenu de toute la force de son bras; Il a dispersé les orgueilleux; Il a jeté les puissants à bas de leur trône et il a élevé les humbles; les affamés, il les a comblés de biens et les riches, il les a renvoyés les mains vides (Lc 1,51-53).*

---

12 - Cantique de louange appelé « Magnificat ».

La douceur trace son chemin au milieu de la violence, jamais en dehors d'elle.

L'apôtre Paul, dans sa lettre aux Éphésiens, au cœur de l'annonce de la victoire de l'amour, prendra aussi des accents guerriers pour illustrer le combat spirituel : *Armez- vous de force (...) Revêtez l'armure de Dieu (...) Debout donc ! À la taille, la vérité pour ceinturon, la justice pour cuirasse et comme chaussures, l'élan pour annoncer l'Évangile de la paix (...) Prenez surtout le bouclier de la foi (...) Recevez enfin le casque du salut et le glaive de l'Esprit, c'est-à-dire la parole de Dieu (Eph 6,10-20).*

Enfin, la dimension de combat, très présente dans les écrits prophétiques, trouvera sa plénitude symbolique dans les écrits bibliques de type apocalyptique, dont nous verrons l'amorce plus loin. Ils annoncent au cœur de la violence du présent, la victoire définitive de la Vie sur la Mort.

Les livres dits « historiques » de la Bible ne sont pas des livres philosophico-spirituels sur la vertu et la sagesse, ce n'est qu'à un âge plus avancé du peuple d'Israël, plusieurs siècles plus tard, qu'apparaîtront, dans la Bible, des livres sur la sagesse.

LES JUGES

Introduction

Avec le Livre des Juges, deuxième des livres dits « historiques », nous entrons dans une période assez obscure qui recouvre grossièrement deux siècles (de 1200 à 1000 av. J.-C.), entre la conquête du pays de Canaan, objet du livre de Josué et l'établissement de la royauté en Israël rapporté dans le livre suivant, le premier livre de Samuel.

Sur le plan narratif, ce livre est assez déroutant. Il ne nous offre pas une histoire suivie des douze tribus, mais une succession de récits centrés sur de grands personnages appelés « juges d'Israël », chargés par Yhwh de sauver ponctuellement une ou plusieurs tribus en grande difficulté.

Les événements rapportés n'apportent pas d'éléments précis sur le plan historique, ils nous apparaissent plutôt comme la transcription de divers récits populaires très anciens, transmis de génération en génération, récits souvent assez scabreux qui ne s'embarrassent pas trop de considérations morales. Certains passages de ce livre, comme le cantique de Débora (Jg 5,2-31), sont considérés comme les plus anciens écrits de la Bible, bien antérieurs à l'écriture de la Torah.

La concaténation de ces traditions, à la chronologie et à la localisation incertaines, offre cependant aux historiens une image assez réaliste de l'arrière-plan social et politique de cette époque.

Un point remarquable est la capacité de l'auteur final du livre, de mettre en scène une série de récits parcellaires rapportés par la tradition orale et d'en dégager une perspective théologique précise et cohérente. Encore plus surprenante, et c'est un point intéressant relevé en conclusion, est la juxtaposition de deux orientations politiques opposées que l'auteur, sans craindre la contradiction, tire de ces récits.

Installation des tribus

Le premier chapitre du livre, qui reprend le récit de l'installation des tribus israélites en territoire de Canaan, nous donne une image de la conquête de ce pays assez différente de celle du livre de Josué. Loin d'être totale et systématique, elle apparaît dans ce chapitre comme partielle. Chaque tribu vit de fait au milieu des Cananéens et doit faire face ponctuellement et cycliquement à des conflits armés avec eux. Cette version de l'implantation d'Israël dans ce pays semble plus réaliste et plus en conformité avec les découvertes archéologiques.

Le deuxième chapitre d'une tonalité bien différente rappelle les origines et le sens de cette implantation, origines qui semblent s'estomper dans la mémoire du peuple. (...) *Je (Yhwh) vous ai fait monter d'Egypte, et je vous ai fait entrer dans le pays que j'avais promis par serment à vos pères. J'avais dit : « Jamais je ne romprais mon alliance avec vous et vous, vous ne conclurez pas d'alliance avec les habitants de ce pays, vous renverserez leurs autels. »*
Mais vous n'avez pas écouté ma voix. Qu'avez-vous fait là ! (Jg 2,1-2)
Avec la mort de Josué (Jg 2,8), c'est une page qui se tourne. La nouvelle génération a oublié Yhwh, elle a perdu le sens de cette installation en terre de Canaan porté par les pionniers.

Et puis toute cette génération fut réunie à ses pères ; après elle ce fut une autre génération qui se leva, mais elle n'avait connu ni Yhwh, ni l'oeuvre qu'il avait faite pour Israël. Les fils d'Israël firent ce qui est mal aux yeux de Yhwh et ils servirent les Baals. Ils abandonnèrent Yhwh, le Dieu de leurs pères, qui les avait fait sortir du pays d'Egypte, et ils suivirent d'autres dieux parmi ceux des peuples qui les entouraient; ils se prosternèrent devant eux et ils offensèrent Yhwh (Jg 2, 10-12).

Bref, Israël en adoptant les cultes locaux perd son âme. En se laissant emporter par des rivalités internes, son histoire se banalise. Le livre rapporte une série d'événements assez hétéroclites où, entouré de peuples plus puissants que lui, ses défaites militaires menacent son existence.

Les Récits

La première histoire donne la clé de lecture théologique de tous les autres récits du livre et donne à cet ensemble très disparate, sa cohérence. Elle est structurée en quatre temps :

Premier temps : le peuple ne respecte pas l'alliance avec Yhwh, il rend un culte aux dieux Baals, et sombre ainsi dans l'idolâtrie. *Les fils d'Israël firent ce qui est mal aux yeux de Yhwh ; ils oublièrent Yhwh leur Dieu et ils servirent les Baals et les Ashéras (Jg 3,7).*

Deuxième temps : Yhwh, dans sa colère, envoie des adversaires au peuple infidèle. *La colère de Yhwh s'enflamma contre Israël et il les vendit à Koushân (Jg 3,8).*

Troisième temps : le peuple, dans sa détresse, se tourne vers Yhwh et l'appelle au secours. *Les fils d'Israël crièrent vers Yhwh (Jg 3,9).*

Quatrième temps, touché par les cris de son peuple, Yhwh vient à son aide en suscitant un « Juge », c'est-à-dire selon l'étymologie du mot, « un sauveur ». *Yhwh suscita pour eux un sauveur qui les sauva (...). L'esprit de Yhwh fut sur lui et il jugea Israël. Il partit en guerre et Yhwh lui livra Koushan (...). Le pays fut en repos pendant 40 ans (Jg 3,9-11).*

Dans ce livre, un « Juge » fait beaucoup plus que juger, c'est une personne investie par la force de l'esprit[13] de Yhwh, pour combattre les ennemis du peuple et l'arracher au malheur. Mais après le décès du juge, Israël retombe dans des pratiques idolâtriques. *Les fils d'Israël recommencèrent à faire ce qui est mal aux yeux de Yhwh (Jg 3,12 ; 4,1 ; 6,1 ; 10,6).*
Et le cycle en quatre temps se reproduit.

Le livre décline la succession de *douze juges*. La place donnée à chacun d'eux est très inégale, certains n'ont droit qu'à une notice très courte : ce sont Otniel, Ehoud et Shamgar (Jg 3), Tola et Aïr (Jg 10), Ibcan, Elon et Abdon (Jg 12).
Des récits plus importants sont associés à quatre juges : Debora (Jg 4-5), Gédéon (Jg 6-9), Jephté (Jg 10-12) et le plus connu Samson (Jg 13-16). L'histoire de ces juges ne s'accole pas toujours parfaitement avec le cadre théologique donné dans le premier récit.

Histoire de Débora

Debora est une femme qui tient déjà une place importante en Israël. Elle est la seule parmi les douze juges dont il est mentionné qu'elle exerce la justice. *Debora, prophétesse, femme de Lappidoth, jugeait Israël en ce temps-là. Elle siégeait sous le Palmier de Débora, entre Rama et Béthel, dans la montagne d'Ephraïm, et les fils d'Israël montaient vers elle pour des questions d'arbitrage (Jg 4,4-5).*
Elle reçoit de Yhwh l'ordre de combattre Sisera, chef d'armée du roi de Canaan. Elle confie cette mission à un certain Baraq. Ce dernier obtient la victoire militaire, mais c'est une autre femme, Yaël, qui tue Sisera : par ruse, alors que Sisera fuyait, Yaël l'a accueilli dans sa tente et durant son sommeil, elle l'achève en lui enfonçant un piquet dans le crâne.

---

13 - L'esprit de Yhwh : force divine que Dieu communique à ceux qu'il charge de guider son peuple (Juges 3,10).

Cette victoire est célébrée par Débora et Barak dans un long cantique qui occupe tout le chapitre 5 du livre, consacré à la gloire de Yhwh et en l'honneur de Yaël. « *Écoutez, rois ! prêtez l'oreille, souverains ! Pour Yhwh, moi, je veux chanter, je veux célébrer Yhwh, Dieu d'Israël (...) (Jg 5,3). Ce cantique se termine ainsi : Qu'ainsi périssent tous tes ennemis, Yhwh, et que tes amis soient comme le soleil quand il se lève dans sa force. » Et le pays fut en repos pendant quarante ans (Jg 5,31).*

Histoire de Gédéon

Avec l'histoire de Gédéon, nous avons un cycle narratif complet qui occupe quatre chapitres (Jg 6-9). Alors qu'Israël a failli à nouveau, un ange de Yhwh se manifeste à Gédéon pour qu'il délivre Israël des Madianites. Gédéon n'est pas très sûr de lui et demande à deux reprises un signe pour s'assurer que c'est bien par sa main que Yhwh veut sauver Israël. Il obtient la confirmation désirée et *alors l'esprit de Yhwh revêtit Gédéon, il sonna du cor et le clan Aviézer se groupa derrière lui (Jg 6,34).* Il détruit les autels dédiés à Baal et se prépare à partir en campagne contre Madian, mais il est saisi à nouveau par le doute et demande encore un signe de confirmation de sa mission. Yhwh lui accorde ce signe, mais en contrepartie lui demande d'alléger son armée et de ne partir au combat qu'avec 300 hommes car *trop nombreux est le peuple qui est avec toi pour que je livre Madian entre ses mains : Israël pourrait s'en glorifier à mes dépens et dire : « C'est ma main qui m'a sauvé ! »* (Jg 7,2).
Avec un rapport de force volontairement très défavorable, Gédéon obtient une victoire qui manifeste l'intervention divine. Ce succès militaire, suivi de bien d'autres, incite le peuple à le faire roi. *Sois notre souverain, toi-même, puis ton fils, puis le fils de ton fils, car tu nous as sauvés de la main de Madiân (Jg 8,22).*

Nous rencontrons là, pour la première fois, un questionnement sur l'organisation politique du peuple, avec l'expression du désir de passer d'une organisation tribale à un régime monarchique. Gédéon s'y oppose catégoriquement : *il leur dit : « Ce n'est pas moi qui serai votre souverain, ni mon fils. Que Yhwh soit votre souverain ! »* (Jg 8,23).
Par contre, il entreprend une action beaucoup moins positive. Pour rendre un culte à Yhwh, il collecte tout l'or pris sur l'ennemi et *Gédéon en fit un éphod*[14] *qu'il installa dans sa ville, à Ofra. Tout Israël vint se prostituer là, devant cet éphod, qui devint un piège pour Gédéon et pour sa maison (Jg 8,27).*
À sa mort, Gédéon laisse soixante-dix fils, issus de son sang, car il avait beaucoup de femmes. Quant à sa concubine, qui se trouvait à Sichem, elle lui enfanta, elle aussi, un fils, à qui il imposa le nom d'Abimélek (Jg 8, 30-31).

Abimélek soudoie le clan de sa mère pour qu'il le fasse roi. En cela il répond au désir du peuple, mais auparavant il lui faut éliminer les soixante-dix autres fils. Seul le petit dernier, Yotam, réussit à se cacher et à échapper au massacre. Abimélek est proclamé roi, mais Yotam depuis une montagne où il s'est mis à l'abri, proclame une fable, très critique à l'égard de la royauté : *Les arbres s'étaient mis en route pour aller oindre celui qui serait leur roi (...) (Jg 9, 7-15).* Ils en proposent la charge aux arbres les plus productifs, le figuier, l'olivier, la vigne : *« Viens donc, toi, régner sur nous. »* Mais tous, les uns après les autres, déclinent cette responsabilité, car ils ne pourraient plus donner leurs fruits si indispensables au peuple. Finalement c'est un simple petit épineux stérile qui accepte la mission et offre son ombre dérisoire pour abriter le peuple, non sans prévenir les auteurs de la demande, que si leur démarche cache des intentions troubles, alors ses épines prendront feu et le peuple connaîtra de grands malheurs.

---

14 - *L'éphod* désignait dans les traditions anciennes une statue plaquée de métal précieux. Décrit en Ex 28,6, comme vêtement liturgique.

Cette fable montre le côté grotesque du désir d'établir une monarchie et fait d'Abimélek l'exact opposé de son père Gédéon. Son règne finit mal, il meurt honteusement, le crâne fracassé par une meule de moulin jetée par une femme. *Abimélek appela aussitôt son écuyer et lui dit : « Tire ton épée et fais-moi mourir, de peur qu'on ne dise de moi : « C'est une femme qui l'a tué. » Alors son écuyer le transperça et il mourut (Jg 9,54).*

Histoire de Jephté

Fruit d'une relation de son père Galaad avec une prostituée, Jephté est rejeté par ses frères nés de la mère légitime. Il intègre alors une bande de vauriens et y acquiert la réputation d'un redoutable guerrier. Aussi lorsque Galaad est menacé par son voisin Ammon, ses frères viennent le chercher pour qu'il combatte à leur côté. Il donne son accord à condition d'être leur chef, ce qu'ils acceptent. Jephté cherche d'abord à négocier avec Ammon, en vain. Alors, il se résigne à partir au combat. Préalablement, il fait à Yhwh *le vœu d'offrir, en holocauste, quiconque sortira de sa maison après la victoire (Jg 11, 30).*
Il remporte une victoire éclatante et *tandis que Jephté revenait vers sa maison, voici que sa fille sortit à sa rencontre, dansant et jouant du tambourin. Elle était son unique enfant : il n'avait en dehors d'elle ni fils, ni fille. Dès qu'il la vit, il déchira ses vêtements et dit : « Ah ! ma fille, tu me plonges dans le désespoir ; tu es de ceux qui m'apportent le malheur ; et moi j'ai trop parlé devant Yhwh et je ne puis revenir en arrière »* (Jg 11, 34-35).
Sa fille accepte son sort et demande seulement un délai de deux mois pour aller au désert pleurer sa virginité, à la suite duquel son père peut accomplir son vœu !
Ce récit qui se rapproche du mythe grec d'Iphigénie, serait à l'origine d'une fête annuelle pendant laquelle les filles d'Israël célébraient la fille de Jephté pendant quatre jours.

Malgré l'interdit de tout sacrifice humain, imposé par la loi de Moïse, cette histoire tragique souligne le chemin encore à accomplir par Israël pour suivre les voies de Yhwh.

L'histoire de Jephté ne s'arrête pas là. Une autre tribu d'Israël, celle d'Ephraïm, sans doute jalouse des succès militaires de Jephté, vient se plaindre de ne pas avoir été associée à son expédition militaire. L'affaire s'envenime et Ephraïm prend la décision de l'attaquer (Jg 12,4). Mal lui en a pris, Jephté sort vainqueur du combat et une hostilité envers les ephraïmites s'installe durablement à Galaad : tout éphraïmite repéré en train de franchir la frontière du Jourdain, est immédiatement égorgé.

Histoire de Samson

Cette histoire est la plus connue. Elle célèbre les exploits d'un héros doté d'une force exceptionnelle. La naissance de Samson est directement liée à une action divine. Sa mère stérile reçoit la visite d'un ange qui lui annonce qu'elle va enfanter et que cet enfant sera consacré à Dieu. Cette femme en parle à son mari qui demande à l'ange de revenir *pour qu'il leur enseigne ce qu'ils doivent faire pour le garçon lorsqu'il sera né (Jg 13,8)*. L'ange revient et lui répète ce qu'il a dit à *sa femme et quelque temps plus tard, la femme enfanta un fils et elle le nomma Samson*[15]. *Le garçon grandit et Yhwh le bénit (Jg 13,24)*.
Arrivé à l'âge adulte, *l'esprit de Yhwh commença à agiter Samson. Il descendit à Timma et remarqua une femme parmi les Philistins (...) (Jg 13,24-25)*.
L'esprit de Yhwh qui l'agite a un premier effet inattendu, il a un coup de foudre pour une femme étrangère, fille de *philistins* ! Non sans mal, il convainc ses parents de l'épouser. En route avec eux pour la ville de Timma, en vue de faire sa demande, il est attaqué par un lion. Alors, *l'esprit de YHWH fondit sur lui et, sans rien avoir en main, Samson déchira le lion comme on déchire un chevreau (Jg 14,6)*.

---

15 - *Samson* est un nom propre dérivé d'un terme hébreu qui signifie « soleil ».

Repassant *quelques jours après* au même endroit, il remarque un essaim d'abeille dans la carcasse du lion. Il en recueille le miel. S'inspirant de cet épisode, lors du festin de son mariage, il pose une énigme aux trente compagnons invités : « *De celui qui mange est sorti ce qui se mange et du fort est sorti le doux* », avec à la clé, un enjeu financier important, *trente tuniques et trente vêtements de rechange*, pour celui qui trouvera le sens de cette phrase. Pendant sept jours, aucun des jeunes gens ne trouve la réponse. Ils menacent sa femme de mort, si elle ne réussit pas à leur donner le sens de l'énigme. Cette femme alors *poursuit Samson de ses pleurs pendant sept jours* pour obtenir de lui la réponse qu'elle s'empresse de transmettre aux jeunes gens. *Au septième jour, avant le coucher du soleil, les gens de la ville dirent à Samson : « Quoi de plus doux que le miel, quoi de plus fort que le lion ? »*
Samson est furieux que ses amis aient trouvé le sens de son énigme et les accuse d'avoir soudoyé sa femme : « *Si vous n'aviez pas labouré avec ma génisse, vous n'auriez pas trouvé mon énigme* ». *Alors l'esprit de Yhwh pénétra en lui. Samson descendit à Ashqelôn, tua trente de ses habitants, prit leurs dépouilles et les donna à ceux qui avaient révélé le sens de l'énigme. Bouillant de colère, il remonta à la maison de son père. Quant à la femme de Samson, elle fut donnée au compagnon qui lui avait servi de garçon d'honneur (Jg 14,18-20).*
Quelque temps après, Samson veut reprendre sa femme et la réclame à son père. (...) *Mais le père de sa femme ne lui permit pas d'entrer et dit à Samson : « Vraiment je me suis dit que tu devais avoir bien de la haine pour elle et je l'ai donnée à ton garçon d'honneur (...). »*
Samson leur dit : « Cette fois, je suis quitte envers les Philistins et je vais leur faire du mal » (Jg 15,1-3).
Alors Samson, toujours envahi par l'esprit de Yhwh, s'empara de trois cents renards, prit des torches et, tournant les renards queue contre queue, il plaça une torche entre deux queues, au milieu. Puis il mit le feu aux

torches et, lâchant les renards dans les moissons des Philistins, il incendia aussi bien les gerbiers que le blé sur pied, et même des vignes et des oliviers (Jg 15,4-5). Les Philistins cherchent à capturer Samson et enjoignent à la tribu de Juda de lui livrer cet homme. Les gens de Juda prennent peur, ligotent Samson et le livrent aux philistins.
Alors *l'esprit de Yhwh fondit sur Samson ; les cordes qu'il avait sur les bras furent comme des fils de lin brûlés au feu et les liens se dénouèrent de ses mains (Jg 15,14).* Puis avec une mâchoire d'âne, il tue mille philistins.

Après un tel exploit, *Samson jugea Israël à l'époque des Philistins pendant vingt ans (Jg 15,20).* Mais cette responsabilité n'arrête pas son ardeur sexuelle et une nuit, il descend à Gaza chez une prostituée. L'ayant appris, les philistins verrouillent la ville pour tenter de le capturer au lever du jour, mais lui, de nuit, arrache de ses mains les portes de la ville et s'enfuit.
Après cela, *Samson aima une femme (...) ; elle se nommait Dalila (Jg 16, 4).* Les Philistins la soudoient et lui promettent une grosse somme d'argent, si elle leur révèle le secret de la force de Samson. Dalila use de tous ses charmes pour connaître son secret, mais Samson lui donne à plusieurs reprises de fausses raisons, si bien qu'une fois arrêté et ligoté, sa force restée intacte lui permet à chaque fois de s'échapper. Alors Dalila sort le grand jeu du chantage à l'amour. Elle lui dit : « *Comment peux-tu dire : « Je t'aime », alors que ton cœur n'est pas avec moi. Voilà trois fois que tu te joues de moi et tu ne m'as pas révélé pourquoi ta force est si grande.* » *Or, comme tous les jours elle le harcelait par ses paroles et l'importunait, Samson, excédé à en mourir, lui ouvrit tout son cœur et lui dit : « Le rasoir n'a jamais passé sur ma tête, car je suis consacré à Yhwh depuis le sein de ma mère. Si j'étais rasé, alors ma force se retirerait loin de moi, je deviendrais faible et je serais pareil aux autres hommes » (Jg 16, 15-17).*

Pendant son sommeil, Dalila posa la tête de Samson sur ses genoux et lui coupa ses tresses.
Sa force légendaire envolée, les Philistins purent s'emparer de lui. Ils lui percèrent les yeux et le condamnèrent à passer ses journées à tourner une meule comme un esclave, *mais les cheveux de sa tête commencèrent à repousser.*
Sa fin tragique est grandiose. Pour célébrer leur victoire sur Samson, *les tyrans des Philistins se réunirent pour offrir un grand sacrifice à Dagôn, leur dieu, et pour se livrer à des réjouissances (...) (Jg 16, 23).* Samson est donné en spectacle et ridiculisé. Alors Samson suppliant Yhwh de lui redonner sa force, écarte les colonnes du temple qui s'écroulent sur lui et sur tout le peuple philistin en fête. Son sacrifice sauva Israël.

Enseignement théologique de la période des Juges

L'auteur fait, au début du livre, le constat que la promesse d'occuper intégralement la terre promise n'est pas accomplie. Cet échec partiel est mis sur le compte de l'infidélité du peuple à Yhwh. *Même leurs juges, ils ne les écoutèrent pas, car ils se prostituèrent à d'autres dieux et se prosternèrent devant eux (...). À la mort du juge, ils recommençaient à se pervertir, plus encore que leurs pères, suivant d'autres dieux, les servant et se prosternant devant eux (...). La colère de Yhwh s'enflamma contre Israël. Il dit : « Puisque cette nation a transgressé mon alliance (...), je ne continuerai plus à déposséder devant elle aucune de ces nations que Josué a laissées en place avant de mourir » (Jg 2,17-21).*
Mais la colère de Yhwh ne sonne pas la fin de l'histoire, l'auteur donne un côté positif aux défaites et entretient ainsi l'espoir : *C'était pour mettre par ces nations Israël à l'épreuve et savoir s'il garderait ou non le chemin de Yhwh en y marchant comme l'avaient fait leurs pères. Aussi Yhwh laissa subsister ces nations sans les déposséder trop vite et il ne les livra pas à Josué (Jg 2,22).*

L'idolâtrie, le péché d'Israël

Dans ce livre où la violence, les assassinats, la prostitution sacrée, les rapts de femmes, les viols sont très présents, les normes morales au sein du peuple sont pour le moins encore assez sommaires ! Le péché d'Israël n'apparaît pas ici comme une dérogation à une norme morale, il est identifié à l'idolâtrie, c'est-à-dire à des croyances en des dieux et aux pratiques cultuelles associées.

Cette dénonciation de l'idolâtrie pour libérer le peuple est l'objet de la première partie des dix commandements[16]. Sortir de l'idolâtrie est vital pour Israël et force est de constater qu'il n'y arrive pas. Pourtant à travers son histoire, le peuple hébreu a expérimenté concrètement que Yhwh est à la fois le libérateur, la source de la vie, le chemin et la lumière pour gagner la terre promise. Yhwh a libéré le peuple de l'emprise du sacré impérial égyptien, il a fait jaillir de l'eau dans le désert pour le faire boire, il a fait tomber la *manne* pour le nourrir, il lui a donné *une Loi* - condition préalable à l'établissement de la relation entre les hommes- pour faire, de *ce ramassis de gens* sorti de l'esclavage, un vrai peuple soudé par une éthique.

Enfin, il l'a accompagné de sa présence sous forme d'une *nuée*, tout au long de son chemin vers la terre promise (cf. livres de l'Exode et des Nombres[17]).

Ces leçons de l'histoire sont tombées dans l'oubli et en adoptant les pratiques religieuses locales, Israël s'écarte de Yhwh qui lui a donné la vie. Israël tombe dans le péché, c'est-à-dire qu'il se trompe de chemin et cette fixation dans un sacré que l'on peut qualifier d'archaïque en ce sens qu'il précède la révélation de Moïse, le conduit dans une impasse. On peut encore aujourd'hui déceler des traces de ce sacré archaïque sous de multiples formes.

---

16 - cf. Tome 1 p 219-223.
17 - Ex 24,16 ; 40,35 et Nb 9.

Les grandes manifestations cultuelles des nouveaux courants évangéliques, avec ses séquences publiques de transe et de guérison, jouent de cet esprit du sacré archaïque. Toutes les formes de fondamentalisme religieux, qui font passer l'appartenance et les pratiques cultuelles associées au-dessus de toute éthique personnelle, ainsi que toutes les idéologies qui attribuent une valeur quasi sacrée à une opinion donnée en rejetant toute personne qui ne la partage pas, relèvent du tropisme vers l'idolâtrie dénoncée si vigoureusement dans la Bible comme obstacle radical à la relation entre les hommes ; elles sont d'autant plus dangereuses que les motivations peuvent paraître nobles.
En dehors de la sphère religieuse, la publicité et les réseaux sociaux dont l'efficacité repose sur la puissance du désir mimétique décrit par René Girard[18] associent le bonheur à l'argent, au pouvoir, à la notoriété, à la beauté, autant d'idoles qui débouchent sur la violence.

En termes plus psychologiques, la pensée primaire du sacré est le symptôme de fixations psychiques infantiles qui entravent le développement et l'autonomie de la personne.

À chaque époque, dans chaque culture, tout individu est appelé à se libérer de l'emprise des superstitions qualifiées de sacré, pour prendre conscience de sa responsabilité personnelle dans la relation avec « l'autre », dans le respect de sa singularité et l'acceptation des différences. À voir la persistance des traces du sacré archaïque à travers les siècles, malgré les progressions de la morale et des sciences, on mesure la quasi impossibilité pour ce peuple d'il y a plus de trois millénaires de s'arracher aux pratiques religieuses locales.

---

18 - René Girard, Anthropologue français (1923-2015), a écrit « la violence et le sacré » (1972).

La mission des Juges

Sortir de l'idolâtrie, telle est pourtant la mission confiée à ces juges d'Israël et plus tard aux prophètes : *Je retrancherai de ta main les sorcelleries et il n'y aura pas pour toi de magiciens. Je retrancherai de chez toi les statues et les stèles. Tu ne te prosterneras pas devant l'Œuvre de tes mains. J'arracherai de chez toi les poteaux sacrés et j'anéantirai tes villes (prophète Michée - Mi 5,11-13).*
Hors de cette séparation, prévient Yhwh, Israël s'appuie sur du vent, construit sur du sable, toute son activité est vaine : *Tu mangeras sans pouvoir te rassasier. Tu mettras de côté mais sans rien pouvoir conserver. Tu sèmeras, mais tu ne moissonneras pas. Tu presseras l'olive mais tu ne t'enduiras pas d'huile. Tu feras couler le moût mais tu ne boiras pas de vin (Mi 6,14-15).*

Cet enjeu est si vital qu'il justifie la colère de Yhwh, telle celle d'un père qui voit son enfant s'amuser, en se mettant en danger sans s'en rendre compte. Pour que l'enfant prenne conscience du danger, le père est acculé parfois à lui faire peur. Telle est aussi l'origine de cette notion de *crainte de Yhwh*, déjà évoquée dans le livre de Josué.
Cette mise en garde s'accompagne, avec la révélation de la Loi, d'une parole, d'un enseignement. Mais concrètement, se démarquer ainsi des peuples environnants s'avère trop difficile. La tâche est trop lourde et le peuple préfère faire comme tout le monde.

L'Esprit de Yhwh

Face à l'impossibilité pour l'homme d'échapper à l'emprise du sacré primitif, Yhwh se doit d'intervenir. Il investit alors des « Juges », qu'il recouvre de son esprit. Ainsi la notice sur Otniel le dit clairement : *L'esprit de Yhwh fut sur lui, il jugea Israël et partit pour la guerre (Jg 3,10).* Il en est de même avec Gédéon : *L'esprit de Yhwh revêtit*

Gédéon, (Jg 6,34) et Jephté : *L'esprit de Yhwh fut sur Jephté (Jg 11,29).* Sur Samson, cette mention de l'esprit de Yhwh est indiquée quatre fois, une fois avant de tomber amoureux (Jg 13,25) puis trois fois avant ses démonstrations de force. Avant chacun de ses exploits, *l'esprit de Yhwh pénétra en lui (Jg 14,6 ; 14,19 ; 15,14).*

Dans ce livre, l'esprit, *ruah* en hébreu, apparaît comme une force qui, tout à coup, s'empare d'une femme ou d'un homme, lui donne une énergie incroyable et lui permet de conduire le peuple à la victoire. C'est cette *ruah, pneuma* en grec, *souffle* ou *esprit* en français qui est le vecteur du salut, et non pas la personnalité ou les qualités propres des Juges.

L'esprit de Yhwh qui sera qualifié de *saint*, non pour la perfection morale des individus qui en sont investis, mais par l'effet politique et spirituel d'une séparation, comme l'indique l'étymologie du mot saint[19]. La séparation du peuple d'Israël des autres peuples, a pour objet de le protéger des tentations de l'idolâtrie.

Néanmoins, ces actions de l'esprit de Yhwh pour sauver le peuple apparaissent à certains trop ponctuelles. Le désir d'une organisation politique plus structurée garantissant sa stabilité fait son apparition.

Enseignement politique

Le peuple vit sous une organisation de type tribal, anarchique au sens étymologique du terme c'est-à-dire sans la domination d'une ou de plusieurs personnes. Ce type d'organisation semble avoir la préférence de Yhwh, si l'on en croit les réactions de Gédéon et de Yotam vues précédemment. Mais il est vrai qu'une telle structure nécessite pour être efficace que l'ensemble de la population intègre la loi et l'applique au quotidien, faute de quoi la pagaille s'installe, et le sens du mot « anarchie », positif dans la mesure où il exprime l'absence de toute

---

19 - *Saint* vient de *kadosh* en hébreu qui veut dire « séparer ».

domination, prendra le sens qu'on lui donne habituellement, celui de désordre.

Alors faut-il mettre en place un pouvoir politique fort?

C'est ce que l'auteur du livre des Juges semble induire lorsqu'il reprend, comme un refrain, l'explication des divisions et de l'anarchie : *En ce temps-là il n'y avait pas encore de roi en Israël et chacun faisait ce qui lui plaisait (Jg 17,6 ; 18,1 ; 19,1 ; 21,25).* C'est donc la monarchie, gouvernement par un seul, qui est préconisée de façon sous-jacente.

À l'opposé de ce point de vue, l'auteur a rapporté le pressentiment de Gédéon qu'un tel pouvoir pourrait se substituer à la Loi de Yhwh. La fin tragique d'Abimélek qui s'est fait proclamer roi, ainsi que la fable de Yotam (Jg 9) qui a tourné en dérision le désir de royauté, ne plaide pas non plus en faveur de la monarchie.

La question politique et l'ambivalence du pouvoir, qui est en germe dans ce livre, tiendront une grande place dans les livres suivants avec les conflits futurs entre les rois et les prophètes.

LES LIVRES DE SAMUEL

Introduction

Avec les deux livres de Samuel, nous sortons progressivement du flou chronologique des deux livres précédents. Nous pouvons approximativement situer entre 1100 et 970 av. J.-C., les faits rapportés dans ces livres. Le découpage en deux de cet ensemble n'a pas de justification littéraire. Il ne peut s'expliquer que par des contraintes matérielles liées sans doute à la taille des rouleaux de papyrus.
Le personnage central est Samuel. Il est la cheville ouvrière du basculement d'une organisation de type tribal en monarchie.

La fin du livre précédent, le livre des Juges, pose la question du pouvoir en Israël où deux logiques, difficilement compatibles, semblent à l'oeuvre.
La première vient du souhait du peuple d'avoir un roi pour être comme les autres peuples. « *Donne-nous un roi pour nous juger* » *(1S 8,5)*, demandèrent les chefs de clan d'Israël. Pour ses partisans, la royauté apparaît comme le rempart contre l'anarchie, d'où l'utilisation de ce refrain dans le livre des Juges pour expliquer le désordre régnant en Israël : *En ces jours-là il n'y avait pas de roi en Israël (Jg 18,1).*

La seconde, illustrée par le refus du Juge Gédéon d'adhérer à la demande du peuple qui veut le faire roi, est une opposition de principe à la royauté : « *Ce n'est pas moi qui serai votre souverain, ni mon fils. Que Yhwh soit votre souverain !* » *(Jg 8,23).*

Nous avons d'un côté, une position idéaliste, « notre seul vrai roi c'est YHWH », correspondant à une organisation politique minimaliste, traditionnelle dans une culture semi-nomade de type tribal et de l'autre, une position plus réaliste qui répond mieux au défi de la sédentarisation et à la nécessité de s'organiser pour défendre son territoire face à un autre peuple, les Philistins[20], qui domine la plaine et maîtrise les techniques du fer et la construction des armes.

Le premier livre de Samuel rapporte le basculement d'une gouvernance charismatique, conjoncturelle où la force de Yhwh *(la ruah)* s'empare ponctuellement d'un Juge pour sauver le peuple, vers une gouvernance plus stable, la monarchie, capable, espère-t-on, de sauvegarder l'unité du peuple et de son territoire.
Ce basculement politique n'est pas sans danger et Yhwh ne semble s'y résoudre qu'à contrecoeur. Aussi chargera-t-il Samuel de mettre en garde le peuple contre les risques d'être exploité par celui qu'il aura investi comme roi. Il ne les a pas fait sortir d'Egypte et de leur condition d'esclave pour qu'ils retombent dans une nouvelle servitude (1S 8,11-18).

---

20 - Le mot *Philistin* en hébreu a donné Palestine. On voit que la guerre entre Israël et la Palestine ne date pas d'aujourd'hui.

Premier livre de Samuel

Naissance et Vocation de SAMUEL

Les trois premiers chapitres décrivent dans un récit très touchant les conditions de la naissance et de la vocation de Samuel. On retrouve dans ce récit le thème de la fécondité rencontré dans la GENÈSE, avec Sarah, Rachel, et dans le livre des Juges avec la mère de Samson.
Un certain Elqana avait deux femmes Anne et Peninna, il est amoureux de la première, malheureusement elle est stérile et elle en est très malheureuse. Son mari Elqana lui dit : « *Anne, pourquoi pleures-tu ? Pourquoi as-tu le cœur triste ? Est-ce que je ne vaux pas mieux pour toi que dix fils ?* » *(1S 1, 9).* Anne va au temple et supplie Yhwh de lui donner un enfant.
Dans sa prière, alors que le grand prêtre Eli l'observe à l'entrée du temple et la prend pour *une femme ivre* car *elle parlait en elle-même. Seules ses lèvres remuaient (...)*, elle lui répond : *Je n'ai bu ni vin ni rien d'enivrant. Je m'épanchais seulement devant Yhwh, (1S 1,13.15).*
Elle fait le vœu, si elle donne naissance à un enfant, de consacrer cet enfant aux soins du temple (1S 1,11). Son vœu est exaucé, un petit Samuel[21] voit le jour, et elle entonne alors un chant d'action de grâce (1S 2,1-11).

Ce chant, par sa portée à la fois politique et spirituelle, dépasse le cadre de l'émotion familiale. Il annonce, avec des accents prophétiques, l'inversion de notre perception de la force. Anne célèbre la future victoire du faible sur le fort, du petit sur le grand, des affamés sur les repus, du pauvre sur le riche, de la femme rejetée pour sa stérilité sur la femme féconde :
L'arc des preux est brisé, ceux qui chancellent ont la force pour ceinture.
Les repus s'embauchent pour du pain, et les affamés se reposent.

---

21 - *Samuel*, nom hébreu signifiant « demandé à Dieu ».

Ainsi la stérile enfante sept fois, et la mère féconde se flétrit (1S 2,4-5). Plus tard, Marie, inspirée par ce chant, célébrera l'annonce de la future naissance de son fils Jésus dans le célèbre « Magnificat » : *Mon âme exalte le Seigneur, et mon esprit s'est rempli d'allégresse (Lc 2,46). Il a dispersé les hommes à la pensée orgueilleuse ; il a jeté les puissants à bas de leurs trônes (...) (Lc 2,51).*

Comme promis par Anne sa mère, Samuel est mis au service du grand prêtre Eli. Or *les fils d'Eli étaient des vauriens, qui ne connaissaient pas Yhwh (1S 2,12).* Ils utilisaient leur statut de fils du prêtre pour satisfaire tous leurs désirs alimentaires et sexuels, dans *la tente de la rencontre,* demeure de Dieu. Leur père *devenu très vieux avait entendu raconter comment ses fils se conduisaient envers tous les Israélites et aussi qu'ils couchaient avec les femmes groupées à l'entrée de la tente de la rencontre (2S 2,22).* Il leur a bien fait des remontrances mais ils *n'écoutèrent pas la voix de leur père (1S 2,25).*

Le contraste avec Samuel est frappant : *Quant au petit Samuel, il grandissait en taille et en beauté devant Yhwh et aussi devant les hommes (1S 2,26).*

L'idée d'une destinée exceptionnelle pour cet enfant est renforcée plus tard par le récit de sa vocation. Une nuit, alors qu'il dormait dans le temple, Samuel entend une voix qui l'appelle par son nom. Il se précipite chez Eli répondant « *Me voici !* », pensant que c'était Eli qui l'appelait, mais celui-ci nie l'avoir appelé. Il se recouche, puis à nouveau cet appel. La troisième fois, alors que *la parole de Yhwh était rare en ces jours-là (1S 3,1),* Eli comprend que Yhwh appelle l'enfant. Il dit alors à Samuel : *s'il t'appelle, réponds « Parle, Yhwh, ton serviteur écoute » (1S 3,10).* C'est ainsi que Yhwh transmet à Samuel un message lourd à porter, il annonce la destruction de la descendance d'Eli car *il savait que ses fils insultaient Dieu et néanmoins, il ne les a pas repris (1S 3,13).*

Au matin, Eli demande à Samuel ce qu'il a entendu. Samuel, on peut le comprendre, n'ose pas parler, mais finalement sous la pression d'Eli, il finit par le lui dire. Ce dernier, déjà avancé en âge, semble résigné.
En attendant, c'est encore lui avec ses fils dévoyés qui a autorité sur le peuple. Mais *Samuel grandit. Yhwh était avec lui et ne laissa sans effet aucune de ses paroles. Tout Israël, de Dan à Béer-Shéva, sut que Samuel était accrédité comme prophète de Yhwh (...) Yhwh, en effet, se révélait à Samuel, à Silo (1S 3,19-21).*

La relation personnelle de Samuel avec Yhwh donne à ce personnage une dimension spirituelle, un poids moral que nous n'avions pas trouvé chez les précédents Juges ; il est même qualifié de prophète (1S 3,20).

L'arche perdue et retrouvée

Lors d'une première bataille contre les Philistins, Israël est battu. Face à cet échec, Israël en appelle à l'arche de Yhwh qu'il fait venir de Silo, persuadé que sa seule présence assurera leur victoire. Dès son arrivée, le peuple reprend courage, pousse une grande clameur qui terrifie les Philistins et le combat s'engage. Malheureusement, non seulement Israël est battu, mais l'arche de Dieu est emportée par les Philistins. Les fils d'Eli meurent au combat et Eli lui-même, à l'annonce de la défaite, *tomba de son siège à la renverse sur le côté de la porte ; il se brisa la nuque et mourut. C'est que l'homme était âgé et lourd. Il avait jugé Israël pendant quarante ans (1S 4,18).*
Les Philistins placent l'arche de Yhwh à côté de leur dieu Dagon et là... surprise... chaque matin Dagon se retrouve à terre et finit par avoir la tête et les mains coupées, puis la population aux abords de l'arche est frappée de tumeurs. Alors les Philistins, pour se débarrasser de cette chose encombrante, se passent l'arche comme une « patate chaude », de village en village. À chaque fois la population locale est atteinte de la même tumeur.

Après sept mois de malheurs, les Philistins consultent leurs devins pour savoir comment se séparer de cette arche. Ceux-ci leur disent de rendre hommage au dieu d'Israël en fabriquant des tumeurs et des rats en or et de mettre le tout, l'arche et l'or, sur un chariot tiré par des vaches allaitantes et *« vous verrez bien où ira l'arche » (1S 6, 9b)*.
Ils obéissent à leurs devins et suivent intrigués les vaches qui tirent l'attelage pour voir la direction qu'elles prennent. L'attelage arrive directement à Beth-shèmesh en Israël. Les Israélites se partagent l'or contenu dans le chariot, mais ceux qui ont touché l'arche sont frappés à leur tour. On laisse donc l'arche à distance, à Qiryat-Yéarim, dans la maison d'Avinadav sur la colline. *Ils consacrèrent son fils Eléazar pour garder l'arche de Yhwh (1S 7,1)*.
Comment interpréter cet épisode ?
Il est clair qu'il s'agit là d'un conte même s'il peut s'inspirer de certains éléments historiques. La description de l'arche d'alliance donnée au chapitre 25 du livre de l'Exode pour incarner la présence de Yhwh au milieu de son peuple représente une évolution majeure de la notion du sacré. En effet, d'un sacré immobile, attaché à un lieu, le plus souvent le sommet d'une montagne ou d'une colline remarquable, ou à un bâtiment, le temple, on passe avec l'arche à une conception du sacré « mobile ». Cette arche est conçue pour pouvoir être déplacée.
Tu feras des barres en bois d'acacia, tu les plaqueras d'or et tu introduiras dans les anneaux des côtés de l'arche les barres qui serviront à la porter (Ex 25,13).
Cependant le peuple prête à cette arche un pouvoir magique. *Allons chercher à Silo l'arche de Yhwh : qu'elle vienne au milieu de nous et qu'elle nous sauve de la main de nos ennemis (1S 4,4)*.
Mais ça ne marche pas, la magie n'opère pas et Israël est battu. La leçon est claire : ce n'est pas la matérialité de la présence de l'arche qui peut sauver Israël, mais le respect des valeurs du Livre de la Loi placé dans

l'arche. La défaite d'Israël dans cette première partie du récit dénonce l'amalgame entre le sacré et le magique.

Pourtant, dans la deuxième partie, l'arche semble bien avoir un pouvoir magique. En effet le dieu Dagon que l'on met à côté de l'arche se retrouve à terre tous les matins et surtout les habitants proches de l'arche attrapent des tumeurs tant et si bien que l'arche est finalement renvoyée en Israël. Mais comme le veut le genre littéraire de conte, ce récit contient un sens symbolique précis. D'une part, le dieu Dagon n'est qu'un objet fabriqué de mains d'hommes, sans aucun pouvoir, jeté à terre, il se fracasse. D'autre part, le retour de l'arche vers Israël, seule, sans bouvier, signifie que Yhwh est fidèle à son peuple et à sa promesse de ne jamais l'abandonner, alors même que le peuple se tourne vers les faux dieux, les Baals et la déesse Astarté. Après les malheurs liés à son infidélité, Yhwh reviendra toujours vers son peuple.

On peut aussi donner à ce conte une interprétation de type allégorique, à l'instar de toute une tradition herméneutique qui remonte au 1er siècle[22]. Méthode qui associe à chaque élément imaginaire du récit, une personne historique, une réalité psychique ou des sentiments. Dans ce type d'interprétation, les Philistins[23] peuvent représenter les démons intérieurs qui nous éloignent de la Parole, de l'enseignement de Yhwh. Les tumeurs et les rats sont les souffrances et les maux que nous endurons sur cette terre d'exil loin de Dieu. Mais dans la perspective d'un retournement, d'une conversion à la Parole, le poids de ces douleurs se transforme en or pur. On peut voir dans le récit l'amorce, encore bien cachée il est vrai, d'une sotériologie[24]. Le salut ne se traduira pas en nous par une simple disparition de nos malheurs.

---

22 - Herméneutique ou science de l'interprétation des textes. Au 1er siècle avant J.-C., le philosophe Philon d'Alexandrie écrivit son *Commentaire allégorique de la Bible*.
23 - Il est curieux de constater que le mot français « philistin » est devenu un adjectif qualifiant une personne parvenue, un nouveau riche, qui n'a guère de culture ni d'éducation.
24 - Sotériologie : partie de la théologie qui traite de l'économie du salut des hommes.

Nos malheurs, il ne faut ni s'y résigner, ni les rejeter, mais les porter. Ils se transfigurent alors en or pur.

Ceux qui ont connu la déchéance, ceux qui ont touché le fond du gouffre témoignent parfois de cette transfiguration de leurs épreuves en une grande richesse.

Un homme du pays de Benjamin, SAÜL, nommé roi

Suite aux combats désastreux avec les Philistins et à la perte de l'Arche d'alliance, le peuple d'Israël en appelle à Samuel pour intercéder auprès de Yhwh. Samuel leur demande de se détourner des faux dieux en pierre, les Baal et Astartés des Cananéens et d'écouter la parole vivante de Yhwh. Le peuple acquiesce et alors qu'il fait un sacrifice à Yhwh, les Philistins attaquent. Cette fois Israël sort vainqueur.

L'autorité de Samuel se trouve renforcée. Mais elle n'est pas transmissible car ses enfants, Yoël et Aviya, ont détourné l'autorité de leur père à leur profit en acceptant des cadeaux (1S 8,3) ! Même Samuel n'a pas réussi à bien éduquer ses enfants. Personne n'est parfait dans la Bible.

Les anciens d'Israël se rassemblent et vont trouver Samuel pour lui dire : *donne-nous un roi (1S 8,5)*. Samuel les met en garde contre ce changement de gouvernance : le roi au lieu de se mettre au service du peuple tournera le pouvoir à son profit personnel (1S 8,11). Mais, *le peuple refusa d'écouter la voix de Samuel. « Non c'est un roi que nous aurons et nous serons nous aussi comme toutes les nations » (1S 8,19)*.

Face à l'intransigeance du peuple, Yhwh cède.

Nous pouvons déceler dans cet épisode toute la finesse de la pédagogie divine. Face à ce désir d'un roi que le peuple d'une certaine façon lui impose, Yhwh accepte mais, tout au long de l'histoire, il fera évoluer dans l'esprit du peuple le contenu même de l'idée de royauté. Le roi idéal ne sera plus un homme tout-puissant, dominateur, mais un homme qui associera à la force l'humilité, à la domination le service, à l'autorité personnelle l'écoute de la parole de Yhwh.

Pour le moment, après un épisode assez abracadabrantesque avec des ânesses qui se perdent et sont finalement retrouvées (1S 9), un certain Saül[25], fils de Qish, est désigné par Samuel comme futur roi. Saül a le profil qu'attend le peuple, il est grand, beau et fort. *Samuel prit la fiole d'huile, la versa sur la tête de Saül et l'embrassa (1S 10,1)*. Ce geste d'onction, sans doute repris des rites locaux, aura une grande importance dans la liturgie juive et chrétienne.

Dans un premier temps, grâce à Yhwh, les victoires succèdent aux victoires malgré leur grande infériorité numérique et technique - en effet Israël ne maîtrise pas la fabrication des armes en fer comme les Philistins-. Saül grâce à ces victoires est confirmé dans sa royauté et une grande fête d'investiture royale est organisée à Guilgal (1S 11).

Samuel s'efface devant Saül, non sans avoir répété, dans un discours d'adieu (1S 12), ses mises en garde contre les dérives possibles de la royauté : le peuple et son roi doivent rester sur les chemins de Yhwh, qu'ils en gardent la mémoire et la crainte. Le pouvoir royal ne doit pas être un pouvoir absolu, c'est Yhwh qui est le vrai roi. Le roi d'Israël comme tout un chacun devra écouter les paroles de Yhwh.

Saül commet une première incartade, il se prend pour un prêtre et offre lui-même un sacrifice pour assurer une victoire contre les Philistins. Ce faisant, il instrumentalise les pratiques rituelles, retombe dans la superstition. La victoire ne sera obtenue que grâce à l'intervention de son fils Jonathan qui s'illustre par une action guerrière d'une grande audace, preuve de sa grande confiance en Yhwh : « Qu'on soit nombreux ou non, rien n'empêche Yhwh de donner la victoire », a-t-il dit (1S 14,6).

Par la suite, il semblerait que chez Saül, la fidélité à Yhwh s'émousse et devienne très formelle. Il se cantonne à offrir des sacrifices à Yhwh et lors de ces sacrifices il garde pour lui et pour les siens, les meilleurs

---

25 - *Saül* signifie « désiré ».

morceaux de viande et les butins de guerre. Samuel réapparait pour dénoncer sa cupidité et il en vient à lui signifier sa destitution :
Yhwh aime-t-il les holocaustes et les sacrifices autant que l'obéissance à la parole ?
Non ! L'obéissance est préférable au sacrifice, la docilité à la graisse des béliers
Mais la révolte vaut le péché de divination et l'opiniâtreté, la sorcellerie.
Puisque tu as rejeté la Parole de Yhwh, il t'a rejeté, tu n'es plus roi (1S 15, 22-23).

Ce passage est le premier d'une longue série, où l'efficacité des pratiques cultuelles des sacrifices est relativisée. Dans la suite de la Bible, en particulier chez les prophètes, sera dénoncée la croyance, enracinée profondément dans l'histoire religieuse de l'humanité, en l'efficacité formelle de ces pratiques. Ces textes n'en demandent pas la suppression, mais elles doivent être le signe d'une volonté d'écoute de la Parole. Le signifiant (le sacrifice) privé de son signifié (l'écoute de la Parole) n'est plus que divination, superstition ou sorcellerie.
Il y a bien là, l'amorce d'une remise en cause des formes traditionnelles du sacré, une petite lumière pointée sur la violence des rites sacrificiels[26].

Onction et ascension de DAVID

Dans les chapitres suivants de ce premier livre de Samuel, on voit la montée en puissance d'un personnage qui tient une grande place dans l'histoire biblique, David.
Yhwh s'est détourné de Saül et charge Samuel de nommer en secret un successeur. Pour ce faire, il doit aller chez un certain Jessé et Yhwh lui indiquera alors parmi tous ses fils, celui à qui il donnera l'onction. Samuel se rend chez Jessé, de Bethléem, aperçoit l'aîné et le trouve parfait pour la mission mais Yhwh lui répond : « *Ne considère pas son apparence, ni sa haute taille. Je le rejette. Il ne s'agit pas ici de ce que voient les hommes : (...)* » *(1S 16,7).*

---

26 - cf. Tome 1, p 247-255 sur le lien entre la violence et le sacré développé par René Girard.

Tous ses frères se présentent successivement devant Samuel mais aucun n'est agréé par Yhwh. Samuel en désespoir de cause demande à Jessé s'il n'a pas un autre fils. Jessé lui répond qu'il y en a bien un autre mais il est très jeune et garde le troupeau de brebis. À la grande surprise de tous, c'est lui, le petit David, qui reçoit l'onction de la main de Samuel. À l'occasion de ce choix, les critères de Yhwh paraissent déroutants, le dernier plutôt que le premier, le petit plutôt que le grand, le faible plutôt que le fort.

(...) Les hommes voient ce qui leur saute aux yeux, mais Yhwh voit le cœur (1S 16,7). Il faut rappeler que le cœur dans la Bible ne se réduit pas au siège de l'affect. Le cœur englobe ce que nous, nous localisons au cerveau, l'intelligence et la volonté.

Après cette onction tenue secrète, nous assistons à l'ascension de David auprès du roi Saül. Le livre juxtapose deux versions différentes et complémentaires de cette ascension. La première nous montre le roi Saül tourmenté par des crises psychiques. Ses conseillers lui suggèrent de prendre à son service un musicien pour le calmer. C'est ainsi que David rentre au service du roi et le soulage par sa musique. Saül en vient à ne plus pouvoir se passer de lui (1S 16,14-23).

Dans la deuxième version (1S 17), ce n'est plus par ses talents de musiciens qu'il se fait connaître à Saül, mais par son courage et son incroyable audace au combat. C'est le fameux épisode du combat singulier entre David et Goliath par lequel l'auteur veut surtout nous faire comprendre que David malgré son jeune âge et sa petitesse physique deviendra le sauveur d'Israël, car il a une confiance totale en Yhwh. Face à Goliath qui l'invective avec le plus grand mépris, il fait front et lui dit : « *Toi, tu viens à moi armé d'une épée, d'une lance et d'un javelot ; moi je viens à toi armé du nom de Yhwh* » *(1S 17,45).*

Cette confiance en Yhwh lui permet de rester lui-même, il n'a pas à imiter plus fort que lui, aussi se libère-t-il des carcans qu'on lui impose pour ce combat, une énorme épée et une cuirasse inadaptée à son physique (1S 17,38-40), il veut se battre avec ses propres atouts, sa vitesse et sa précision. Sa victoire lui vaut d'être rattaché au service du roi Saül et de son fils Jonathan, avec lequel il nouera un amour profond (1S 18,1).

Cette victoire de David sera suivie de biens d'autres, au point d'agacer Saül, d'autant que David plaît beaucoup aux femmes qui chantent ses louanges (1S 18,28 ; 25). Saül, qui était fragile psychiquement, sombre alors dans une jalousie paranoïaque et cherche désormais à faire tuer David (1S 18,11 ; 23,8).

Toute la fin de ce livre relate la lutte entre ces deux rivaux. David passe à plusieurs reprises tout près de la mort, mais avec le soutien en sous-main de Jonathan (1S 20), il réussit à chaque fois à s'en sortir (1S 23,27). Il doit même un moment se réfugier chez l'ennemi philistin (1S 27). Petit à petit, David prend le dessus, et à deux reprises il a l'occasion de tuer Saül, mais il n'a pas l'esprit de vengeance et respecte l'onction royale, aussi propose-t-il à Saül la paix et la réconciliation (1S 26,23). Saül dans un premier temps est ému de cette grandeur d'âme, demande pardon et veut faire la paix, mais très vite sa paranoïa reprend le dessus et il cherche à nouveau à le tuer.

Le premier livre s'achève par la mort de Saül et Jonathan, lors d'un combat contre les philistins.

Deuxième livre de Samuel

Après l'ascension de David et les tentatives vaines du roi Saül pour le supprimer, ce deuxième livre est le récit de son règne qui tiendra une place fondamentale dans la représentation que se fera le peuple de la royauté. Après la libération d'Egypte, la révélation de la Loi, la conquête de la terre promise, c'est la création d'un Royaume qui semble parfaire et, certainement dans l'esprit du peuple, accomplir définitivement sa destinée.

L'investiture de David

Le début du livre relate l'annonce faite à David de la mort de Saül. La réaction de David peut surprendre : il fait tuer celui qui a osé mettre la main sur l'oint de Yhwh alors que cette mort, non seulement le libère d'un adversaire dangereusement malade qui cherchait à le tuer depuis longtemps, mais elle lui ouvre aussi le chemin de la royauté. Loin de se féliciter de cette mort, il pleure sa disparition et chante une belle complainte en l'honneur de Saül et de son fils Jonathan qu'il aimait beaucoup (2S 1,18-27). On peut y voir la grandeur d'âme d'un esprit très peu rancunier, comme cela s'est passé à plusieurs reprises dans le premier livre de Samuel, lorsqu'il avait eu l'occasion par deux fois d'abattre Saül, mais c'est aussi l'expression d'une grande habileté politique. Célébrer ainsi son adversaire, c'est une façon très pragmatique de tenter de rallier son clan, de se positionner dans sa filiation pour qu'ils le reconnaissent lui, David, comme roi, alors même que des enfants de Saül pourraient revendiquer cette charge.
Il est investi comme roi par la tribu de Juda (2S 2,1-4) et le fait savoir aux autres tribus du nord en accompagnant cette annonce d'un vibrant hommage à Saül et à ses combattants ! Cela ne suffit pas à rallier tout le monde et David va devoir faire face, dans ces territoires du nord, à

une opposition pilotée par l'ancien chef de guerre de Saül, Avner, qui soutient un fils de Saül. La guerre est inévitable.

David, assisté de Joab commandant de l'armée, ressort victorieux d'un premier affrontement à Gabaon, mais la *guerre fut longue entre la maison de Saül et la maison de David, David ne cessait de se renforcer et la maison de Saül ne cessait de s'affaiblir (2S 3,1)*.

David s'installe à Hébron, il prend plusieurs femmes qui lui donnent une nombreuse descendance. Devant la montée en puissance de David, Avner cherche à le rallier. Joab ne croit pas à sa sincérité et, sans en référer à David, le fait abattre (2S 3,6-39). Le fils de Saül, Ishbosheth, est à son tour abattu par deux hommes de son propre clan qui pensaient, en le trahissant, plaire à David. Bien mal leur en a pris. David n'aime pas les traîtres qui rallient le plus fort au dernier moment, même s'il est le bénéficiaire de cette trahison. Il les fait tuer (2S 4).

Finalement, tout le royaume du Nord se rallie à David qui est oint *« Roi d'Israël » (2S 5,1-5)*.

L'Apogée de David à Jérusalem

La suite du récit illustre encore l'habileté politique de David (2S 5). Alors qu'il était installé à Hébron, capitale du royaume de Juda, avec ses femmes et ses enfants, il décide de conforter ce ralliement du royaume du nord, d'asseoir son autorité, en attaquant avec ses troupes nouvellement unifiées, une petite ville qui n'appartient ni au royaume du nord, ni au royaume de Juda, Jérusalem. L'auteur prend soin de préciser que David n'a pas la grosse tête, il se réfère toujours à Yhwh ce qui lui vaut la victoire. Il fait de Jérusalem sa nouvelle capitale, symbole de l'unité retrouvée du peuple d'Israël. Telle est donc l'origine du destin exceptionnel de cette ville appelée aussi, désormais, « cité de David ». Signe de sa nouvelle puissance, il prend à Jérusalem de nouvelles femmes et concubines qui lui donnent encore beaucoup d'enfants !

Pour asseoir l'importance politique de sa nouvelle capitale, il décide de monter l'arche d'alliance à Jérusalem (2S 6,2). Un incident intervient lors du transport, Ouzza, un des transporteurs meurt après avoir touché l'arche. Cet incident manifeste la dimension sacrée de cette arche. L'opération de déplacement de l'arche est annulée, puis finalement reprise trois mois plus tard. Ce fut l'occasion de grandes festivités où les talents de musicien et de danseur de David - un peu dénudé - se sont illustrés, au grand dam de sa première femme Mikal, princesse, fille de Saül, qui trouvait sa tenue et son comportement peu digne d'un roi ! Mais David ne se prend pas pour un roi.

Lors de l'un de ses séminaires, Lacan a eu cette saillie : *l'homme de la rue qui se prend pour un roi, est un fou... mais celui qui est roi et qui se prend pour un roi est tout aussi fou !!!*

David était un roi exceptionnel, il n'était pas fou, il ne se prenait pas pour un roi ! Il avait une perception réaliste des événements. C'est Yhwh qui l'a amené là où il en est, il n'en tire aucune gloriole personnelle. Cinglant, il répond à Mikal : « *C'est devant Yhwh qui m'a choisi et préféré à ton père et à toute sa maison (...) que je m'ébattrai. Je m'abaisserai encore plus et je m'humilierai à mes propres yeux, mais près des servantes dont tu parles, auprès d'elles, je serai honoré* » (2S 6, 21-23).

On comprend la difficulté d'assumer cette ambivalence de la mission royale, porter la responsabilité glorieuse et sacrée de la royauté avec tous les signes et symboles associés, tout en refusant d'entrer dans le jeu de la gloire et de la puissance personnelle.

La promesse d'une dynastie éternelle.

Au faîte de sa gloire, son royaume connaît maintenant la paix et se développe. David veut alors traduire cette prospérité sur le plan du culte à Yhwh. *Je suis installé dans une maison de cèdre, tandis que l'arche de Yhwh est installée au milieu d'une tente de toile (2S 7, 3).*

L'intention de David paraît louable : un temple symbolise mieux la grandeur de Yhwh qu'une tente de toile. Mais Yhwh par l'intermédiaire du prophète Natan remet les pendules à l'heure.

A-t-il besoin, lui, Yhwh, d'un temple ? Sa présence permanente auprès du peuple a toujours été mobile, elle s'inscrit dans un humble cheminement. *Je ne me suis pas installé dans une maison depuis le jour où j'ai fait monter d'Égypte les fils d'Israël (...) Je cheminai sous une tente (...) c'est moi qui t'ai pris au pâturage, derrière le troupeau pour que tu deviennes le chef d'Israël mon peuple (2S 7,6-8).*

Yhwh retourne la proposition de David. Ce n'est pas David qui bâtira une Maison pour Yhwh, c'est Yhwh qui construira une maison pour la descendance de David, en jouant sur le double sens du mot « maison » en hébreu qui signifie aussi « dynastie ».

(...) Et Yhwh t'annonce que Yhwh te fera une maison. Lorsque tes jours seront accomplis et que tu seras couché avec tes pères, j'élèverai ta descendance après toi, celui qui sera issu de toi-même, et j'établirai fermement sa royauté (2S 7,11-12).

Les termes de cette promesse sont extrêmement forts. *C'est lui qui bâtira une maison pour mon Nom. Je serai pour lui un père et il sera pour moi un fils. S'il commet une faute, je le corrigerai en me servant d'hommes pour bâtons et d'humains pour le frapper, mais ma fidélité ne s'écartera point de lui (...). Devant toi, ta maison et ta royauté seront à jamais stables, ton trône à jamais affermi (2S 7,13-16).*

Ce texte, qui établit aussi fermement la pérennité de la royauté en Israël, est tout à fait essentiel pour comprendre les soubresauts - c'est une litote - de la suite de l'histoire d'Israël. La décadence de cette dynastie de David qui aboutira à sa disparition en 585 av. J.-C. engagera un travail d'interprétation, de découverte du sens symbolique de cette promesse, d'où naîtra l'attente d'un messie. Ce travail est un cheminement spirituel qui éclaire toute l'humanité. Chez les chrétiens, ce texte est fondateur pour comprendre la place de Jésus, descendant de David, dans l'histoire biblique. Ce Jésus-messie réalisateur de la promesse viendra bouleverser en profondeur ces notions de royauté, de royaume et de temple pour leur donner une dimension spirituelle.

La faute de David

Un soir, David ne trouvant pas le sommeil, se lève et de sa terrasse aperçoit une femme *très belle* qui se baignait (2S 11). *Il envoie des émissaires pour la prendre (v.4)*, couche avec elle et quelque temps plus tard cette femme lui fait dire qu'elle est enceinte. Or cette femme du nom de Bethsabée est l'épouse d'Urie, un lieutenant de son chef de guerre Joab. Urie étant au front, David le fait venir, le soigne bien et lui recommande d'aller se reposer chez lui, avec sa femme. Mais la tradition veut qu'en temps de guerre un soldat doit s'abstenir de rapports sexuels ; aussi Urie, en parfait militaire, reste couché à la porte du roi. Plusieurs jours de suite, David renouvelle sa tentative, le fait boire pour qu'il rentre chez lui et qu'il couche enfin avec sa femme, mais rien n'y fait, son exigence de solidarité avec ses soldats est le plus fort. David est bien embêté, car l'état de sa femme devra bien trouver une explication. Alors il élabore pour la prochaine bataille un plan où Urie ce soldat si vaillant devra courir de grands risques et pourrait trouver la mort. Ce plan fonctionne, Urie meurt au combat. Après une période de deuil, David fait venir Bethsabée au palais et la prend pour femme.

Un peu plus tard, Natan rapporta à David l'histoire d'un homme riche qui avait beaucoup de moutons et d'un pauvre qui n'avait qu'une petite agnelle qu'il chérissait tendrement (2S 12).

Le riche pour accueillir un hôte fait abattre la petite agnelle du pauvre, car il ne veut pas toucher à son propre cheptel. Cet événement scandalise profondément David qui réclame la mort du riche et des

fortes indemnités pour le pauvre. Et Natan de répondre : « Cet homme, c'est toi ! » (v. 7)
Yhwh l'a comblé de richesses et de femmes et s'il en avait voulu davantage, Yhwh lui en aurait donné davantage, mais là, pour avoir pris la femme d'Urie et s'être débarrassé du mari en cachette, la malédiction tombera sur sa descendance qui lui prendra ses femmes, non pas en secret, mais au vu et au su de tous. L'enfant qu'il a eu avec Bethsabée mourra.
Remarquez la pédagogie divine : Natan n'attaque pas de front David, il ne lui fait pas la morale, il lui raconte simplement une histoire qui permet à David de prendre conscience de ses actes et de porter lui-même le jugement.
David dans cette prise de conscience, et pour sauver son petit, demande pardon, renonce à tous les avantages de son statut de roi, il jeûne et dort par terre. Tant et si bien qu'à la mort de l'enfant, personne n'ose le lui annoncer tant son état est inquiétant. Des chuchotements dans son dos l'alerte, il comprend que son enfant est mort. Sa réaction surprend tout le monde : il se lève, se parfume, prend de la nourriture, puis pour la consoler, va coucher avec Bethsabée qui lui donnera un fils du nom de Salomon. *Et Yhwh aima Salomon (2S 12,24).* Cela peut surprendre. Mais à y regarder de près, cette réaction de David paraît saine et réaliste. Prenant conscience de son crime, il fait un profond retour sur lui-même, pleure devant Yhwh pour cette faute, mais il ne tombe pas dans une culpabilité névrotique, la vie doit reprendre son cours et son amour sincère pour Bethsabée prend le dessus et Salomon, pourtant fils d'un pécheur criminel et de la femme convoitée, sera le plus grand roi d'Israël. David devra néanmoins assumer courageusement les conséquences funestes de son acte.

Avec Absalom, une fin de règne bien difficile

On sait que la polygamie ne favorise pas la paix entre les enfants de mères différentes, surtout quand le père est un roi dont chacun peut espérer reprendre le sceptre (2S 13-20). Un de ses fils, Amnon (2S 3,2), devient mélancolique car il est très amoureux de sa demi-sœur Tamar. Il se fait passer pour gravement malade et demande que sa soeur Tamar lui apporte des soins dans sa chambre. Une fois dans sa chambre, il la viole, puis il la rejette violemment. Tamar se réfugie chez son frère Absalom et la haine s'installe entre les frères. À l'occasion d'une fête, Absalom fait boire Amnon, puis le fait tuer par ses serviteurs (2S 13,33).
David est terriblement affecté par la mort de son fils. Absalom, suspecté de vouloir tuer ses autres frères pour prendre le pouvoir, doit s'éloigner pendant trois années avant que Joab obtienne son retour en grâce (2S 14,33). Mais Absalom n'a cherché à revenir que pour mieux intriguer et renverser son père. Tant et si bien que David doit fuir devant son fils qui s'empare du pouvoir et de ses femmes (2S 15,14). La guerre est déclarée entre le père et le fils, mais si Absalom est beau, jeune et séduisant, attirant à sa cause une bonne partie de la population, David est un plus fin manoeuvrier et finit par avoir le dessus. Absalom prend la fuite sur une mule qui dans sa course traverse des branches d'un térébinthe. Il reste suspendu entre terre et ciel. Malgré les instructions de David de ne pas attenter à la vie de son fils, Joab en profite pour le tuer (2S 18,9-15). David en est très affecté et au lieu de fêter sa victoire, il s'enferme pour faire le deuil de son fils et pleurer amèrement (2S 19). Ces divisions de la famille royale ne furent pas sans conséquences sur le peuple. Les oppositions entre la tribu de Juda et les tribus du nord, que David avait réussi à faire taire, se ravivent (2S 19-20). Joab, tombé en disgrâce pour avoir tué Absalom, mettra de l'huile sur le feu et dans la guerre de succession qui suit, il prend parti contre Salomon, successeur désigné par David.

Recensement

Le livre se termine par une nouvelle faute de David qui ordonne un recensement de tous les habitants d'Israël (2S 24). A priori, nous ne comprenons pas très bien en quoi cet ordre constitue et est perçu par David lui-même comme un péché très grave, un sacrilège. Il faut sans doute chercher l'explication dans la promesse faite par Yhwh à Abraham, et renouvelée à maintes reprises, de faire d'Israël un peuple plus nombreux que le sable de la mer, plus nombreux que les étoiles du ciel. Par cette demande de recensement, David enferme la promesse dans des limites, il désymbolise la promesse en cherchant à s'en approprier la matérialité.

En cherchant à matérialiser le contenu de la promesse, il en vide le contenu symbolique, il bloque le travail d'intériorisation et d'ouverture vers l'infini du désir.

Conclusion

La figure de David, si importante dans l'histoire d'Israël, n'est pas idéalisée par le rédacteur - il n'y a pas de héros dans la Bible - ses fautes ne sont pas passées sous silence. Néanmoins David sera, dans la suite de l'histoire de la royauté, la référence du juste comportement pour tous les rois d'Israël. Il n'a pas tourné à son profit personnel son statut de roi, il a reconnu ses fautes et s'en est repenti. Il amorce ainsi l'inversion radicale de la notion de royauté, l'humilité, le service du peuple, la confiance totale en Yhwh sont la vraie source de la puissance.

Un chant, attribué à David (2S 22), célèbre ce changement de paradigme de la royauté :

Tu rends vainqueur un peuple humilié, tu fais tomber ton regard sur ceux qui s'élèvent.
C'est toi qui es ma lampe, Yhwh. Yhwh illumine mes ténèbres (2S 22,28).

Il donne à ce changement une dimension cosmique :
Alors la terre se troubla et trembla ; les fondations des cieux frémirent (2S 22, 8a)
Et le lit de la mer apparut, les fondations du monde sont dévoilées (2S 22, 16a).
On retrouve ce chant dans le livre des psaumes (Ps 18) et de nombreux psaumes chantés aujourd'hui dans les synagogues ou les églises sont attribués à David.
Le titre du psaume 51 par exemple fait explicitement référence à la faute de David avec Bethsabée. David devient l'exemple de l'homme pécheur qui reconnaît ses fautes :
Aie pitié de moi, mon Dieu, selon ta fidélité ; selon ta grande miséricorde, efface mes torts.
Lave-moi sans cesse de ma faute et purifie-moi de mon péché. Car je reconnais mes torts (Ps 51,3-5). Voici, tu aimes la vérité dans les ténèbres. Dans ma nuit, tu me fais connaître la sagesse. Ote mon péché avec l'hysope, et je serai pur ; lave-moi, et je serai plus blanc que la neige (Ps 51,8-9).
Le roi David voit s'ouvrir devant lui, au milieu des épreuves, par le pardon, un chemin de lumière d'où jaillit la louange. *Rends-moi la joie d'être sauvé, et que l'esprit généreux me soutienne ! (Ps 51,14) Seigneur, ouvre mes lèvres, et ma bouche proclamera ta louange (Ps 51,17). Le sacrifice voulu par Dieu, c'est un esprit brisé ; Dieu, tu ne rejettes pas un cœur brisé et broyé (Ps 51,19).*

PREMIÈRE PARTIE - LIVRES HISTORIQUES

LES LIVRES DES ROIS

Introduction

Le découpage de cette période de quatre siècles, entre 970 et 585 av. J.-C., en deux livres, comme celui des deux livres de Samuel n'a d'autre raison que des contraintes matérielles.
Cela est d'autant plus frappant que la coupure entre les deux livres des Rois se situe au milieu du récit du règne du roi Achazias.
Les chapitres 1 et 2 du premier livre des Rois portent sur la fin de l'histoire du roi David et comme tels devraient plutôt figurer dans le deuxième livre de Samuel.
Les chapitres 3 à 11 sont entièrement consacrés au roi Salomon dont le règne constitue l'apogée de la royauté en Israël. Après sa mort, le royaume se déchire (1R 12) et pendant un peu plus de deux cents ans, de 933 à 721, nous suivrons en parallèle deux dynasties, celle du royaume du Nord qui porte le nom d'Israël et celle du royaume du Sud qui porte le nom de Juda, du nom de la tribu la plus importante (1R 13 - 2R 17), jusqu'à la disparition du royaume du nord annexé par l'empire Assyrien. La finale de ces deux livres (2R 18-25) ne concerne plus que la dynastie de Juda jusqu'à la prise de Jérusalem en 595 et sa destruction en 585.

Plusieurs facteurs rendent malaisé le suivi chronologique des événements de ces deux dynasties entrecroisées. D'une part, en l'absence de système de datation - le système de datation que nous utilisons par rapport à la naissance théorique de Jésus-Christ était évidemment inexistant - l'auteur situe l'avènement d'un nouveau roi de Juda, en indiquant depuis combien d'années règne le roi d'Israël correspondant, et réciproquement. D'autre part, pour ne rien arranger, les noms des rois de ces deux dynasties se ressemblent souvent beaucoup, ils sont même parfois identiques. Les dates qui figurent dans les annexes de la plupart des traductions sont le fruit d'un long travail de reconstitution des historiens qui s'appuie aussi sur des recoupements avec les quelques rares et précieuses informations extra-biblique qui nous sont parvenues de l'histoire des peuples environnants.

L'auteur rapporte des événements, souvent militaires, de chaque règne, mais l'importance donnée à certains faits et l'impasse faite sur d'autres traduisent la volonté de l'auteur d'apporter un éclairage théologique dans la succession des faits historiques qui permette au peuple d'en comprendre le sens et d'en tirer les leçons.

Par ailleurs, une grande place est ainsi donnée, au milieu de ces chroniques royales, à de nouveaux personnages qualifiés de prophètes qui se confrontent aux pouvoirs des rois. Élie et Élisée en sont les plus importants. Dans la deuxième partie seront étudiées l'origine et les évolutions de ce courant prophétique.

Reprenons le fil de l'histoire.

Premier livre des rois

La lutte pour la succession de David

Ce livre s'ouvre sur un épisode de la fin de vie de David aussi anecdotique que cocasse (1R 1,1-4). L'entourage du vieux roi David constatant qu'il était toujours frigorifié, s'enquiert d'une belle jeune fille pour le réchauffer dans son lit ! Mais voilà le constat de son impuissance sexuelle donne le signal de la course à sa succession.
Adonias (2S 3,4), demi-frère d'Absalom - celui qui avait tenté et provisoirement réussi à prendre le pouvoir au détriment de son père David - perçoit la nécessité face à la vieillesse et à l'impuissance de son père, d'agir vite et de mettre ainsi l'autre prétendant, Salomon, devant le fait accompli. Bel homme, Adonias jouait au prince avec la complicité passive de son père (1R 1,7). Il décide d'organiser une grande fête qui, avec la présence des deux personnes les plus importantes du royaume, Joab représentant du pouvoir militaire et Abiatar celui du pouvoir religieux, s'apparenterait à une cérémonie d'investiture. Mais c'était sans compter sur le prophète Natan qui mobilise Bethsabée, la mère de Salomon, pour intervenir auprès de David et lui rappeler sa promesse d'investir leur fils. Prestement Salomon est oint par le prêtre Sadoq avec l'aval de David, le peuple suit Salomon avec une grande allégresse. Adonias, pris de vitesse, doit s'enfuir pour sauver sa peau, puis plus tard s'avouant vaincu, il revient et reconnaît l'autorité de Salomon.
Le roi David recommande à son fils Salomon d'éliminer tous les comploteurs. Salomon s'y emploie et *c'est ainsi que la royauté fut affermie dans la main de Salomon (1R 2,46b).*

Le Règne de SALOMON

Avec cette section du livre, nous entrons dans un style littéraire assez différent de ce que nous avions précédemment. À la complexité des personnages et des événements décrits dans les textes antérieurs, succède dans cette section une simplification du récit dont l'objet unique semble bien de mettre en valeur le roi Salomon. D'une certaine façon cette section semble relever d'un type de littérature apologétique qui était d'ailleurs la seule pratiquée à cette époque dans les grands empires environnants. En effet, eu égard au coût de l'écriture et à la rareté des scribes, seul le pouvoir en place pouvait réunir les conditions de réalisation d'un écrit. De tels écrits avaient pour fonction d'alimenter la dévotion des sujets du roi perçu comme divin.

L'auteur multiplie les signes qui magnifient Salomon. Il épouse la fille du roi d'Égypte (1R 3,1), ce qui tend à faire de lui presque un égal du Pharaon, alors que les historiens nous disent que sur un plan purement politique, il ne devait être probablement qu'un roitelet sous la coupe d'un empereur. Il est fait état de sa grande sagesse, sagesse divine qui lui donne une grande habileté pour discerner les hommes et leurs intentions profondes. D'où le fameux épisode tant reproduit dans les œuvres d'art, du Jugement de Salomon : deux femmes avaient accouché en même temps, l'un des enfants meurt peu de temps après. Toutes les deux revendiquent la maternité de l'enfant restant. Salomon les convoque et simule l'ordre de partager l'enfant en deux ! Une des femmes cède alors l'enfant à sa rivale pour éviter le massacre. Salomon désigne cette dernière comme la vraie mère et lui donne l'enfant (1R 3,16-28).

Son pouvoir s'étend dans la paix et la prospérité. *Salomon dominait sur tous les royaumes, depuis le Fleuve sur le pays des philistins et jusqu'à la frontière d'Egypte (1R 5,1).*

Dieu donna à Salomon sagesse et intelligence à profusion ainsi qu'ouverture d'esprit autant qu'il y a de sable au bord de la mer (1R 5,9).
Sa connaissance de la nature s'accompagne d'un talent d'écrivain, il rédige des proverbes et compose des chants (1R 5,11-15).
Enfin cette grandeur de Salomon s'illustre par la construction d'un magnifique temple pour Yhwh, la Maison de Dieu, et d'un palais pour lui-même (1R 6).
La fonction de ces récits à connotation apologétique est la création d'un archétype de la Gloire et de la Sagesse et par là enracine la figure de Salomon dans l'inconscient collectif d'Israël. Cependant on sent bien que, pour l'auteur, toute cette réussite du règne de Salomon pourrait donner lieu à des interprétations ambiguës, sinon à des dérives. Dans les chapitres totalement dédiés à célébrer la gloire de Salomon et du temple, comme reflets de la gloire de Yhwh, l'auteur prend quelques précautions pour tenter de lever les ambiguïtés que la manifestation de cette gloire ne manquerait pas de soulever.

Ambiguïté dans l'exercice du pouvoir politique

La première ambiguïté que l'auteur cherche à lever par anticipation, concerne l'exercice du pouvoir politique. L'épisode du songe de Gabaon (1R 3,1-15) manifeste clairement que la source de la puissance et de la prospérité de Salomon vient de sa demande du don de la sagesse qu'il a adressée à Yhwh au début de son règne. Une hiérarchie des valeurs est très explicitement affirmée par Yhwh dans cette très belle réponse à la prière de Salomon :
« Puisque tu as demandé cela et que tu n'as pas demandé pour toi une longue vie, que tu n'as pas demandé pour toi la richesse, que tu n'as pas demandé la mort de tes ennemis, (...) je te donne un cœur sage et perspicace et même ce que tu n'as pas demandé (...) la richesse et la gloire » (1R 3,11-14).

La gloire et la richesse ne sont pas condamnables en soi puisqu'elles sont dons de Yhwh et accomplissement de sa promesse. *La Gloire sera le patrimoine des sages alors que les insensés porteront la honte (Proverbes 3,35).*
Mais elles ne sont pas à rechercher pour elles-mêmes dans l'exercice du pouvoir, elles sont subordonnées à la sagesse où elles puisent leur source et leur légitimité. Coupées de leur source, gloire et prospérité ne seront plus que feu de paille. *L'orgueil de l'homme l'humiliera mais un esprit humble obtiendra l'honneur (Pr 29,23).*

Nous n'avons pas encore rencontré dans l'histoire biblique ce mot de sagesse. À peine l'avons-nous effleuré, dans le livre de la Genèse, avec la personne de Joseph qualifié de sage et intelligent dans l'exercice du pouvoir en Égypte (Gn 41,39). La notion de sagesse était assez étrangère à l'époque des Juges. Quant à David, si nous avons bien évoqué son habileté, on ne peut pas dire que le terme de « sage » soit le qualificatif qui le caractérise le mieux.
C'est donc à partir de Salomon que la religion juive intègre, s'enrichit de cette notion de sagesse. Si, dans ce livre, il est clairement explicite que cette sagesse vient de Yhwh, il ne s'en dégage pas moins qu'elle est loin d'être une prérogative d'Israël. La sagesse de Salomon est comparable, même si elle les surpasse, à *la sagesse de tous les fils d'Orient, toute la sagesse d'Egypte (1R 5,10).*
Cette dimension universelle de la sagesse est illustrée par la visite de la reine de Saba. Arrivée chez Salomon, elle lui *parla de ce qui lui tenait à cœur, Salomon donna des réponses à toutes ses questions. (...) Elle dit au roi : « C'était bien la vérité que j'avais entendu dire dans mon pays sur tes paroles et sur ta sagesse. Je n'avais pas cru à ces propos tant que je n'étais pas venue et que je n'avais pas vu de mes yeux ; (...) Tu surpasses en sagesse et en qualité la réputation dont j'avais entendu parler » (1R 10,6-7).*

Il faudra pourtant plusieurs siècles après Salomon, pour qu'une littérature sapientiale voie le jour en Israël avec les livres des Proverbes, de la Sagesse, du Siracide aussi appelé l'Ecclésiastique et celui de Qohélet ou l'Ecclésiaste. Cette littérature qui traite de la connaissance de la nature, de l'art, de la psychologie et surtout de la morale, bien que très postérieure, n'hésitera pas à se rattacher directement à Salomon. Nous verrons dans la troisième partie de ce tome les spécificités juives de cette littérature, où se côtoient de magnifiques éloges de la sagesse et un questionnement existentiel sur sa pertinence. Cette question si fondamentale de la nature de la sagesse sera reprise par Jésus (Mt 5) et théorisée plus tard par Paul (1Cor 2,6-8).

Ambiguïté dans l'exercice du pouvoir religieux

L'autre ambiguïté que l'auteur cherche à dissiper concerne l'exercice du pouvoir religieux.
Dans le deuxième livre de Samuel, Yhwh n'a pas jugé bon le projet émis par David de construire un temple. L'ambiguïté de ce projet tient au fait qu'il s'enracine dans une perception du sacré qui n'est pas propre à Israël. Tous les peuples ont leur lieu sacré associé à un dieu local que l'on invoque par des sacrifices. Un dieu est attaché à un lieu donné. Or nous avons déjà souligné l'importance de la mobilité de Yhwh dans la prise de conscience progressive d'un Dieu unique et universel, créateur de l'univers. Alors comment concilier la nécessité de disposer d'un lieu pour pratiquer des sacrifices, qui est la seule forme d'expression religieuse connue, sans enfermer Yhwh dans un lieu et un habitat précis ?
L'auteur consacre trois longs chapitres aux détails de la construction du temple et de sa dédicace[27] (1R 6-9), mais il prend soin de justifier la décision de Salomon de construire un temple par le fait que *le peuple continuait à offrir des sacrifices sur les hauts lieux (...) et qu'il brûlait de*

---

27 - L'étymologie du mot *dédicace* est consécration.

l'encens (1R 3,2-3).

Autrement dit, il y avait danger que le culte de Yhwh, disséminé dans différents lieux, ne se dissolve dans les pratiques locales faites aux dieux Baal et à la déesse Astarté. Pour renforcer la spécificité du culte de Yhwh, éviter sa dissolution dans les pratiques locales plus accessibles, la centralisation du culte en un lieu donné paraît une nécessité.

Ces expressions culturelles du sacré que sont les sacrifices des animaux dans un temple sont pour les peuples de cette époque, une certaine façon de garder la mainmise sur la divinité.

Reprendre et adopter ces pratiques sacrales aux connotations superstitieuses et divinatoires, en construisant un temple où l'on pratique des holocaustes à Yhwh, c'est situer Yhwh, en opposition certes, mais tout de même au même niveau que les autres dieux. L'auteur va tenter de dissiper cet amalgame lors d'une grandiose fête pour le transfert de l'arche et la dédicace du temple.

De fait, la cérémonie commence par des sacrifices *de tant de petits et gros bétails qu'on ne pouvait ni le compter, ni le dénombrer (1R 8,5).* On est là clairement sur le terrain de la concurrence et de la rivalité avec les sacrifices pour les autres dieux. Mais l'auteur tient rapidement à préciser qu'*il n'y a rien dans l'arche, sinon les deux tables de pierre déposées par Moïse à l'Horeb, quand Yhwh conclut l'alliance avec les fils d'Israël à leur sortie d'Egypte (1R 8,9).*

Puis à travers la prière de Salomon, il évoque l'interprétation erronée que l'on pourrait faire de la construction de la maison de Yhwh (le temple) : – *Est-ce que vraiment Dieu pourrait habiter sur la terre ? Les cieux eux-mêmes et les cieux des cieux ne peuvent te contenir ! Combien moins cette Maison que j'ai bâtie !* – *Sois attentif à la prière et à la supplication de ton serviteur, (…). Que tes yeux soient ouverts sur cette Maison jour et nuit, sur le lieu dont tu as dit : « Ici sera mon nom »* (1R 8, 27-29).

Le cheminement spirituel par un travail de symbolisation.

Le travail de perception de réalités spirituelles, tout en s'appuyant sur des réalités matérielles - les sacrifices, le temple -, subvertit cette matérialité, en leur donnant une dimension symbolique. Le *« rien »* dans l'arche illustre cette dématérialisation et l'interdiction de toute représentation de Dieu qui s'ensuit. Néanmoins, la pédagogie divine ne s'exerce pas par l'énoncé d'une vérité abstraite, irréfutable, hors du temps, elle est une invitation, dans un contexte social et culturel donné, à suivre un chemin spirituel qui transformera en profondeur les esprits et les cœurs, métamorphosant ainsi progressivement la culture.

Ce cheminement ne sera pas une marche tranquille sur une route parfaitement linéaire, bien balisée. Dans ce cas exemplaire de la construction du temple, refusée à David et acceptée pour Salomon, l'avancée vers le monothéisme avec ses flux et reflux, doit lever à chaque étape les ambiguïtés possibles. Dans ce cas précis du temple, il y a bien un paradoxe, presque un oxymore, à vouloir construire une maison pour Dieu.

Avec Salomon, Israël est à un stade qui nécessite la création d'un cadre fort avec la mise en place d'institutions solides permettant sur un plan politique de renforcer la royauté et sur le plan religieux de centraliser le culte en un lieu unique. Jérusalem incarne cette fonction.

Mais d'une façon encore discrète et sous-jacente, les pièges d'un enfermement dans une matérialité, qui viendrait s'opposer au développement et au dépassement de cette appartenance, sont identifiés et rééquilibrés par un message à portée plus universelle.

C'est ainsi que la grande et belle prière de Salomon (1R 8,23-53), lors de la dédicace du Temple, marque une inflexion nette dans la perception courante de la fonction du temple et des cultes sacrificiels.

Si la pratique des holocaustes, même en grande quantité, sont bien mentionnés, la prière et l'écoute de la parole de Yhwh sont mises en avant dans ce lieu de rencontre avec le divin. Les malheurs, défaites militaires, catastrophes naturelles, sécheresse, famine, pestes, sont perçus comme les conséquences du péché du peuple. Il y a là un progrès dans la prise de conscience de la responsabilité du peuple, l'amorce d'une éthique, d'une prise en main par l'homme de son histoire. Ce n'est pas par des gestes magiques ou simplement par des offrandes faites à Dieu que l'on pourra détourner le malheur, mais par un changement de comportement, une transformation intérieure.

Le thème du Temple s'enrichit d'un travail de symbolisation : d'un lieu de culte en pierre, la Maison de Yhwh deviendra le symbole de la résidence de l'homme à l'issue d'un long chemin où après s'être souvent égaré (le péché), il demeure près de Dieu dans le repos, la joie, la communion et les chants. Ce contenu symbolique du temple s'exprimera dans la prière des Psaumes. *Quelle joie quand on m'a dit : « Allons à la maison de Yhwh ! » (Ps 122,1)*

Plus tard dans la chrétienté, les grands lieux de pèlerinage, les sanctuaires et leurs sculptures symbolisent le cheminement de l'homme qui se dépouille du « vieil homme » pour entrer dans la lumière de la Maison de Dieu.

Cette spiritualisation du temple est accomplie par Jésus qui, par un propos très subversif, révèlera toute la profondeur spirituelle de ce thème. *« Détruisez ce temple et, en trois jours, je le relèverai » (Jn 2,19).*

Prise de conscience de la responsabilité de l'homme

Le glissement de la fonction du sacrifice chez le peuple hébreu, qui d'une offrande aux dieux pour détourner leurs colères arbitraires devient une demande de pardon pour son péché, représente une étape fondamentale dans la perception du sacré car il sort l'homme de son enfermement dans une fatalité aveugle et incompréhensible, pour l'engager sur une voie de responsabilité qui le libère de cette fatalité.

On a souvent reproché à la notion de « péché » du judéo-christianisme d'être à l'origine chez l'homme occidental du sentiment pathologique de culpabilité dont les thérapies psychologiques peuvent le libérer. Cela s'explique dans la mesure où certains types de discours religieux ont provoqué ou favorisé ces pathologies, en particulier en associant cette notion de péché à l'activité sexuelle. Mais on ne peut pour autant amalgamer culpabilité et pathologie. Cela reviendrait à nier la responsabilité de l'homme, responsabilité dont on perçoit bien à travers l'évolution de la notion de sacrifice qu'elle lui permet d'émerger d'un état où il est d'une certaine façon « possédé par les dieux », à un état où il devient autonome, responsable de son destin. Néanmoins, le pendant de cette prise de conscience de la responsabilité de l'homme est la nécessité d'une justice divine. En effet le corollaire de ce nouveau type de relation avec le divin, est l'exigence d'une rétribution juste pour chaque homme pris individuellement en fonction de son comportement. Dans ce nouveau contexte, le sacrifice prend une dimension personnelle et individuelle alors qu'il était jusqu'ici limité à la dimension collective. D'où cette prière de Salomon lors de la dédicace : *Dans le cas où un homme aura péché contre un autre (...) et qu'il vienne prononcer ce serment devant ton autel, dans cette Maison, toi, écoute depuis le ciel : agis, juge entre tes serviteurs, déclare le coupable coupable, en faisant retomber sa conduite sur sa tête ; et déclare l'innocent innocent en le traitant selon son innocence (1R 8, 31-32).*

Il y a là les prémices d'une exigence de mise en oeuvre d'un système juridique et pénal. Mais pour le moment, ce qui est perçu comme signe de la justice divine, ce sont les événements de la vie : une défaite militaire, une sécheresse, une famine, les épidémies et autres fléaux (1R 8,33-39) qui n'apparaissent plus comme une fatalité, mais comme

les conséquences du péché du peuple. *Ce péché du peuple* consiste dans le fait de « se tourner vers d'autres dieux ».
Sortir du péché c'est *incliner son cœur vers Yhwh (1R 8,58).*

Questionnement sur la rétribution

Cette nouvelle importance du choix des hommes, de leur responsabilité dans le déroulement de l'histoire amène l'homme à lire les événements selon une grille qui a l'avantage d'être simple et logique : le malheur est la conséquence du péché et le bonheur est le fruit de la pratique du bien, de l'écoute de la parole et de l'application des commandements. Cette équation apparemment satisfaisante, se heurte concrètement à l'expérience de la vie. Son bien-fondé sera questionné, non pas en premier lieu sous une forme théologique ou philosophique, mais d'abord sur un plan existentiel. Les cris de détresse de certains psaumes sont l'écho de situations personnelles tragiques qui contredisent les termes de cette équation.
Le juste est persécuté et traîne dans le malheur pendant que le méchant nage dans l'opulence et le bonheur. Situations parfaitement inacceptables dans le cadre d'une justice divine, cohérente et rétributive. Nous aurons l'occasion, en particulier avec certains écrits de la littérature sapientiale (Job, Qohélet) et bien sûr les Évangiles, de suivre l'évolution du questionnement sur la rétribution et ce mystère si prégnant qu'est le mal.
Mais pour le moment, dans ces deux livres des Rois, ce sont bien les péchés du peuple et tout particulièrement celui des rois, à commencer par celui de Salomon, qui expliquent l'histoire qui suit.

La fin de règne de Salomon

À partir du chapitre 11, l'auteur - on peut penser qu'il s'agit d'un autre auteur plus indépendant - apporte un éclairage complètement

différent du règne de Salomon ou du moins de la fin de son règne.
La présence à la cour du roi d'un harem de mille femmes, qui était perçue précédemment comme un signe de bénédiction divine en faisant de Salomon l'égal des pharaons, devient un grand danger pour la fidélité à Yhwh. En effet, venant de l'étranger, ces femmes apportent à Jérusalem leur propre culte et Salomon ne s'y oppose pas, alimentant ainsi l'ambiguïté des pratiques religieuses.
La durée du règne de Salomon à Jérusalem, sur tout Israël, fut de quarante ans. Puis Salomon se coucha avec ses père et il fut enseveli dans la Cité de David son père (1R 11,42).

Le schisme

Après la mort de Salomon, son fils Roboam lui succède. Jéroboam, un ancien fonctionnaire de Salomon, demande à Roboam : *Ton père a rendu lourd notre joug, toi maintenant, allège la lourde servitude de ton père (1R 12,4).*
Demande qui laisse entendre que la vie du peuple sous le joug de Salomon n'était pas rose.
Pour construire le magnifique temple à Yhwh et son propre palais, il avait dû mettre en oeuvre *la corvée (1R 9,21)*, c'est-à-dire une forme d'esclavage.
Avant de monter sur le trône royal, Roboam demande conseil sur la conduite à tenir, à deux groupes. Le premier, composé d'anciens, lui transmet le conseil suivant : *Si aujourd'hui tu te fais le serviteur de ce peuple, si tu le sers, et si tu lui réponds par de bonnes paroles, ils seront toujours tes serviteurs (1R 12,7).*
Le second, composé de jeunes, lui conseille au contraire de renforcer la pression sur le peuple. *Puisque mon père vous a chargés d'un joug pesant, moi, j'augmenterai le poids de votre joug; puisque mon père vous a corrigés avec des fouets, moi, je vous corrigerai avec des lanières cloutées! (1R 12,11)*

Hélas Roboam opte pour la deuxième solution, rallumant ainsi les germes de divisions entre le nord et le sud du pays, que son père Salomon et son grand-père David avaient réussi à conjurer.

C'est ainsi qu'en 933, le royaume se divise entre le royaume du Nord, appelé royaume d'Israël qui regroupe dix tribus avec à sa tête Jéroboam, qui déjà s'était rebellé contre l'autoritarisme de Salomon (1R 11,26) et le royaume du Sud, appelé royaume de Juda, avec à sa tête Roboam, le fils de Salomon. Jéroboam et Roboam furent en lutte permanente l'un contre l'autre.

Ce schisme politique s'accompagne d'une décadence religieuse dans les deux royaumes. Pour éviter que son peuple ne revienne dans le giron de Jérusalem, *le roi Jéroboam eut l'idée de faire deux veaux d'or et dit au peuple : « Vous êtes trop souvent montés à Jérusalem ; voici tes dieux, Israël, qui t'ont fait monter du pays d'Egypte. » Il plaça l'un à Béthel, et l'autre, il l'installa à Dan - c'est en cela que consista le péché. Le peuple marcha en procession devant l'un des veaux jusqu'à Dan (1R 12,28-30).* Quant à Roboam, roi de Juda, il laissa le peuple revenir à des pratiques sacrées antérieures, comme les rites pour la fertilité qui mettaient à la disposition du peuple, dans un sanctuaire, des prostitué.e.s des deux sexes. *Juda fit ce qui est mal aux yeux du Yhwh (...) ils bâtirent à leur usage des hauts lieux[28], des stèles et des poteaux sacrés sur toutes les collines élevées et sous tout arbre verdoyant ; il y eut même des prostitués sacrés dans le pays, ils agirent selon toutes les abominations des nations que Yhwh avait dépossédées devant les fils d'Israël (1R 14,22-24).*

Il y eut la guerre entre Roboam et Jéroboam tous les jours de sa vie (1R 14,30).

À la mort de Roboam, son fils Abiyam lui succéda sur le trône de Juda, il poursuivit dans le même esprit que son père. *Il imita tous les péchés que son père avait commis avant lui ; et son cœur ne fut pas intègre*

---

28 - *Hauts lieux,* terme hébreu désignant des lieux de culte en plein air, situés en général sur une hauteur (note de la TOB).

à l'égard de Yhwh son Dieu, contrairement à ce qu'avait été le cœur de David, son père (1R 15,3).

Il ne régna que trois ans, par contre son fils Asa régna plus de quarante ans (912-871), il fut un des rares rois à trouver grâce auprès de l'auteur. *Asa fit ce qui est droit aux yeux de Yhwh, comme David son père. Il élimina du pays les prostitués sacrés et supprima toutes les idoles qu'avaient fabriquées ses pères. (…) Mais les hauts lieux ne disparurent pas (1R 15,11-14).*

Pendant son long règne, il vit défiler cinq rois en Israël. Le premier Nadab, le fils de Jéroboam, fut rapidement destitué suite à une conspiration au profit de Baésha qui, lui, régna vingt ans sur Israël. Son fils Ela lui succéda, mais, moins d'un an après son accession au trône, il fut à son tour victime d'un complot de la part de son serviteur Zimri qui s'empara du pouvoir pendant seulement sept jours, car une partie du peuple n'accepta pas son coup d'État, et le tua pour mettre à sa place Omri. On sait par des sources extra-bibliques que Omri fût un grand roi, reconnu comme tel par les royaumes voisins. C'est lui qui construisit la ville de Samarie, mais l'auteur du livre l'expédie en trois versets ravageurs. *Omri fit ce qui est mal aux yeux de Yhwh, et fut pire que tous ses prédécesseurs. Il suivit en tout le chemin de Jéroboam (…) et imita les péchés que celui-ci avait fait commettre à Israël, au point d'offenser Yhwh, le Dieu d'Israël, par leurs vaines idoles (1R 16,25-26).* Les critères de grandeur de l'auteur ne sont pas les mêmes que ceux des historiens !

Avec Akhab, le fils qui lui succède, c'est encore pire. *Akhab, fils d'Omri, fit ce qui est mal aux yeux de Yhwh, plus que tous ses prédécesseurs. Et comme ce n'était pas assez pour lui d'imiter les péchés de Jéroboam, (…) il prit pour femme Jézabel, fille d'Ethbaal, roi des Sidoniens ; il alla servir le Baal, et se prosterna devant lui (1R 16,30-31).*

Face à ce délitement de la fonction royale, émerge un personnage, Élie[29], qui prend une grande place dans la suite du récit.

---

29 - *Élie* signifie « mon Dieu est Yhwh ».

Le cycle du prophète ÉLIE

Pendant le règne d'Akhab (875-853) *qui continua à agir de façon à offenser Yhwh plus que tous les rois d'Israël qui l'avaient précédés (1R 16,33)*, Yhwh commande à un certain Élie d'aller s'installer dans une grotte près d'un torrent où il sera nourri par des corbeaux et sera ainsi épargné du châtiment qui va s'abattre sur le peuple.
À partir du chapitre 17, le genre littéraire change brutalement, on entre dans un récit de type légendaire qui vient donner un peu d'oxygène à ce récit triste, désespérant et somme toute assez ennuyeux qui décrit des institutions politiques et religieuses coupées de leur source profonde, où le service du peuple n'est plus assuré par le roi et l'accès à la rencontre avec Yhwh, n'est plus le souci des prêtres. Ne s'alimentant plus à cette source, l'institution se dessèche et entraîne le peuple dans la misère. C'est ainsi que l'on peut interpréter la grande sécheresse et la famine qui s'abat sur Israël au temps d'Akhab.

De l'obscurité à la lumière

Dans cette obscurité profonde, la petite lumière d'une lampe dont a parlé Yhwh - *c'est bien à cause de David que Yhwh, son Dieu, lui donna une lampe*[30] *à Jérusalem, lui suscitant un fils pour maintenir Jérusalem (1R 15,4)* - ne passera pas par une réforme institutionnelle. Cette petite lumière viendra d'une rencontre émouvante entre la solitude d'un prophète rejeté par le pouvoir en place et la douceur désespérée d'une pauvre veuve affamée à qui Élie demande à manger. Elle lui répond *« Je n'ai rien (...) j'ai tout juste une poignée de farine dans la cruche et un petit peu d'huile dans la jarre. Quand j'aurai ramassé quelques morceaux de bois, je rentrerai et je préparerai ces aliments (...) ; nous les mangerons et nous mourrons » (1R 17,12)*.
Le miracle de la cruche : *cruche de farine ne se videra, jarre d'huile ne désemplira (1R 17,14)*, symbolise la fidélité de Yhwh à la promesse

---

30 - La lampe est le symbole de la dynastie royale (note TOB en 1R 11,36).

qu'il avait faite et répétée, de maintenir en vie son peuple. De même plus tard après la mort du fils de cette veuve, sa résurrection par l'action d'Élie est signe que la Parole de Yhwh rend Vie et Espoir.
La femme dit à Élie : « *Oui, maintenant, je sais que tu es un homme de Dieu et que la Parole de Yhwh est vraiment dans ta bouche* » (1R 17,24).

Lutte contre les prophètes de Baals

Suite à ce miracle au caractère très humain et personnel, Élie trouve l'énergie pour affronter les forces politiques et religieuses, dévoyées par le culte aux Baals. Cette divinité cananéenne, très en faveur dans le pays de Canaan comme sur la côte phénicienne, est perçue comme la maîtresse de la foudre et de la pluie. Son importance est donc cruciale pour cette société agraire si dépendante de la pluie pour assurer sa subsistance.
Dans un épisode tragi-comique, alors que la reine Jézabel avait éliminé tous les prophètes de Yhwh, Élie lance un défi, seul, face à *quatre cent cinquante prophètes du Baal*. Chaque camp doit construire un autel sur lequel on posera une carcasse de taureau à offrir à son dieu et chaque camp demandera à son dieu d'allumer le feu !
Passant en premier, les partisans du Baal passèrent la journée à invoquer Baal pour qu'il allume leur feu. En vain ! Élie se permet d'ironiser *« Criez plus fort, c'est un dieu : il a des préoccupations, il a dû s'absenter, il a du chemin à faire ; peut-être qu'il dort et il faut qu'il se réveille ». Alors selon leur coutume ils se tailladèrent à coups d'épées et de lances, jusqu'à être tout ruisselants de sang (...). Mais il n'y eut ni voix, ni réponse, ni aucune réaction (1R 18,27-29)*. Arrive le tour d'Élie, il demande d'inonder d'eau, la carcasse, l'autel, le bûcher et le fossé creusé autour. Après sa prière, *le feu de Yhwh tomba et dévora l'holocauste, le bois, les pierres, la poussière, et il absorba l'eau qui était dans le fossé (1R 18,38)*. Le peuple émerveillé se range derrière Élie, tue tous les prophètes du

Baal et comble de merveille, la pluie refait son apparition. Jézabel est furieuse et cherche à tuer Élie qui doit s'évader. Sur le chemin de l'exil, il déprime, déçu que sa démonstration de force n'ait pas eu l'effet espéré, à savoir l'adhésion de tout le peuple à Yhwh. Il se couche demandant à mourir.

Un ange vient alors doucement l'inciter à manger et à repartir. Il se lève, mange… et se recouche ! L'ange intervient à nouveau et cette fois *fortifié par cette nourriture, il marcha quarante jours et quarante nuits jusqu'à la montagne de Dieu, l'Horeb (1R 19,8).*

Manifestation de Yhwh

Le rattachement d'Élie à la filiation spirituelle de Moïse est très clair : la marche dans le désert, le chiffre quarante, le mont Horeb (Ex 3,2 24). Comme pour Moïse, cette marche aboutit à une épiphanie, une révélation singulière de Yhwh. *Il y eut un vent fort et puissant qui érodait les montagnes et fracassait les rochers, Yhwh n'était pas dans le vent ; il y eut un tremblement de terre, Yhwh n'était pas dans le tremblement de terre, il y eut un feu, Yhwh n'était pas dans le feu ; après le feu le bruissement d'un souffle ténu, alors Élie se voila le visage avec son manteau (1R 19,11-13).*

Le rapprochement avec L'Épiphanie faite à Moïse dans le livre de l'Exode met en relief une différence symbolique notable. Au Sinaï, Yhwh s'est manifesté à Moïse dans le feu d'une fournaise, dans un tremblement de terre, au milieu des éclairs et du tonnerre, alors que là, Yhwh n'est pas dans tout cela, mais dans le bruissement d'un souffle ténu. Le souffle, c'est l'Esprit. Il est ténu, il ne se manifeste pas extérieurement de façon spectaculaire, mais par un travail intérieur, un travail personnel en profondeur sous le signe de la rencontre. Le chemin de la vérité, loin d'être une affirmation arrogante de certitudes, est subtil et peut traverser la dépression. Elle nécessite un abandon de

soi, une douce et délicate attention à l'autre.
Cet Esprit, Élie le transmet à son fils spirituel, Élisée[31] (1R 19,19-21) qui plus tard poursuivra son action.

Jézabel et Naboth

Élie intervient encore une fois pour soutenir un certain Naboth, propriétaire d'une petite vigne mitoyenne au palais du roi Akhab qui désire l'acquérir. Naboth refuse de la lui vendre. Le roi en est attristé. Alors *sa femme Jézabel lui dit : « Mais c'est toi qui exerces la royauté sur Israël ! Lève-toi, mange, que ton cœur soit heureux ; c'est moi qui te donnerai la vigne de Naboth d'Izréel »* ! *(1R 21,7)* Enfin quoi ! Il est le roi, il peut se servir ! Elle monta une cabale contre Naboth, paya des faux témoins, le fit traduire en justice et lapider. Jézabel dit alors à son mari de prendre possession de la vigne, mais Élie, au nom de Yhwh, avertit Akhab : *« Je vais faire venir sur toi un malheur ; je te balaierai, je retrancherai les mâles de chez Akhab » (1R 21,21)*. Akhab se repent et le jugement de Yhwh est repoussé ; mais en ce qui concerne Jézabel, Yhwh dit : *« Les chiens mangeront Jézabel dans la propriété d'Izréel ».* *(...) Il n'y eut vraiment personne comme Akhab pour se livrer à de mauvaises actions aux yeux de Yhwh car sa femme Jézabel l'avait dévoyé (1R 21,23-25).*

Intervention d'un autre prophète

Le dernier chapitre du premier livre des rois (1R 22), est un épisode où intervient un autre prophète, Michée. Ce récit plein de finesse et d'ironie illustre bien les compromis que font la plupart des prophètes - des faux prophètes - avec les pouvoirs en place et la difficulté pour les vrais prophètes d'annoncer la vérité.
Le roi d'Israël, Akhab, et le roi de Juda, Josaphat qui a succédé à Asa, s'allient pour combattre le roi d'Aram ; mais avant de partir au combat

---

31 - *Élisée* signifie « Dieu sauve ».

ils sollicitent l'avis de quelques prophètes. Tous garantissent la victoire. Josaphat reste néanmoins sceptique et voudrait bien consulter un autre prophète. Akhab lui dit qu'il y en a bien un autre mais « *je le déteste car il ne prophétise pas sur moi du bien, mais du mal : c'est Michée, fils de Yimla* » *(1R 22,8).*
Michée est alors sollicité, mais il se fait attendre.
Le roi d'Israël et Josaphat, roi de Juda, en tenue d'apparat, siégeaient, chacun sur son trône, sur l'esplanade à l'entrée de la porte de Samarie, et tous les prophètes s'excitaient à prophétiser devant eux. (...) Tous les prophètes prophétisaient en disant « *Monte à Ramoth-de-Galaad, tu réussiras ! Yhwh la livrera aux mains du roi* » *(1R 22,10).*
Quant au messager envoyé chercher Michée, il conseille à ce dernier de prophétiser dans le même sens que les autres prophètes. Michée s'exécute, mais le roi Josaphat le tance de dire vraiment ce qu'il a vu. Puisqu'il insiste, Michée se résigne et lui dit : « *J'ai vu tout Israël dispersé sur les montagnes, comme des moutons qui n'ont point de berger (...) (1R 22,17).*
Michée est giflé par un des prophètes présents : « *Par où l'esprit de Yhwh est-il sorti de moi pour te parler ?* » Michée lui répondit : « *Eh bien ! Tu le verras le jour où tu iras de chambre en chambre pour te cacher (1R 22,24).* Furieux, Akhab, ordonne de mettre Michée en prison jusqu'à son retour et Michée de lui répondre « *Si vraiment tu reviens sain et sauf, c'est que Yhwh n'a point parlé par moi* » *(...) (1R 22,28).*
Les deux rois partent au combat et Akhab est tué. Son fils Akhazias lui succède en Israël.
Josaphat, lui, régna vingt-cinq ans sur Juda (870-846), *il suivit en tout le chemin d'Asa, son père, et ne s'en écarta pas, faisant ce qui est droit aux yeux de Yhwh. Cependant les hauts lieux ne disparurent pas (1R 22,44).*

Deuxième Livre des Rois

Décadence du pouvoir politico-religieux des deux royaumes.

Le roi d'Israël, Akhazias, blessé suite à une chute de son balcon, cherche à consulter un Baal, Baal-zeboub[32] pour savoir s'il s'en remettra. Élie s'interpose à trois reprises face à cette demande qui constitue une grave infidélité à Yhwh, « *N'y a-t-il pas de Dieu en Israël pour que vous alliez consulter Baalzeboub ?* » *(2R 1,3).*
Élie annonce au roi sa mort. Effectivement après plusieurs tentatives du roi pour tuer Élie, c'est lui qui meurt (2R 1,17), sans enfant. Son frère Yoram lui succède à la tête d'Israël.

Ascension d'Élie

Élie et Élisée marchaient ensemble quand *Élie dit à Élisée : « Reste ici, je t'en prie, car Yhwh m'envoie jusqu'à Béthel. » Élisée répondit : « Par la vie de Yhwh et par ta propre vie, je ne te quitterai pas ! » Et ils descendirent à Béthel* (2R 2,2). À trois reprises, Élie cherche sans succès à quitter Élisée et à disparaître, mais Élisée pressent quelque chose et ne veut pas le lâcher. Arrivé près du Jourdain *Élie enleva son manteau, le roula et en frappa les eaux, qui se séparèrent. Ils passèrent tous deux à pied sec (2R 2,8).*
Cette traversée à pied sec après avoir fendu les eaux, relie Élie à Moïse et à Josué.
Comme ils passaient, Élie dit à Élisée : « Demande ce que je dois faire pour toi avant d'être enlevé loin de toi ! » Élisée répondit : « Que vienne sur moi, je t'en prie, une double part de ton esprit ! » (2R 2,9)
La transmission de l'esprit nécessite la séparation des corps. Transmission-Séparation, telle est le double mouvement qui scelle le lien du maître à son disciple. Beaucoup plus tard, Jésus lors de son

---

32 - Baalzeboub, prince des démons ; En Lc 11,18 *Jésus répond à la foule : (...) puisque vous dites que c'est par Béelzéboul que je chasse les démons.*

ascension, réitérera ce double geste avec ses disciples, par son départ et le don de l'Esprit (Ac 1,8).

Tandis qu'ils poursuivaient leur route tout en parlant, voici qu'un char de feu et des chevaux de feu les séparèrent l'un de l'autre ; Élie monta au ciel dans la tempête. Quant à Élisée, (...) il saisit alors ses vêtements et les déchira en deux. Il ramassa le manteau qui était tombé des épaules d'Élie, revint vers le Jourdain et s'arrêta sur la rive. Il enleva le manteau qui était tombé des épaules d'Élie et en frappa les eaux en disant : « Où est Yhwh, le Dieu d'Élie ? »

Lui aussi frappa les eaux : elles se séparèrent et Élisée passa (2R 2,11).

Tout le monde chercha en vain Élie, disparu sans laisser aucune trace. Ce passage est à l'origine de l'idée, annoncée beaucoup plus tard par le prophète Malachie, qu'Élie reviendra pour précéder l'avènement d'un nouveau roi, oint par Yhwh, un messie qui sauvera l'humanité. *Voici que je vais vous envoyer Élie, le prophète, avant que ne vienne le jour de Yhwh, jour grand et redoutable. Il ramènera le cœur des pères vers leurs fils, celui des fils vers leurs pères pour que je ne vienne pas frapper la terre d'interdit (Ml 3,23).*

Le cycle d'ÉLISÉE

Après leur séparation, Élisée porté par le don de l'esprit d'Élie, fit un miracle au profit des habitants de Jéricho en transformant une eau malsaine en eau potable.

La carrière de prophète d'Élisée fut longue, près de quarante ans, pendant lesquels, investi de l'esprit, il apporta un peu de lumière au milieu de récits de guerres, de complots qui, avec la reine Athalie, atteignent des profondeurs sordides.

Pourtant Yoram, fils d'Akhab et de Jézabel, la reine qui avait fait assassiner tous les prophètes de Yhwh et poursuivi Élie de sa haine, ne marche pas sur les traces de ses parents. Il détruit une stèle de Baal

(2R 3,2) et il obtient même, dans un premier temps, le soutien d'Élisée dans son alliance avec Josaphat, roi de Juda, pour combattre et vaincre le roi de Moab (2R 3).

Miracles et don

Le chapitre 4 rapporte une succession de miracles opérés par Élisée. Il rencontre une veuve démunie qui n'a plus, en tout et pour tout, qu'une petite fiole de parfum et qui, pour subsister, envisage de vendre ses deux garçons comme esclaves. Élisée lui demande d'aller chez les voisins chercher le plus de vases possible et de les remplir en versant le parfum de la fiole. Ainsi fit-elle, et la fiole ne se vida pas. Quand tous les vases furent remplis de parfum, Élisée dit à la femme d'aller les vendre. Une autre fois, Élisée rencontre une Shounamite qui l'invite à sa table. Par la suite, Élisée prit l'habitude de s'arrêter chez elle, si bien qu'avec son mari elle décide de mettre à sa disposition une chambre qu'il pourra utiliser quand il voudra. Élisée veut la remercier. Il apprend par leur serviteur qu'elle n'a pas d'enfant et qu'elle ne peut plus en avoir car son mari est trop vieux ! Élisée lui annonce que dans un an elle pourra serrer un enfant dans ses bras. Quelques années après sa naissance, cet enfant tombe malade. Élisée est appelé à son chevet mais il arrive trop tard, l'enfant est déjà mort. Le livre rapporte alors le deuxième récit de résurrection de l'Ancien Testament, Élisée ranime l'enfant (2R 4,18-37), comme l'avait fait Élie en (1R 17,23).

La famine régnait dans le pays, les amis d'Élisée en sont réduits à cuisiner un potage à partir de plantes sauvages. Le résultat est épouvantable et personne ne veut le boire. Élisée demande d'y mettre simplement un peu de farine et le potage devient délicieux ! Toujours, pendant cette famine, *un homme vint de Baal-Shalisha et apporta à l'homme de Dieu du pain de prémices : vingt pains d'orge et de blé nouveau dans un sac. Élisée dit : « Distribue-les aux gens et qu'ils mangent ! » Son serviteur*

répondit : « *Comment pourrais-je en distribuer à cent personnes ?* »
Il dit : « Distribue-les aux gens et qu'ils mangent ! Ainsi parle Yhwh :
« *On mangera et il y aura des restes.* » » *Le serviteur fit la distribution en présence des gens ; ils mangèrent et il y eut des restes selon la parole de Yhwh (2R 4,42).*
Dans cet épisode nous avons les prémices de l'enseignement évangélique sur l'importance du don, Jésus reproduira d'ailleurs ce même type de miracle avec la multiplication des pains (Mt 14,13).

Au delà d'Israël

L'auteur nous emmène alors au pays d'Aram, ennemi d'Israël. Tout un chapitre est consacré à l'histoire de la guérison par Élisée d'un certain Naaman, chef militaire de ce pays d'Aram qui avait vaincu Israël et était devenu lépreux (2R 5). Ce récit, non sans humour, illustre l'ouverture des bienfaits divins au-delà d'Israël, chez son ennemi. Il se termine même par le châtiment du serviteur d'Élisée, Guéhazi, qui a cherché à exploiter financièrement les guérisons miraculeuses opérées par son maître.

Après un nouveau miracle plus anecdotique d'un fer de hache qui surnage dans l'eau, le récit se porte sur une guerre du renseignement entre Israël et Aram. Toutes les tentatives du roi d'Aram de concentrer secrètement ses forces à un endroit précis pour attaquer Israël sont déjouées par Israël. Le roi d'Aram soupçonne qu'il y ait un traître dans ses rangs. Ses proches lui expliquent que c'est Élisée, lui qui voit tout, qui indique au roi d'Israël le lieu de la concentration de leurs forces. Il envoie alors une troupe importante pour encercler la ville où se trouve Élisée. Élisée prie Yhwh d'aveugler tous ces soldats, ainsi il les fait prisonniers et les conduit auprès du roi d'Israël en spécifiant surtout de ne pas les tuer, mais plutôt de leur offrir un bon repas avant de les renvoyer chez eux. Dès lors, *les bandes araméennes cessèrent leurs*

incursions en terre d'Israël (2R 6, 23). La leçon est explicite, chercher à désarmer ses ennemis par la générosité.
Cependant cette générosité n'a pas un effet magique et définitif, en effet plus tard, le roi d'Aram repart en guerre contre Israël et fait le siège de Samarie. La famine gagne la ville au point que certaines femmes se partagent leurs enfants à manger ! Yoram, le roi d'Israël, paniqué, se retourne contre Élisée. Élisée lui demande de se calmer et lui annonce que bientôt les cours du blé vont s'effondrer. Personne ne le croit. Quatre lépreux de la ville qui n'ont plus rien à perdre décident de risquer le tout pour le tout et sortent de la ville pour se livrer aux mains des Araméens. Quelle ne fut pas leur surprise, il n'y avait plus personne ! Les Araméens croyant entendre des bruits de chars et de chevaux, se sont enfuis en laissant toute leur nourriture sur place. La population de Samarie put se nourrir gratuitement comme l'avait annoncé Élisée (2R 7).

Athalie reine sanguinaire

Athalie, fille d'Akhab et Jézabel, soeur du roi d'Israël Yoram, a épousé un autre Yoram, roi de Juda. Cette femme est, elle aussi, partisane de Baal. À la mort de son mari, leur fils Akhazias, une fois au pouvoir en Juda, suit les traces de sa mère Athalie et de sa grand-mère Jézabel.
Élisée prépare alors une sorte de putsch. Il investit de l'onction royale un certain Jéhu, général de l'armée du roi d'Israël, pour tenter de mettre un terme à toutes ces dérives. Cette conspiration est couronnée de succès. Lors d'une bataille, Jéhu met à mort, en une seule fois, la fameuse Jézabel, son fils Yoram, roi d'Israël, et son petit-fils Achazias, roi de Juda (2R 9).
« *Dans la propriété d'Izréel les chiens mangeront la chair de Jézabel, et le cadavre de Jézabel deviendra du fumier en plein champ, dans la propriété d'Izréel, en sorte qu'on ne pourra dire : ceci est Jézabel* » (2R 9,36).
Il extermine aussi tous les serviteurs des Baals.

Mais ce personnage de Jéhu est ambigu, une fois au pouvoir il garde pour lui les veaux d'or qui étaient à Béthel et à Dan ! *Mais Jéhu n'eut pas soin de marcher de tout son cœur selon la Loi de Yhwh, il ne s'écarta pas des péchés que Jéroboam avait fait commettre à Israël (2R 10,31).*

De son côté Athalie (2R 11), qui a tout de même perdu sa mère, son frère et son fils Akhazias, prend alors la décision incroyable de supprimer tous ses petits-fils, les enfants de son fils Akhazias, pour garder seule le pouvoir à la fois sur Israël et sur Juda. Son projet reviendrait à annihiler la promesse de Yhwh de garder éternellement une descendance à David et d'assurer la venue d'un messie.

Heureusement une fille d'Athalie, Yehoshéva, réussit à soustraire le petit Joas, au projet funeste de sa grand-mère (2R 11,2). Joas est sacré roi de Juda et sa grand-mère Athalie est mise à mort (835 av. J.-C.). Cette histoire terrible d'Athalie, inspira une des grandes tragédies de Jean Racine (1691) :

> « Huit ans déjà passés, une impie étrangère
> Du sceptre de David usurpe tous les droits,
> Se baigne impunément dans le sang de nos Rois,
> Des enfants de son fils détestable homicide,
> Et même contre Dieu lève son bras perfide. » (Racine, Athalie).

Joas fut un bon roi de Juda. Il entreprit des réparations dans le Temple, cependant précise le chroniqueur, *les hauts lieux ne disparurent pas et le peuple continuait à offrir des sacrifices et à brûler de l'encens sur les hauts lieux (2R 12,4).*

Fin du royaume d'Israël en 721

Sous le long règne de Jéroboam II (787-747), Israël connut une période économique assez faste, mais *il (Jéroboam) fit ce qui est mal aux yeux de Yhwh ; il ne s'écarta d'aucun des péchés que Jéroboam, fils de Nevath, avait fait commettre à Israël (2R 14,24).*

L'arrière-plan international, assez absent jusque-là, devient prégnant. Les souverains assyriens se font de plus en plus menaçants sur leurs petits voisins du sud, le royaume d'Aram (Damas) en premier lieu, puis le royaume d'Israël.

Après le règne de Jéroboam II, la royauté en Israël fut instable et les rois se succédèrent rapidement, cinq rois en moins de quinze ans et tous ont droit au même jugement : *Il fit ce qui est mal aux yeux du Yhwh comme l'avaient fait ses pères (2R 15,9 ; 15,18 ; 15,24 ; 15,28).*

Osée, le dernier roi d'Israël, monte sur le trône en 732. Il est attaqué et vassalisé par le roi d'Assyrie, Salmanasar V en 724.

Mais le roi d'Assyrie découvrit qu'Osée avait fait une conspiration ; en effet, il avait envoyé des messagers à Sôv, roi d'Egypte, et n'avait pas fait parvenir au roi d'Assyrie le tribut comme chaque année. Le roi d'Assyrie arrêta Osée et l'enchaîna dans une prison. Puis le roi d'Assyrie monta contre tout le pays ; il monta contre Samarie qu'il assiégea pendant trois ans. La neuvième année du règne d'Osée, le roi d'Assyrie s'empara de Samarie et déporta les Israélites en Assyrie (2R 17,4-6).

La population est exilée dans les pays du nord en 721, pendant qu'inversement, d'autres populations venues du nord s'installent à Samarie. Les dieux étant attachés aux lieux, les nouvelles populations en arrivant en Samarie ont adopté, entre autres, le culte de Yhwh renforçant ainsi le syncrétisme religieux déjà à l'oeuvre.

Ils (ces nouveaux peuples) craignirent Yhwh (...) Tout en craignant Yhwh ils continuèrent à servir leur propre dieux, selon le rite des nations d'où on les avait déportés. (...) Aujourd'hui encore ils ne craignent pas Yhwh ; ils n'agissent pas selon les commandements et les rites devenus les leurs, ni selon la Loi et l'ordre que Yhwh a prescrits aux fils de Jacob à qui il a donné le nom d'Israël (2R 17, 32-34).

Remarquez dans ce passage, l'ambivalence de l'expression « craindre Yhwh[33] ». D'un côté il est dit que ces peuples craignirent Yhwh, et juste après qu'ils ne craignent pas Yhwh.

Dans le premier cas, la crainte est une peur du dieu local, Yhwh, dont on cherche à capter la bienveillance en observant des rites auxquels on attribue un pouvoir magique comme cela est bien décrit dans les versets précédents. Ils pratiquent ces rites sans percevoir, sans en assumer le sens profond. Dans le deuxième cas, il s'agit bien de la « saine crainte » où les rites ne sont pas des opérations magiques, mais signifient à chacun l'alliance avec Yhwh.

Ce brassage ethnique et religieux en Samarie est à l'origine d'un certain mépris des juifs de Jérusalem pour les samaritains que l'on retrouvera très explicitement dans les Évangiles (la rencontre avec la samaritaine (Jn 4), la parabole du bon samaritain (Lc 10,25), etc.).

Le chapitre 17 est une synthèse théologique qui détaille les causes de la disparition du royaume d'Israël :
Cela est arrivé parce que les fils d'Israël ont péché contre Yhwh (...)
Ils ont érigé à leur usage des stèles et des poteaux sacrés sur toutes les collines (...)
ils ont raidi leur nuque (...) ils n'ont pas cru en Yhwh, leur Dieu.
ils ont rejeté ses lois ainsi que l'alliance faite avec leurs pères (...);
ils ont couru après des riens et les voilà réduits à rien (...)
ils ont fait passer par le feu leurs fils et leurs filles ;
ils ont consulté les oracles, pratiqué la divination (2R 17,7-17).

Fin du royaume de Juda en 587

Après la disparition du royaume du nord, le chroniqueur passe rapidement et très irrégulièrement sur les cent cinquante années qui suivent. La lecture de la fin du deuxième livre des Rois (2R 18-25) est simplifiée du fait de la disparition du royaume du nord.

---

33 - *La crainte de Yhwh* déjà évoquée dans les chapitres concernant Josué et les Juges.

Le roi Ezéchias (716-687) *fit ce qui est droit aux yeux de Yhwh, exactement comme David, son père. C'est lui qui fit disparaître les hauts lieux, brisa les stèles, coupa le poteau sacré (2R 18,3).* Il entreprit de gros travaux à Jérusalem avec le réservoir et le canal construits pour amener l'eau dans la ville (2R 20,20) et tenta une réforme religieuse. Suite à des démêlés avec l'empereur assyrien Sennakérib, descendant de Salmanasar V, la ville de Jérusalem est assiégée. Ezéchias consulte un prophète du nom d'Esaïe qui le rassure : Sennakérib aura des problèmes ailleurs et il sera obligé de lever le siège.

Son fils Manassé lui succède alors qu'il est encore très jeune, il règne plus de quarante ans mais son règne est traité très sèchement en quelques versets par l'auteur du livre, alors que des travaux archéologiques récents montrent plutôt l'importance de son règne.

La raison en est toujours théologique.

Il (Manassé) bâtit des autels à toute l'armée des cieux dans les deux parvis de la maison de Yhwh. Il fit passer son fils par le feu, il pratiqua incantation, magie et divinations (2R 21,5-6).

Son fils Amon ne régna que deux ans. *Il fit ce qui est mal aux yeux de Yhwh comme Manassé, son père (2R 21,20).*

Le règne de Josias (640-609) est traité plus longuement car il fut marqué, au cours de grands travaux de restauration du Temple, par la découverte d'un livre - probablement une partie du livre du Deutéronome - (2R 22,8). Cette découverte déclenche une réforme religieuse importante, soutenue par les prophètes. Malheureusement la vigueur de cette réforme ne sera pas poursuivie par les souverains suivants et le chroniqueur ne croit plus en la possibilité de conversion du peuple.

Au chapitre 24, la domination sur le monde de Nabuchodonosor, roi de Babylone, est présentée comme un ordre de Yhwh pour écarter les péchés de son peuple. En 597, sous le règne de Joyakîn, Jérusalem est assiégée et l'élite du peuple est déportée à Babylone, ce sera la première déportation (2R 24,14). Dix ans plus tard, en 587, sous le règne de Sédécias qui a tenté une révolte contre Babylone, la ville de de Jérusalem ainsi que son Temple sont rasés et une nouvelle partie de la population encore déportée, ce sera la deuxième déportation.

Nabuchodonosor nomme alors à Jérusalem un gouverneur, Guedalias qui lui est soumis.

Quelques mois plus tard, Guedalias est assassiné par des résistants locaux (2R 25) provoquant, par peur des représailles, un nouvel exode des habitants de Jérusalem vers l'Egypte. On retrouve ce passage dans le livre de Jérémie en 41,1-3.

Avec sa dispersion dans les nations environnantes, l'identité du peuple est menacée de dissolution. Que devient alors cette promesse d'une dynastie éternelle faite à David par Yhwh ? Après ces échecs successifs de la royauté, est-ce la fin de l'histoire d'Israël en tant que nation ?

Conclusion

À côté des rois et des prêtres, le plus souvent déficients, quelques personnes telles Élie, Élisée et Esaïe, qualifiés de prophètes, tiennent une grande place dans les livres des rois.

Si leur action dans le champ du politique ne fut pas - loin de là - toujours couronnée de succès, ils entretenaient l'idée de la nécessité pour le peuple de garder le lien avec Yhwh.

Ainsi la cause de leurs malheurs n'est pas à chercher dans leur faiblesse militaire mais dans leur infidélité à Yhwh. À partir des années 780, avant même la chute de Samarie, quatre prophètes, Amos, Osée, Michée et Esaïe, dénoncent le comportement des autorités politiques et religieuses, et annoncent les catastrophes à venir. Ces oracles seront consignés par écrit et donneront naissance à une littérature dont il n'est pas exagéré de dire qu'elle changera la face du monde. L'action de ces prophètes-écrivains étudiée dans la partie suivante de ce tome se poursuivra avant, pendant et après l'exil de Babylone. Par leurs paroles et leurs écrits, ils assurent que Yhwh reste présent au milieu de son peuple, au cœur de sa détresse. Ils lui expliquent les causes des événements tragiques qu'il traverse, l'exhortent à écouter sa parole, et lui promettent un avenir glorieux.

C'est ainsi qu'avec la disparition de la royauté s'ouvre une nouvelle ère, où la perception du sacré connaît une métamorphose qui donne, à la promesse faite à David d'une royauté éternelle, une dimension spirituelle nouvelle.

Deuxième partie

LIVRES DES PROPHÈTES

Ainsi parle Yhwh :
En quoi vos pères m'ont-ils trouvé en défaut
pour qu'ils se soient éloignés de moi ?
Ils ont couru après des riens
et les voilà réduits à rien (Jr 2,5).

Oui, il est double, le méfait commis par mon peuple :
ils m'abandonnent, moi, la source d'eau vive,
pour se creuser des citernes, des citernes fissurées
qui ne retiennent pas l'eau (Jr 2,13).

Origine du prophétisme

De Voyant à Prophète

De tout temps, s'ils devaient prendre une décision importante, ou simplement par curiosité, les hommes se sont tournés vers des personnages censés être en relation particulière avec le divin.
Ainsi dans le premier livre de Samuel, un certain Saül qui a perdu son troupeau d'ânesse cherche un voyant, car *autrefois, en Israël, on avait coutume de dire quand on allait consulter Dieu : « Venez, allons trouver le voyant. » Car, le « prophète » d'aujourd'hui, on l'appelait autrefois le « voyant » (1S 9,9).*
Ces voyants chargés de prédire l'avenir pouvaient devenir des fonctionnaires rattachés au temple ou à la cour impériale. En effet, tous les rois sont des demi-dieux qui assoient leur autorité sur leurs liens avec les dieux. Pour établir ce lien, ils s'entourent de devins professionnels dotés de techniques divinatoires.
Le prophète Samuel joue ce rôle de voyant auprès du roi Saül. Le prophète Natan tient une grande place auprès du roi David, il intervient à plusieurs reprises, à des moments cruciaux de son histoire. On prêtait souvent à ces personnages des dons de thérapeute, ainsi dans le livre des rois, Élie et Élisée sont reconnus comme prophètes après avoir opéré des guérisons miraculeuses.

On trouve aussi dans ces régions de l'est méditerranéen, d'autres types de devins spécialistes de l'extase qui se mettent dans des états seconds pour entrer en communication avec la divinité. Possédés par elle, leur bouche devient la bouche même du dieu, ce qu'ils prononcent devient oracle.

Ces transes divinatoires jouent un rôle important dans ces sociétés archaïques. Pour atteindre cet état, toutes sortes de techniques collectives sont utilisées telles que la musique, des danses rythmées, des battements de mains, des cris, des mutilations.

Saül envoya des émissaires pour s'emparer de David. Ils aperçurent la communauté des prophètes en train de prophétiser, et Samuel debout à leur tête. L'esprit de Dieu s'empara des émissaires de Saül, et ils entrèrent en transe eux aussi. On le rapporta à Saül qui envoya d'autres émissaires ; ils entrèrent en transe eux aussi. Saül envoya un troisième groupe d'émissaires ; ils entrèrent en transe eux aussi (1S 19,20-21).

Ce dernier passage montre bien qu'il y eut en Israël des bandes de prophètes, à une certaine époque (entre 1200 et 700 av. J.-C.), à l'instar des peuples environnants.

D'autres passages des livres historiques en portent la trace dans différents lieux : à Guivéa (1S 10,10), à Rama (1S 19,20), à Samarie (1R 22,10), à Béthel (2R 2,3), à Jéricho (2R 2,5).

La reine Jézabel massacra les prophètes de Yhwh (1R 18).

On pense qu'il existait des communautés vivant pauvrement un peu à part de la société, spécialisées dans l'animation de la liturgie et dans les exercices d'extase.

Ainsi Samuel avertit Saül : *Là quand tu entreras dans la ville, tu tomberas sur une bande de prophètes, descendant du haut lieu, précédés de harpes, de tambourins, de flûtes et de cithares. Ils seront en proie à une transe prophétique. Alors fondera sur toi l'esprit de Yhwh, tu entreras en transe avec eux et tu seras changé en un autre homme (1S 10, 5-6).*

La société pouvait se méfier de ces groupes marginaux. Le peuple ironise sur les délires paranoïaques de Saül et dit « *Saül est-il aussi parmi les prophètes ?* » *(1S 10,11)*. Des gamins se moquent d'Elisée en disant « *vas- y, tondu ! vas-y !* » *(2R 2,23)*.
Élie, en affrontant seul les cinq cents prophètes de Baal, se moque de leurs gesticulations : « *Criez plus fort, c'est un dieu : il a des préoccupations, il a dû s'absenter, il a du chemin à faire ; peut-être qu'il dort et il faut qu'il se réveille ». (...) Et ils dansèrent auprès de l'autel (...) Ils crièrent plus fort et, selon leur coutume, se tailladèrent à coups d'épées et de lances, jusqu'à être tout ruisselants de sang (1R 18,27-28)*.
Plus tard, le prophète Esaïe fera une description sévère du comportement de certains prophètes d'Israël : *De même, prêtres et prophètes sont égarés par le vin, ils titubent sous l'effet de boissons fortes, la boisson les égare, le vin les engloutit, (...), ils s'égarent dans les visions, ils trébuchent en rendant leurs sentences. Toutes les tables sont couvertes de vomissements infects : pas une place nette ! (Es 28,7-8)*.

Il y a donc une ambivalence fondamentale, originelle, dans la perception du prophétisme. Tantôt les prophètes sont perçus positivement comme des groupes contestataires, qui par leur vie austère et nomade, rappellent à l'ordre une société inégalitaire, tantôt leurs extases paraissent suspectes, sinon ridicules.
Cette ambivalence persiste de nos jours dans notre perception des chamans d'Amérique latine ou des Marabouts en Afrique par exemple, qui sont à la fois des sages, des thérapeutes mais aussi des devins dont les pratiques frisent le charlatanisme, pour ne pas dire des sorciers avec l'usage de pratiques magiques.

Emergence d'un nouveau type de prophètes

Le prophétisme biblique émerge bien sur ce terrain prophétique commun à toutes les civilisations, mais progressivement il s'en démarque

en dénonçant clairement les actes de divinations : *Ne pratiquez pas la divination ; n'y recourez pas, car cela vous rendrait impurs.*
C'est moi, Yhwh, votre Dieu (Lv 19,31).
Or Samuel était mort, tout Israël avait célébré son deuil et l'avait enseveli à Rama, sa ville. Et Saül avait aboli la pratique de la divination dans le pays (1S 28,3).

Dans le livre du DEUTÉRONOME, avant de rentrer en terre promise et après avoir affecté au culte les prêtres de la tribu de Lévi (Dt 10,8), Moïse met en garde le peuple contre les pratiques cultuelles et divinatoires des populations de ce pays : *Quand tu seras arrivé dans le pays que Yhwh ton Dieu te donne, tu n'apprendras pas à agir à la manière abominable de ces nations-là : il ne se trouvera chez toi personne pour faire passer par le feu son fils ou sa fille, interroger les oracles, pratiquer l'incantation, la magie, les enchantements et les charmes, recourir à la divination ou consulter les morts. Car tout homme qui fait cela est une abomination pour Yhwh, et c'est à cause de telles abominations que Yhwh ton Dieu dépossède les nations devant toi (Dt 18, 9-12).*

La Loi de Moïse exige une rupture avec les incantations divinatoires. Yhwh cherche à sortir son peuple de la pensée magique pour l'amener à vivre selon l'éthique enseignée dans la Loi.
Néanmoins, malgré l'enseignement de Yhwh censé guider le peuple en toutes circonstances, concrètement, dans un contexte politique et social particulier, un intermédiaire entre Dieu et les hommes paraît nécessaire. Yhwh n'a-t-il pas promis lui-même à Moïse qu'il susciterait du milieu du peuple des prophètes qui porteront la parole de Yhwh ?
Ces nations que tu déposséderas, écoutent ceux qui pratiquent l'incantation et consultent les oracles. Mais pour toi, il n'en sera pas de même, ainsi que l'a établi Yhwh ton Dieu : c'est un prophète comme moi que Yhwh ton Dieu te suscitera du milieu de toi, d'entre tes frères ; c'est lui que vous

écouterez (Dt 18,14-15) : « je mettrai mes paroles dans sa bouche, et il leur dira tout ce que je lui ordonnerai » (Dt 18,18).

De fait, pendant la période précédant la monarchie, des interventions divines, via les « Juges », sauvèrent le peuple. Ensuite, l'intervention de Samuel fut nécessaire pour établir la royauté, et celle de Natan pour la conforter. Une fois la monarchie établie, à l'instar des pays voisins, c'est le roi assisté de prophètes professionnels qui est censé être le relais entre Yhwh et son peuple.

Avec Élie et Élisée, en conflits avec la royauté, émerge un type inédit de prophète qui se sépare de tout cadre institutionnel. C'est ainsi qu'à partir du 8ᵉ siècle av. J.-C.- période qualifié de période axiale par Karl Jaspers[1], pendant laquelle, sur de nombreux points du globe, de fortes personnalités traduisent de nouvelles aspirations spirituelles - un nouveau type de prophétisme apparaît. Des individus, libres de toute attache institutionnelle, reçoivent un appel personnel de Yhwh pour intervenir auprès du peuple et des autorités. Leurs grilles de lecture des événements politiques, la puissance de leurs diatribes contre les pratiques sociales et religieuses - doublée pour beaucoup d'un grand talent d'écrivain - conduiront le peuple, à travers toutes les épreuves qu'il traverse, dans un long travail de recherche de compréhension de leur histoire.

Vrais et faux prophètes

Mais il y a tout de même un problème, car déconnecté de toute institution donc de toute régulation, tout le monde peut se proclamer prophète et parler au nom de Yhwh.

Mais si le prophète, lui, a la présomption de dire en mon nom une parole que je ne lui aurai pas ordonné de dire, ou s'il parle au nom d'autres dieux, alors c'est le prophète qui mourra (Dt 18,20).

---

1 - cf. Tome 1 p 20-26.

Oui, mais alors comment distinguer un vrai prophète d'un charlatan ? Peut-être te demanderas-tu : « *Comment reconnaîtrons-nous que ce n'est pas une parole dite par Yhwh ? Si ce que le prophète a dit au nom de Yhwh ne se produit pas, si cela n'arrive pas, alors ce n'est pas une parole dite par Yhwh, c'est par présomption que le prophète l'a dite. Tu ne dois pas en avoir peur ! (Dt 18,21-22)*
Le critère est clair, mais peu rassurant, il faudra attendre longtemps, parfois très longtemps au regard d'une vie humaine pour distinguer le vrai du faux prophète. Dans l'immédiat de l'action du prophète, on reste sur la question : est-ce un vrai ou un charlatan ?

Le prophète Esaïe se trouvera affronté à ce problème. *Et si l'on vous dit : « Consultez ceux qui pratiquent la divination, ceux qui sifflotent et murmurent ; un peuple ne doit-il pas consulter ses dieux, les morts en faveur des vivants ? ». Esaïe répond : A l'instruction et à l'attestation ! S'ils ne s'expriment pas selon cette parole, pour eux point d'aurore... (Es 8,19-20).*
Autrement dit, tout un chacun, par l'étude de l'histoire passée, des enseignements de la Torah et des prophètes précédents, est amené à faire preuve de discernement. S'il n'y a pas de cohérence avec l'enseignement, le devin est alors un charlatan.
Dans le livre des NOMBRES, alors que l'autorité de Moïse est contestée - « *est-ce donc à Moïse seul que Yhwh a parlé ? Ne nous a-t-il pas parlé à nous aussi ?* » interroge Myriam jalouse de l'autorité de son frère (Nb 12,2) - un autre critère de discernement nous est donné, l'humilité. *Et Yhwh l'entendit. Moïse était un homme très humble, plus qu'aucun homme sur terre (Nb 12,3).*
De fait, coexisteront en Israël des prophètes institutionnels qui caressent le pouvoir dans le sens du poil, et des prophètes épris de fidélité à Yhwh qui contestent énergiquement le despotisme des rois.

Le prophète au cœur de la Révélation

Les prophètes révèlent au peuple les messages de Yhwh, en soulignant que le lien avec Yhwh est assuré par l'écoute de la Parole et non par des sacrifices. Cette Parole crée un écart avec les pratiques religieuses. L'obéissance[2] des prophètes à la Parole, loin de s'exprimer par une soumission à l'ordre établi, subvertit cet ordre, passe au-dessus des instances politiques et religieuses considérées comme sacrées. Ainsi parle Yhwh : *« alors j'ai déshonoré les sacro-saintes autorités »* (Es 43,28).

Les prophètes paieront cher, parfois de leur vie, la contestation des autorités et de l'ordre établi. Leur message tout en dénonçant les dérives politiques et religieuses est résolument tourné vers l'avenir. Un avenir qu'ils perçoivent avec son double visage, de catastrophe politique dans un premier temps, suivie d'une perspective de salut.

Cependant l'indéniable rupture avec l'ordre établi ne doit pas voiler une profonde continuité car, loin de repartir à zéro, les prophètes reprennent les fondamentaux de la promesse biblique que sont la terre, la royauté, le temple. Mais chez eux, ils deviennent les symboles d'une réalité qui dépassent infiniment leur seule matérialité. La voie ouverte par le prophétisme stimule l'intelligence, ouvre les cœurs et donne naissance à un grand essor spirituel.

Quels sont les prophètes-écrivains de la Bible ?

Traditionnellement dans la Bible, les écrits des prophètes sont classés en deux catégories, les grands et les petits prophètes. Le qualificatif de « petit » n'est pas à prendre dans un sens péjoratif, il est tout simplement lié à la taille de leurs écrits. Les petits prophètes sont au nombre de douze que nous citons dans l'ordre de leur apparition dans l'histoire : Amos, Osée, Michée, Nahum, Sophonie, Habaquq, Abdias, Jonas, Joël, Aggée, Zacharie et Malachie.

---

2 - Le mot obéissance vient du latin *obedire* qui veut dire « écouter ».

Les grands prophètes sont au nombre de trois : Esaïe, Jérémie et Ezéchiel. Ce sont les livres les plus longs de la Bible.

Ces prophètes ont-ils écrit eux-mêmes ces textes ?

Les experts s'accordent pour dire que si certains ont pu transcrire eux-mêmes, par écrit, une partie de leurs oracles, les livres tels que nous les connaissons sont l'oeuvre de disciples ou de témoins. On imagine que s'est constitué au fil du temps un milieu prophétique, indépendant des pouvoirs établis, doté de moyens importants qui ont rendu possible l'édition d'une telle quantité d'écrits.

Le courant prophétique d'Israël constitue un phénomène unique aux conséquences universelles et irréversibles dans l'histoire religieuse de l'humanité, en particulier avec l'écho qui lui en sera donné au-delà du judaïsme, par le christianisme.

La spécificité des prophètes d'Israël, par rapport aux grands maîtres spirituels d'Orient de la même époque, réside d'une part dans leur implication sociale et politique, et d'autre part dans leur référence permanente à l'Histoire : mémoire du passé, analyse du présent et annonce d'évènements futurs.

Certains sont à l'origine d'un genre littéraire qui se développera après le courant prophétique : le genre apocalyptique, qui, en période de crise, à travers des symboles multiples, révèle le sens et la finalité de l'histoire.

AMOS, OSÉE, MICHÉE

Les premiers « petits prophètes » écrivains

Il s'agit de trois livres plutôt courts des prophètes Amos, Osée et Michée. Toutefois, par leur place charnière dans l'histoire d'Israël, par la puissance et l'impact de leur contenu, le qualificatif de « petits prophètes » ne leur sied pas. Autrefois assez délaissés, nous découvrons mieux aujourd'hui l'actualité de leur message qui dénonce, sur un plan politique, la volonté de domination des nations et, sur un plan social, la corruption et l'arrogance des riches qui ferment les yeux sur les malheurs de ceux qui les entourent.

Hors de la pratique de la justice, le culte religieux n'est qu'illusion et hypocrisie. Leurs oracles sont des appels à l'urgence d'une écoute de la Parole de Yhwh, seul vrai Dieu.

L'esprit de ces prophètes qui associent combat pour la justice et affirmation du monothéisme, est le fondement même du judaïsme.

Dans le cadre d'une lecture chronologique des événements rapportés dans la Bible, comme celle que nous avons choisie d'adopter, ces prophètes écrivains inaugurent une nouvelle ère de la révélation. Toutefois, il ne faut pas perdre de vue que les livres de la Torah (ou Pentateuque) positionnés avant les écrits des prophètes dans la Bible, en raison de l'époque des faits relatés, furent rédigés, au moins dans leur version définitive, postérieurement.

Ces trois prophètes sont presque contemporains et interviennent à seulement quelques années d'intervalles avant la destruction de Samarie.

AMOS

Qui est cet homme ? D'où vient-il ?

Dès l'introduction du livre, le prophète Amos[3] est présenté comme éleveur de Tequoa, une bourgade au sud-est de Bethléem. Ce n'était pas un petit éleveur, car il précise qu'il possède du petit et du gros bétail ainsi que des terres de cultures. Originaire du royaume de Juda, il exerce cependant sa fonction prophétique dans le royaume du nord, signe que pour Yhwh il n'y a pas de division entre les deux royaumes, mais un seul peuple.

Il dit lui-même qu'il n'est pas un prophète attitré. « *Je n'étais pas prophète ; je n'étais pas fils de prophète, j'étais bouvier, je traitais les sycomores, mais Yhwh m'a pris de derrière le bétail et m'a dit : Va, prophétise à Israël mon peuple* » *(Am 7, 14-15).*

On perçoit sa volonté de se démarquer des prophètes professionnels, rattachés aux rois qui, en général, cherchaient à leur faire plaisir. Lui, il tire la légitimité de son action en Israël, d'un appel personnel de Yhwh.

Quel est le contexte historique de son intervention ?

Le premier verset du livre nous indique que ses « paroles » furent prononcées sous les règnes d'Ozias roi de Juda (785-747) et de Jéroboam II roi d'Israël (787-747), « *deux ans avant le tremblement de terre* », probablement vers 750 av. J.-C., et son intervention n'a duré sans doute que quelques mois.

Il intervient donc avant la chute de Samarie et la disparition du royaume du Nord en 721 à une époque où les dix tribus d'Israël, qui composent ce royaume, connaissent une relative prospérité. La vigueur des échanges commerciaux, en effet, a fait naître une classe sociale privilégiée qui vit dans le luxe, et a accentué ainsi les déséquilibres

---

3 - *Amos* signifie « Yhwh a porté ».

sociaux. Cette prospérité voile aux yeux des nantis la misère des pauvres et engourdit leur vigilance face au danger de la montée en puissance de plus en plus menaçante de l'Assyrie au nord.

Des jugements sur les nations et sur Israël

Par la voix d'Amos, Yhwh annonce le jugement et la condamnation de six pays voisins d'Israël, en commençant par Damas, puis Gaza, Tyr, Edom, Ammon et Moab, mais les jugements les plus sévères sont dirigés contre Juda et Israël.
Chacun de ces jugements commence par une anaphore : *Ainsi parle Yhwh : À cause des trois et à cause des quatre rébellions de Damas, je ne révoquerai pas mon arrêt (Am 1,3).*

L'expression « à cause des trois et à cause des quatre » signifie la profondeur du mal qui envahit les nations autour d'Israël. Pour chacune, il explicite la cause de leur extermination à venir : Damas pour sa cruauté envers Galaad ; Gaza et Tyr pour avoir déporté des populations, érigeant en système des transplantations de population lors de leur conquête de territoire ; Edom pour sa vindicte permanente contre une population frère ; les fils d'Ammon, *parce qu'ils ont éventré les femmes enceintes du Galaad, afin de pouvoir élargir leur territoire (Am 1,13)* ; Moab, *parce qu'il a brûlé à la chaux les os du roi d'Edom (Am 2,1)* - cet acte était perçu comme extrêmement grave car il privait le défunt du repos après sa mort.

Ainsi d'après le prophète, toutes ces nations auront des comptes à rendre à Yhwh alors même qu'elles ne le connaissent pas, qu'elles n'ont pas reçu la Loi de Moïse. Yhwh apparaît bien comme Dieu créateur de toutes les nations. Indépendamment de la révélation, ces nations sont condamnées car elles ne respectent pas leurs voisins. Indépendamment de la religion, une éthique politique s'impose à tous.

Mais Juda et Israël qui, eux, ont reçu la Loi, sont encore plus coupables ! Juda, *parce qu'ils ont rejeté l'enseignement de Yhwh, et n'ont pas observé ses décrets (Am 2,4)* et Israël, *parce qu'ils ont vendu le juste pour de l'argent et le pauvre pour une paire de sandales (...) et qu'ils détournent les ressources des humbles (...); alors que moi, je vous avais fait monter du pays d'Egypte et vous avais conduit quarante ans au désert (...) (Am 2, 6-11).*

Les Oracles spécifiques contre Israël

Dans les chapitres 3 à 6, la critique contre l'injustice sociale qui règne en Israël se déploie d'une façon impitoyable. *Vous seuls, je vous ai connus, entre toutes les familles de la terre ; c'est pourquoi je vous ferai rendre compte de toutes vos iniquités (Am 3,2).*
Amos dénonce la corruption des classes dirigeantes.
Clamez sur les palais (...) : Assemblez-vous sur les montagnes de Samarie, voyez quel amas de désordres en son sein, quelles oppressions au milieu d'elle ! Ils n'ont pas le sens de l'action droite, ces entasseurs de violences et de rapines dans leurs palais (...) (Am 3,9-10).
Il annonce des catastrophes pour les fils d'Israël qui vivent dans le confort, *ces gens installés à Samarie, au creux d'un divan, au confort du lit (Am 3,12)*, qui ont des résidences secondaires luxueuses : *je frapperai la maison d'été puis la maison d'hiver, les maisons d'ivoire disparaîtront et les grandes maisons crouleront (Am 3,15).*
Les femmes riches de Samarie, entourées de domestiques, *exploitant les indigents, broyant les pauvres (Am 4,1)* sont traitées de *vaches du Bashân*, région du Golan réputée pour la richesse de ses prairies.

Yhwh, à multiples reprises, a pourtant averti Israël. Sécheresse, peste, pertes de ses soldats se sont succédé (Am 5,3), mais le peuple n'y a pas vu les avertissements de Yhwh. Yhwh se lamente sur son peuple et le supplie, *Cherchez moi et vous vivrez (Am 5,4).*

Les riches corrompent la justice. *Ils changent le droit en poison et traînent la justice à terre (Am 5,7). Ils haïssent celui qui rappelle à l'ordre le tribunal, celui qui prend la parole avec intégrité, ils l'abominent (Am 5,10).*

Les conséquences de ces iniquités seront sévères. *Eh bien ! Puisque vous pressurez l'indigent, lui saisissant sa part de grain, ces maisons en pierre de taille que vous avez bâties, vous n'y résiderez pas ; ces vignes de délices que vous avez plantées, vous n'en boirez pas le vin. Car je connais la multitude de vos révoltes et l'énormité de vos péchés, oppresseurs du juste, extorqueurs de rançons ; ils déboutent les pauvres au tribunal (Am 5,11-12).*

Au cœur des malheurs qui se profilent, Amos lance un appel à rétablir la justice. *Voilà pourquoi, en un tel temps, l'homme avisé se tait, car c'est un temps de malheur. Cherchez-le bien et non le mal, afin que vous viviez, et ainsi Yhwh, le Dieu de l'univers, sera avec vous, comme vous le dites. Haïssez le mal, aimez-le bien, rétablissez le droit au tribunal : peut-être que Yhwh, le Dieu de l'univers, aura pitié du reste de Joseph (Am 5,13-15).*

Ils se bercent d'illusion ceux qui croient que de toute façon tout ira bien le « jour de Yhwh », jour d'allégresse où l'on rend un culte à Yhwh après la victoire. *Malheureux ceux qui misent sur le jour de Yhwh. À quoi bon ? Que sera-t-il pour vous, le jour de Yhwh ? Il sera ténèbres et non lumière (Am 5,18).*

Les pratiques religieuses, déconnectées de la pratique du droit et de la justice ne seront d'aucun secours. Dans l'euphorie de leur richesse, qu'ils ne se donnent pas bonne conscience en pratiquant des sacrifices, en faisant des pèlerinages ou en chantant des cantiques ! *Je (Yhwh) déteste, je méprise vos pèlerinages, je ne peux supporter vos rassemblements, quand vous faites monter vers moi vos holocaustes, dans vos offrandes, rien qui me plaise.*

Vos sacrifices de bêtes grasses, j'en détourne les yeux. Éloigne de moi le brouhaha de vos cantiques, le jeu de tes harpes, je ne veux pas l'entendre. Mais que le droit jaillisse comme l'eau et la justice comme un torrent intarissable (Am 5, 21-24).

Croire que l'on peut se protéger en ignorant le malheur des autres est tout aussi illusoire.
En voulant repousser le jour du malheur
vous rapprochez le règne de la violence (Am 6, 3).
Se voiler la face, ignorer la misère, loin d'être un chemin vers la paix, aggrave la violence.
En voulant repousser le malheur, la violence est projetée, mise sur le compte des autres ou de la colère des dieux. Dans la défense de ses privilèges qui génèrent injustices et inégalités sociales, l'homme méconnaît sa propre violence. Il ne s'attaque pas à la véritable source du mal, il est donc inutile de faire des sacrifices.

Les prophètes, Amos le premier, auront pour mission de révéler les vraies causes des malheurs, de sortir Israël de son inconscience, de ses fausses sécurités fondées sur le sacré.
Dans cette lutte contre les fixations sécuritaires du sacré, les prophètes tenteront de rompre les résistances psychologiques, sociales et religieuses en remettant en cause ou du moins en modifiant profondément la notion même de sacré. L'identité du peuple de Yhwh ne doit plus se faire simplement autour de pratiques cultuelles, fussent-elles adressées à Yhwh, mais par la pratique du droit et de la justice, tout particulièrement en faveur des plus démunis.
Mais ces appels au droit et à la justice sont un peu désespérés, car le peuple et tout particulièrement les élites dans leur apparente prospérité économique et sociale, ne peuvent ou ne veulent pas entendre. *Allongés sur des lits d'ivoire, vautrés sur leurs divans, ils se régalent de jeunes béliers*

et de veaux choisis dans les étables; ils improvisent au son de la harpe, chantant comme David leurs propres cadences, buvant du vin dans des coupes, et se parfumant à l'huile des prémices, mais ils ne ressentent aucun tourment pour la ruine de Joseph. C'est pourquoi, maintenant, ils vont être déportés en tête des déportés, et finie la confrérie des avachis! (Am 6,4-7).

Menaces sur l'avenir d'Israël

Après cette annonce de la déportation qui aura lieu quelques années plus tard, en 721, les trois derniers chapitres 7 à 9, rapportent les visions d'Amos. Elles annoncent des calamités, invasions de sauterelles, incendies, tueries. *Les hauts lieux d'Isaac seront dévastés, les sanctuaires d'Israël, rasés, (...) (Am 7,9).*

Ces prophéties de malheurs, prononcées par Amos, provoquent la colère du prêtre responsable du temple de Béthel. Il expulse Amos: *« Va-t'en, voyant; sauve-toi au pays de Juda: là-bas, tu peux gagner ton pain et prophétiser, là-bas (Am 7,12)!* Amos lui signifie les conséquences fatales de son aveuglement. *Ta femme, elle se prostituera dans la ville; tes fils et tes filles, ils tomberont sous l'épée; ta terre, elle sera partagée au cordeau; toi, tu mourras sur une terre impure, et Israël sera entièrement déporté loin de sa terre (Am 7,17).*

Amos s'en prend alors encore une fois aux marchands qui trafiquent. *Écoutez ceci, vous qui vous acharnez sur le pauvre pour anéantir les humbles du pays, vous qui dites: « Quand donc la nouvelle lune sera-t-elle finie, que nous puissions vendre du grain, et le sabbat, que nous puissions ouvrir les sacs de blé, (...) faussant des balances menteuses, achetant des indigents pour de l'argent (...) » (Am 8,4-6).*

Dans ce contexte, le « jour de Yhwh » ne sera pas le jour de joie attendu, jour de la rencontre avec Yhwh, mais un jour d'errance dans un silence de mort. *Voici venir des jours - oracle de Yhwh, mon Dieu - où je répandrai la famine dans le pays, non pas la faim du pain, ni la soif de l'eau, mais celle d'entendre la parole de Yhwh. On ira titubant d'une mer à l'autre, errant du nord à l'est, pour chercher la parole de Yhwh, et on ne la trouvera pas (Am 8,11-12).*

On comprend que l'expression « prophète de malheur » ait souvent été attribuée à Amos qui annonce que tous les coupables seront exterminés. Toutefois Amos laisse entrevoir qu'il y aura un reste. *Voici, les yeux de Yhwh mon Dieu sur le royaume coupable : Je vais l'exterminer de la surface du sol, toutefois, je n'exterminerai pas entièrement la maison de Jacob (Am 9,8).*

Les derniers versets - probablement des ajouts postérieurs - ferment le livre sur une note d'espérance après la catastrophe. *Ce jour-là, je relèverai la hutte croulante de David (Am 9,11). Je change la destinée d'Israël, mon peuple : ils rebâtissent les villes dévastées, pour y demeurer, ils plantent des vignes, pour en boire le vin, ils cultivent des jardins, pour en manger les fruits (...) ils ne seront plus arrachés de leur terre, celle que je leur ai donnée (Am 9,14-15).*

OSÉE

Par son mariage

Le prophète Osée[4] qui a vécu et parlé dans le royaume du Nord, est de peu postérieur à Amos, peut-être pas plus d'une dizaine d'années et se situe donc dans un contexte politique et économique semblable à ce dernier, plus proche cependant de la chute de Samarie en 722 et de la disparition du royaume du nord en 721.
Tout en dénonçant vigoureusement, comme Amos, l'injustice sociale, Osée met l'accent sur la nature des liens entre Yhwh et son peuple avec une audace stupéfiante. Il utilise ses propres malheurs conjugaux, sa souffrance de voir sa femme le tromper allègrement, d'avoir des enfants qu'il qualifie de « fils de prostituée », pour illustrer la souffrance de Yhwh trompé par son peuple. Cette infidélité à Yhwh est la racine même de la corruption et des injustices sociales qui menacent l'avenir du peuple. Chez Osée, l'objectif de rétablissement du droit et de la justice est tout aussi présent que chez Amos, mais dans le conflit qui oppose Yhwh à son peuple, il utilise le langage ardent de la relation amoureuse qui tranche avec la froideur juridique d'Amos.

Infidélité d'Israël à son Dieu et réconciliation

Les trois premiers chapitres rapportent l'histoire tragique de l'union conjugale du prophète avec une femme qui se prostitue avec laquelle il a des *« enfants de la prostitution »*. Cette union symbolise l'état de la relation de Yhwh avec son peuple qui se prostitue avec le dieu Baal. *Faites un procès à votre mère, faites-lui un procès car elle n'est pas ma femme et je ne suis pas son mari. Qu'elle éloigne de son visage les signes de sa prostitution et d'entre ses seins les marques de son adultère. Sinon, je la déshabillerai et la mettrai nue (...) (Os 2, 4-5).*

---

4 - *Osée* ou Hoshéa signifie « Yhwh sauve ».

Cette femme s'est égarée, elle se trompe sur l'origine de sa richesse en disant : « *Je veux courir après mes amants ceux qui me donnent le pain et l'eau, la laine et le lin, l'huile et les boissons* » *(Os 2, 7). Elle n'a pas compris que c'est moi qui lui donnais blé, vin nouveau, huile fraîche ; je lui prodiguais de l'argent et l'or, ils l'ont employé pour Baal (Os 2,10).*
Les chemins de cette femme qui ne reconnaît pas la source de sa vie, ne peuvent mener qu'à une impasse. *Elle ne trouvera plus ses sentiers, elle poursuivra ses amants sans les atteindre, elle les cherchera sans les trouver (Os 2, 9). Je ferai cesser toute sa joie, ses fêtes, ses néoménies, ses sabbats (...). Je dévasterai sa vigne et son figuier (...) (Os 2, 13-14).*

Face à toutes ces infidélités, Yhwh ne perd pas tout espoir, il veut tenter à nouveau de la séduire et de réveiller la période des fiançailles qu'ils ont connue au désert.
*Eh bien c'est moi qui vais la séduire,
je la conduirai au désert et je parlerai à son cœur (Os 2,16).*

La victoire de l'amour sur les faux-semblants et les illusions aura des répercussions cosmiques, elle viendra à bout de la violence qui règne sur la terre. *Je conclurai pour eux en ce jour-là une alliance avec les bêtes des champs, les oiseaux du ciel, les reptiles du sol ; l'arc, l'épée et la guerre, je les briserai, il n'y en aura plus dans le pays, et je permettrai aux habitants de dormir en sécurité (Os 2, 20).*

La justice et le droit seront les fruits de l'amour et de la tendresse :
*Je te fiancerai à moi pour toujours, je te fiancerai à moi par la justice et le droit, l'amour et la tendresse.
Je te fiancerai à moi par la fidélité et tu connaîtras Yhwh (Os 2, 21).
Et la terre, elle, répondra par le blé, le vin nouveau, l'huile fraîche (Os 2,25).*

Et cet amour de Yhwh pour son peuple le protégera et le rendra libre de toutes les dominations politiques et religieuses. *Pendant de longs jours tu resteras à moi sans te prostituer et sans être à un homme (...). Pas de roi, pas de chef, pas de sacrifice, pas de stèle, pas d'éphod (...). Après cela, les fils d'Israël rechercheront à nouveau Yhwh, leur Dieu (Os 3, 3-5).*

Conspiration et ingratitude

Dans les trois chapitres 4 à 6, ce sont des séries d'oracles dont il n'est pas toujours facile de suivre l'articulation. Osée part du constat qu' *il n'y a ni sincérité ni amour du prochain ni connaissance de Dieu dans le pays (Os 4,1).*

Ses premières invectives sont dirigées contre les prêtres qui n'assurent pas leur rôle de transmission et d'approfondissement de la connaissance de Yhwh. Ils ont *« repoussé la connaissance » (Os 4,6)* et se sont alignés sur les rites de fertilité des Cananéens qui s'accompagnent de débordements sexuels avec des professionnels, hommes ou femmes, au sein même du sanctuaire. Ils pensent, par ce culte à la fertilité, s'assurer de bonnes récoltes.

Les prêtres *s'en vont à l'écart avec des prostituées et partagent les sacrifices avec les courtisanes sacrées : un peuple qui a si peu de discernement va à sa perte (Os 4,14).*

Leurs actions rendent impossible leur retour à leur Dieu, car un esprit de prostitution souffle chez eux, et ils ne connaissent pas Yhwh (Os 5,4).

Ce n'est pas avec des sacrifices que le lien avec Yhwh sera rétabli. *Avec leur petit et leur gros bétail, ils viennent pour rechercher Yhwh et ne le trouveront pas : il s'est débarrassé d'eux. Ils ont trahi Yhwh, car ils ont engendré des bâtards (...) (Os 5,6-7).*

Les politiques cherchent plutôt leur salut dans une négociation avec l'Assyrie qui les menace.

(...) Ephraïm[5] est allé vers Assour et a envoyé des messagers au grand roi, mais lui, il ne peut pas vous guérir ni vous débarrasser de votre ulcère.

---

5 - Dans le livre d'Osée, *Ephraïm* désigne souvent le royaume d'Israël ou sa population.

Bien plus, moi je serai comme un lion pour Ephraïm et comme un jeune lion pour la maison de Juda. C'est moi, moi qui vais déchirer, puis je m'en irai avec ma proie, et personne ne me l'arrachera (Os 5,13-14).

Israël n'a pas identifié la cause réelle de ses malheurs. Face à cette méconnaissance, Yhwh se retire et ce retrait plongera le peuple dans la détresse. *Je m'en irai, je retournerai chez moi, jusqu'à ce qu'ils s'avouent coupables et qu'ils recherchent ma face. Dans leur détresse, ils se mettront en quête de moi (Os 5,15).*

Pourtant, au-delà des annonces de malheurs qui s'abattront sur Israël du fait de son infidélité, le prophète maintient son assurance dans le salut de Yhwh. « *Venez, retournons vers Yhwh. C'est lui qui a déchiré, c'est lui qui nous guérira, il a frappé, il pansera nos plaies. Au bout de deux jours, il nous aura rendu la vie, au troisième jour il nous aura relevés et nous vivrons en sa présence* » *(Os 6, 1-2).*

Osée est un poète qui sait utiliser les images de la nature pour encourager et inciter le peuple à se tourner vers Yhwh.
Efforçons-nous de connaître Yhwh :
Son lever est sûr comme l'aurore,
il viendra vers nous comme vient la pluie
comme l'ondée du printemps arrose la terre (Os 6, 3).

Osée met cependant en garde le peuple contre un retour vers Yhwh trop superficiel, fondé seulement sur le culte : *(...) Votre amour est comme la nuée du matin, comme la rosée matinale qui passe (Os 6,4).*
Il a alors cette phrase qui dans l'Évangile de Mathieu sera citée à deux reprises par Jésus[6] : *Car c'est l'amour qui me plaît et non le sacrifice, et la connaissance de Dieu, je la préfère aux holocaustes (Os 6, 6).*
On retrouve dans ce verset l'appel à une mutation profonde du sacré. Yhwh manifeste sa présence dans l'amour, la tendresse, la fidélité,

---

6 - Mt 9,13 et 12,7.

la justice et le droit et non dans les sacrifices et les holocaustes. Les pratiques cultuelles ne sont pas la garantie d'une relation solide avec Yhwh.

Déchéance morale du pays

Les quatre chapitres 7 à 10 qui suivent sont une série d'oracles qui dénoncent la déchéance morale du pays. *Au moment même où je veux guérir Israël, se dévoilent la faute d'Ephraïm et les crimes de Samarie : oui, l'on pratique l'imposture ; le voleur s'introduit dans les maisons ; au-dehors, le brigand sévit (Os 7,1).*

Le déclin de la justice engendre une grande instabilité politique, les rois sont renversés par des conspirateurs qui sont à leur tour très rapidement détrônés[7]. *Tous, ils sont échauffés comme un four : ils dévorent leurs souverains, tous leurs rois sont tombés, et il n'y en a pas un parmi eux pour crier vers moi. Ephraïm se laisse mélanger aux autres peuples, Ephraïm est une crêpe qu'on n'a pas retournée (Os 7,7-8).*

Israël cherche des alliances, mais il ne sait plus vers qui se tourner. *Ephraïm est une colombe naïve et sans cervelle : ils appellent l'Egypte, ils courent en Assyrie (Os 7,11).*

Il croit trouver son salut en changeant de roi et en se créant des idoles. *Israël a repoussé le bien : que l'ennemi le poursuive ! Ils ont créé des rois sans moi, sans moi nommé des chefs. De leur argent et de leur or, ils se sont fait des idoles, pour être anéantis eux-mêmes (Os 8,3).*

D'où ce verset devenu un célèbre proverbe : *Ils sèment le vent, ils récolteront la tempête*[8] *(Os 8,7).*

Le dénouement sera dramatique. (...) *Ils devront retourner en Egypte. Israël oublie son créateur, il s'est construit des palais. Quant à Juda, il multiplie ses villes fortes. Mais j'enverrai le feu dans ses villes et il en*

---

7 - Zacharie (747) puis Shallum (746), Peqahya (736) ne restèrent guère plus d'une année sur le trône (2R 15).
8 - *Qui sème l'injustice récolte la calamité (Pr 22,8).*

dévorera les citadelles (Os 8,13-14).
Ephraïm a été frappé, leur racine est desséchée, de fruits, ils n'en donneront point. Même s'ils enfantent, je ferai mourir le fruit chéri de leur ventre. Mon Dieu les repoussera, car ils ne l'ont pas écouté, et ils vont se mettre à errer parmi les nations (Os 9,16-17).
La cause de tous ces drames est ainsi résumée : injustice, mensonge et volonté de puissance. *Vous avez labouré la méchanceté et récolté l'iniquité, vous avez mangé un fruit de mensonge.*
Tu as mis ta confiance dans ta puissance, dans la multitude de tes guerriers (Os 10,13).

Le pardon, attribut du divin

Dans le chapitre 11, c'est Yhwh lui-même qui, sans passer par la voie du prophète, parle directement de son amour pour Israël avec des accents déchirants et pathétiques. Nous retrouvons là l'accent du début du livre où Yhwh se comparait à un mari trompé par sa bien-aimée. L'amour de Yhwh pour Israël est ici explicitement comparé à la tendresse d'une mère pour son fils. Il commence par rappeler la genèse de son amour et l'ingratitude de son fils :
Quand Israël était jeune, je l'ai aimé et d'Egypte j'ai appelé mon fils[9]*. (...) C'est aux Baals qu'ils ont sacrifiés (...). C'est pourtant moi qui avais appris à marcher à Ephraïm, les prenant par les bras, mais ils n'ont pas connu que je prenais soin d'eux. Je les menais avec des attaches humaines, avec des liens d'amour, j'étais pour eux comme ceux qui soulèvent un nourrisson contre leur joue et je lui tendais de quoi se nourrir (Os 11,1-5).*
Cet amour maternel laisse Yhwh complètement décontenancé face à l'infidélité de son fils.
Menacé au nord par l'Assyrie, Israël au lieu de se tourner vers Yhwh, son créateur, se retourne vers l'Egypte, pays dont justement Yhwh

---

[9] - Citation reprise par l'évangéliste Matthieu en 2,15. *Joseph (père de Jésus) resta en Egypte jusqu'à la mort d'Hérode, pour que s'accomplisse ce qu'avait dit le Seigneur par le prophète : D'Égypte, j'ai appelé mon fils.*

l'avait sorti pour construire une relation d'amour. Yhwh ne sait plus quoi faire. *Comment te traiterai-je, Ephraïm, te livrerai-je, Israël ? (...) (Os 11,8).* Et pourtant si ! Il va utiliser une arme inaccessible aux hommes, signe de la puissance absolue du divin, le pardon.
Mon cœur est bouleversé en moi, en même temps ma pitié s'est émue.
Je ne donnerai pas cours à l'ardeur de ma colère, je ne reviendrai pas détruire Ephraïm ;
Car je suis Dieu et non pas homme,
au milieu de toi je suis saint : je ne viendrai pas avec rage (Os 11, 8-9).
Ce passage étonnant illustre l'originalité et l'audace du prophète Osée. La capacité de ne pas chercher la vengeance étant hors de portée des humains, le pardon apparaît comme un attribut du divin. S'engager dans la voie du pardon, c'est sortir d'un chemin sans issue et s'ouvrir au divin.

Après le mensonge, retour à une vie nouvelle

Dans les trois derniers chapitres 12 à 14, le prophète rappelle le comportement d'Israël et ses vaines tentatives d'alliance avec l'Assyrie ou l'Egypte pour échapper à la catastrophe.
Ephraïm se repaît de vent et court après le vent d'est tout le long du jour ; il multiplie mensonges et violences. Ils concluent un pacte avec l'Assyrie et livrent de l'huile en Egypte (Os 12,2).
Yhwh cherche à renouveler ses fiançailles avec Israël lors de la sortie d'Egypte, au désert, sous les tentes. Il communiquera alors avec lui par l'intermédiaire des prophètes. *Mais moi, je suis Yhwh ton Dieu depuis le pays d'Egypte. Je te ferai de nouveau habiter sous des tentes comme aux jours où je vous rencontrais. Je parlerai aux prophètes et je multiplierai les visions, et par les prophètes je dirai des paraboles (Os 12,10-11).*

Yhwh lui rappelle que c'est lui seul qui l'a connu au désert. *Et moi, Yhwh ton Dieu, depuis le pays d'Egypte, - et moi excepté, tu ne connais pas de Dieu, et de sauveur, il n'y en a point sauf moi -, moi, je t'ai connu au désert, dans un pays de fièvre (Os 13,4).*
C'est encore lui qui l'a conduit au pays où coulent le lait et le miel. *Hélas, aussitôt arrivés au pâturage, ils se rassasièrent, une fois rassasiés, leur cœur s'est enflé, c'est pour cela qu'ils m'ont oubliée (Os 13,6).*

La richesse, les nantis s'en attribuent le mérite sans reconnaître qu'elle est un don. Yhwh l'exhorte à revenir vers lui, non par l'offrande de sacrifices de taureaux, mais par des paroles qui viennent du cœur. *Reviens donc, Israël, à Yhwh ton Dieu, car ta faute t'a fait trébucher. Prenez avec vous des paroles et revenez à Yhwh, dites-lui : « Tu enlèves toute faute, accepte ce qui est bon ; en guise de taureaux, nous t'offrirons en sacrifice les paroles de nos lèvres » (Os 14,2-3).*
Toute parole venue du cœur adressée à Yhwh fera tomber sa colère, renouvellera les liens d'amour et les guérira de leur errance. *Je les guérirai de leur apostasie, je les aimerai avec générosité : ma colère s'est détournée de lui, je serai pour Israël comme la rosée, il fleurira comme le lis et il enfoncera ses racines comme la forêt du Liban (Os 14,5-6).*

Le livre s'achève avec en conclusion le mystère de ce chemin du pardon : *Qui est assez sage pour discerner ces choses et assez intelligent pour les connaître ? Oui, les chemins de Yhwh sont droits, et les justes y marcheront, mais les rebelles y trébucheront (Os 14,10).*

MICHÉE

Prophète de malheur

Le prophète Michée[10] se manifeste quelques années après le prophète Osée, vers 740. Son action prophétique commence par l'annonce de la chute de Samarie, capitale du royaume d'Israël dont il vivra le drame de la destruction et de la déportation en 721, puis après la disparition du royaume du Nord, il se tourne vers le royaume de Juda. Dans ses prophéties, Michée accable principalement les dirigeants de Juda, et ceux qui y représentent la justice et la religion.
En conséquence, il prédit la destruction de Jérusalem et de son Temple ainsi que l'Exil à Babylone. Mais ce ne sera pas la fin de ce peuple. Après cela, il offre une perspective de délivrance et la venue d'un roi sauveur à Bethléem.

Vision inaugurale

Aux jours de Yotam, Akhaz et Ezékias, rois de Juda[11], *visions qu'il eut à propos de Samarie et de Jérusalem (Mi 1,1).*
Sur un ton dramatique, il annonce la descente majestueuse de Yhwh sur la terre de Jacob. (...) *Il descend, il marche sur les hauts lieux de la terre. Les montagnes fondent sous ses pas, les fonds de vallée se crevassent, comme la cire devant le feu, comme l'eau répandue sur une pente. Tout cela, à cause de la révolte de Jacob, à cause des péchés de la maison d'Israël (...) (Mi 1,3-5).*
Le jugement est sans appel. *Je vais faire de Samarie un champ de ruines (Mi 1,6).*
Cette vision de destruction touche le prophète dans sa chair. *Aussi vais-je me lamenter et hurler. J'irai, déchaussé et nu. J'entonnerai une lamentation à la manière des chacals, un chant de deuil, comme les*

---

10 - *Michée* signifie « Qui est comme Yhwh ».
11 - Yotam (740-735), Akhaz (735-716), Ezechias (716-687) cf. 2R 15 ;16 ;18.

autruches (Mi 1,8).
La menace s'étend jusqu'à Jérusalem. *Vraiment irréparable, le coup qui la frappe ! Car il vient jusqu'à Juda, jusqu'à toucher la porte de mon peuple, jusqu'à Jérusalem (Mi 1,9).*

Invectives contre les exploiteurs

Comme Amos et Osée, Michée fulmine contre les puissants et leur avidité. Ils exploitent les plus démunis. *Malheur à ceux qui projettent le méfait et qui manigancent le mal sur leurs lits ! Au point du jour, ils les exécutent, car ils en ont le pouvoir. Convoitent-ils des champs, ils les volent, des maisons, ils s'en emparent. Ils saisissent le maître et sa maison, l'homme et son patrimoine (Mi 2,1-2).*
Il s'en prend aussi aux faux prophètes qui délirent. Sous l'effet du vin et des boissons fortes, ils *courent après le vent et débitent des mensonges : « Pour vin et boisson forte, je vais délirer en ta faveur »* ; alors, il serait le *prêcheur de ce peuple-là (Mi 2,11).*
Pourtant Yhwh annonce une issue pour un reste d'Israël. *Je vais te rassembler, Jacob, tout entier, je vais réunir le reste d'Israël (Mi 2,12).*
Au cœur de la catastrophe, le prophète annonce que Yhwh viendra ouvrir une brèche pour sauver un reste. *Il est monté devant eux, celui qui ouvre la brèche ; ils ont ouvert la brèche ; ils ont passé une porte ; ils sont sortis par elle ; leur roi est passé devant eux, Yhwh, à leur tête (Mi 2,13).*

Invectives contre les autorités judiciaires et religieuses

Michée s'en prend alors aux juges qui détournent le droit à leur profit. (...) : *N'est-ce pas à vous de connaître le droit ? Vous qui haïssez le bien et aimez le mal, qui arrache la peau de dessus les gens et la chair de dessus leurs os. Ceux qui mangent la chair de mon peuple, qui leur raclent la peau, qui leur brisent les os, qui les découpent comme chair en la marmite, comme viande au fond du chaudron (Mi 3,1-3).*

Toutes les autorités, chefs, prêtres et prophètes de la maison d'Israël, sont gagnées par la cupidité. *Ses chefs jugent pour un pot-de-vin, ses prêtres enseignent pour un profit, ses prophètes pratiquent la divination pour de l'argent (Mi 3,11).*
Le pire, c'est qu'ils pensent qu'en étant détenteur d'un pouvoir, Yhwh est avec eux.
Et c'est sur Yhwh qu'ils s'appuient en disant : « Yhwh n'est-il pas au milieu de nous ? Non, le malheur ne viendra pas sur nous (Mi 3, 11).
Alors que c'est à cause d'eux que Jérusalem sera dévasté. *C'est pourquoi, à cause de vous, Sion sera labourée comme un champ, Jérusalem deviendra un monceau de décombres (Mi 3,12).*

Avènement d'un temps nouveau

Cette dévastation annoncée de Jérusalem n'est cependant pas le dernier mot de Yhwh. Après les invectives et les prédictions de catastrophes, le ton du prophète change, il annonce qu'un reste subsistera aux malheurs, qu'une nouvelle ère s'ouvrira, qui verra tous les malheureux rassemblés en une nation puissante sous la protection d'une royauté divine, d'un messie.
Je rassemblerai ce qui boite, je réunirai ce qui est dispersé, ce que j'ai maltraité. De ce qui boite, je ferai un reste ; de ce qui est éloigné, une nation puissante. Sur la montagne de Sion, Yhwh sera leur roi dès maintenant et à jamais (Michée 4,6-7).
Cette ère nouvelle verra la disparition de la violence. *(...) Martelant leurs épées, ils en feront des socs, et de leurs lances, ils feront des serpes. On ne brandira plus l'épée, nation contre nation, on n'apprendra plus à se battre. Ils demeureront chacun sous sa vigne et son figuier[12], et personne pour les troubler (...) (Mi 4,3-4).*
Le prophète annonce bien, plusieurs dizaines d'années avant les faits, la déportation du peuple à Babylone, mais elle sera suivie de la délivrance

---

12 - Expression exprimant la prospérité et la sécurité (note de la TOB en Za 5,10).

par Yhwh. Les douleurs présentes, à l'image de celles d'une femme enceinte, sont le signe qui précède une naissance[13], l'avènement d'une nouvelle ère : *Tords-toi de douleur et hurle, fille de Sion, comme la femme qui enfante car maintenant tu vas sortir de la cité, tu vas demeurer dans les champs, tu iras jusqu'à Babylone. Là tu seras délivrée, là Yhwh te rachètera de la main de tes ennemis (Mi 4,10).*

Qui est ce messie qui interviendra au nom de Yhwh ? Contrairement à ce que l'on imagine, il ne sera pas issu des grands de ce monde. *Et toi, Bethléem Ephrata, trop petite pour compter parmi les clans de Juda, de toi sortira pour moi celui qui doit gouverner Israël (Mi 5,1)*[14].
Son action en faveur d'Israël s'élargira au monde entier et prendra la dimension d'une paix universelle. *Il se tiendra debout et fera paître son troupeau par la puissance de Yhwh, (…). Ils s'installeront, car il sera grand jusqu'aux confins de la terre. Lui-même, il sera la paix (Mi 5,3-4a).*
Alors le reste de Jacob sera, au milieu de peuples nombreux, comme une rosée venant de Yhwh, comme des ondées sur l'herbage, qui n'attend rien de l'homme, qui n'espère rien des humains (Mi 5,6).
Cette paix adviendra par de profondes transformations intérieures chez l'homme, dans sa perception de la puissance et du sacré. *(…) Je retrancherai de chez toi les chevaux et je ferai disparaître tes chars. Je retrancherai les villes de ton pays et je démolirai toutes tes forteresses. Je retrancherai de ta main les sorcelleries et il n'y aura plus pour toi de magiciens. Je retrancherai de chez toi les statues et les stèles ; tu ne te prosterneras plus devant l'Œuvre de tes mains (Mi 5,9-12).*

---

13 - La comparaison par Michée de la douleur du temps présent à celle d'un enfantement sera reprise par Jésus comme signe des derniers temps (Jn 16,21 ; Mt 24,8).

14 - Ce verset de Michée sera retrouvé par les scribes pour répondre à Hérode qui voulait savoir où était né l'enfant Jésus que les mages venus d'Orient recherchaient (Mt 2,6).

Sanctions, lamentations, espérance

Cette transformation qui remet en cause les fondements du sacré interpelle et questionne. *Avec quoi me présenter devant Yhwh, m'incliner devant le Dieu de là-haut ? Me présenterai-je devant lui avec des holocaustes ? Avec des veaux d'un an ? Yhwh voudra-t-il des milliers de béliers ? des quantités de torrents d'huile ? Donnerai-je mon premier-né pour prix de ma révolte ? Et l'enfant de ma chair pour mon propre péché ? (Mi 6,6-7)*

La réponse de Yhwh à ce questionnement est le verset le plus connu de ce livre, verset qui dans sa simplicité préfigure l'enseignement de Jésus : *On t'a fait connaître, ô homme, ce qui est bien, ce que Yhwh exige de toi : Rien d'autre que respecter le droit, aimer avec tendresse et marcher humblement avec ton Dieu (Mi 6,8).*

Malheureusement l'homme ne suit pas cette voie et le prophète en est malade : *Malheur à moi ! (Mi 7,1). (...) plus de juste parmi les hommes. Tous sont à l'affût pour répandre le sang ; (...) Pour faire du bien, le prince pose ses exigences, le juge demande une gratification, le notable parle pour satisfaire sa cupidité (Mi 7,2-3).*

Les conséquences en ont été décrites.

Toi, tu mangeras, sans pouvoir te rassasier. La famine s'installera chez toi. Tu mettras de côté, mais sans rien pouvoir conserver. Ce que tu conserverais, je le livrerais à l'épée. Toi, tu sèmeras, mais tu ne moissonneras pas. Toi, tu presseras l'olive, mais tu ne t'enduiras pas d'huile (Mi 6,14-15).

Pourtant en final, le prophète reprend l'idée de la brèche entrevue plus haut pour un reste (Mi 2,13), brèche qui le fera sortir vers la lumière : *Mais moi, je guette Yhwh, j'attends Dieu, mon sauveur ; il m'écoutera, mon Dieu.*

Ne ris pas de moi, ô mon ennemie. Si je suis tombée, je me relève, si je demeure dans les ténèbres, Yhwh est ma lumière.

L'indignation de Yhwh, je dois la supporter - car j'ai péché contre lui - jusqu'à ce qu'il prenne ma cause en main et rétablisse mon droit.
Il me fera sortir à la lumière, et je contemplerai son oeuvre de justice (Mi 7,7-9).

Serait-ce alors que nous n'aurions plus à payer pour nos fautes ? Quel est donc ce dieu qui n'a pas besoin de sacrifice pour calmer sa colère ?
À quel Dieu te comparer, toi qui ôtes le péché, toi qui passes sur les révoltes ? Pour l'amour du reste, son patrimoine, loin de s'obstiner dans sa colère, lui, il se plaît à faire grâce. De nouveau, il nous manifestera sa miséricorde, il piétinera nos péchés. Tu jetteras toutes leurs fautes au fond de la mer (Mi 7,18-19).

Comme pour Osée, le livre s'achève avec ce mystère du pardon.

ÉSAÏE

Introduction

Le livre du prophète Esaïe[15], le plus long de la Bible (soixante-six chapitres), apparaît comme le livre prophétique par excellence. Ce livre a été retrouvé dans son intégralité en 1947, dans une grotte de Qumran, sous la forme d'un rouleau daté du 2ᵉ siècle av. J.-C[16].

Il constitue une compilation de prophéties qui s'étalent sur plus de deux cents ans. Il n'est donc pas possible de les attribuer à un seul auteur, au seul prophète Esaïe dont les interventions auprès du roi de Juda, Ezéchias, entre 740 et 690 sont rapportées dans le deuxième livre des rois (2R 19-20). Les experts s'accordent pour attribuer à ce dernier, sous réserve de quelques passages, les chapitres 1 à 39 du livre.

Les chapitres 40 à 55 sont des oracles émis à Babylone, entre 550 et 537, par un autre prophète qui, selon une pratique courante à l'époque (Pseudépigraphie) a écrit ses oracles sous le nom de son illustre prédécesseur, s'inscrivant ainsi dans une sorte de filiation littéraire et spirituelle. On parle alors du second Esaïe ou Deutéro-Esaïe.

Les chapitres 56 à 66, écrits à Jérusalem après le décret de Cyrus (538) autorisant les juifs à revenir dans leur capitale, pourraient être attribués à ce second Esaïe, mais l'analyse littéraire de ces chapitres incite à l'attribuer à un troisième intervenant.

Malgré des arrière-plans historiques différents, il se dégage une cohérence globale de cet ensemble d'oracles qui justifie leur regroupement en un seul livre. La diversité des auteurs n'empêche pas le livre de former un tout homogène.

---

15 - *Isaïe* ou *Ésaïe* (וְהָיְעַשׁ en hébreu, Yeshayahu), signifie « Yhwh sauvera ». La TOB utilise Ésaïe.

16 - Parmi les manuscrits de la mer Morte, seul le Livre d'Isaïe a été retrouvé dans son intégralité. Il est magnifiquement exposé au musée d'Israël à Jérusalem.

Le prophète Esaïe poursuit l'action de ses prédécesseurs Amos et Osée en s'attaquant à la corruption et aux inégalités sociales amenées par une certaine prospérité ; il en appelle à la justice, il dénonce la vanité des alliances politiques. Il stigmatise en termes cinglants tous ceux qui abusent de leur pouvoir, au lieu de donner la priorité à la justice et à la lutte contre les inégalités. Il interpelle vigoureusement aussi bien le peuple, le particulier lambda que le roi ou les prêtres. Il affirme qu'il est plus important de donner à manger aux pauvres, de soutenir les isolés, l'orphelin, la veuve et les émigrés que d'aller offrir à Dieu de la viande de bœuf ou d'agneaux. Il dénonce la croyance dans le pouvoir magique des sacrifices qui protégeraient du malheur. La cause du malheur est à chercher dans les choix politiques, religieux, sociaux des responsables sans exonérer pour autant les comportements du peuple. Il met en avant la responsabilité personnelle de chacun dans l'histoire de l'humanité.
Il participe ainsi activement à l'évolution de l'idée de sacré. Yhwh n'est plus le petit dieu local, le dieu d'Israël qui prend la tête de son armée pour défendre le peuple contre les dieux des armées des empires environnants. Yhwh est le Dieu créateur du ciel et de la terre, il domine les empires, il est capable de libérer les dominés des dominants et de réduire à rien les empires les plus puissants.
Dans l'affirmation d'un monothéisme exclusif, Esaïe, à l'instar des autres prophètes, démythifie le pouvoir du culte auquel on prête un effet magique. La relation entre les hommes devient centrale.

Nous avons vu dans le livre du Lévitique que l'idée de péché était liée à celle d'impureté, conséquence d'une faute plus ou moins volontaire dans l'application des règles de la Torah.
Cette impureté devait être lavée par un acte cultuel, un sacrifice, qui permet de rétablir la relation avec Yhwh.
Que devient pour le prophète la notion de péché ?
Elle se décline selon deux axes, l'idolâtrie et l'injustice.

L'idolâtrie, c'est de diviniser des créations de l'homme : *A qui assimilerez-vous Dieu ? Que placerez-vous de ressemblant à côté de lui ? L'idole ? c'est un artisan qui l'a coulée (Es 40,18).*
Esaïe dénonce toutes les fausses pistes du sacré et du sentiment de puissance qui écartent l'homme de la pratique au quotidien de la justice.

Ce mot justice est à prendre dans la bouche du prophète dans un sens beaucoup plus large qu'une simple conformité juridique, il caractérise globalement les comportements « a-justés » des hommes entre eux, lesquels excluent toute forme de domination, d'emprise, pour laisser place à l'écoute de la parole de l'autre.
Si l'idolâtrie est la négation de la relation avec Yhwh, l'injustice est la négation de la relation avec l'autre homme.
Ainsi, le péché dénoncé par les prophètes est une relation « non ajustée » envers Dieu par des cultes aux idoles, et envers les hommes par la domination des autorités, des riches, des arrogants sur les petits, les humbles, les démunis, qualifiés d'*anawim*, mot hébreu que l'on a pu traduire par « les pauvres de Yhwh ». Ces deux types de péchés, l'idolâtrie et l'injustice, apparaissent très liés, le premier entraînant l'autre.
Dans ses oracles, le prophète Esaïe pointe inlassablement, mais sans succès, l'arrogance des autorités et la propension du peuple à se fier à des pseudo-puissances sacralisées.

Les paroles du prophète, oracles de Yhwh, s'attachent à une lecture de l'histoire, elles annoncent clairement de terribles tragédies tout en réaffirmant l'inaltérable fidélité de Dieu : *un petit reste* associé à la justice subsistera (Es 10,20-22). Une nouvelle ère que l'on qualifiera de messianique[17] s'ouvre pour ce petit reste.

---

17 - *messianique* : relatif à la venue d'un messie.

Il est frappant de constater combien, dans ce livre, les annonces de salut sont liées avec celles de catastrophes comme le recto et le verso d'une même page. Le salut apparaît au sein même de la catastrophe. Par-là, Esaïe amorce un genre littéraire nouveau défini comme apocalyptique, sous-tendu par l'annonce de la proximité de la fin des temps (eschatologie) et la victoire définitive de la Jérusalem céleste sur toutes les Puissances et Dominations sacralisées par l'homme.

Ces textes, écrits dans des contextes historiques précis qui partent de la suprématie assyrienne au 8ᵉ siècle au retour de Babylone au 6ᵉ, en passant par la destruction de Jérusalem en 585, lèvent une partie du voile qui recouvre le sens de l'histoire de l'humanité. Les événements qui se déroulent à une époque donnée, à une date et dans des lieux déterminés, prennent dans la bouche du prophète, une dimension universelle et intemporelle. Ces avertissements, invectives, réquisitoires, menaces, mais aussi les promesses de salut peuvent s'appliquer aux tragédies de toutes les époques et de toutes les nations. L'interprétation eschatologique des évènements éclaire le sens de l'Histoire.

On peut dire que ce livre, le plus cité dans le nouveau Testament, représente la quintessence de l'action prophétique si déterminante dans l'histoire de l'humanité. Elle traduit un retournement du rapport entre la religion et la vie sociale. Les diatribes contre les cultes aux dieux qui ne sont que des fabrications de l'homme, la dénonciation de l'hypocrisie dans les pratiques cultuelles à Yhwh, la priorité donnée à la justice et à la lutte contre les inégalités, la vanité des alliances politiques déconnectées d'une quête de justice, les annonces de tragédies à venir, les promesses d'un monde nouveau, sont autant d'aspects qui résonnent étrangement avec notre actualité.

DEUXIÈME PARTIE - LIVRES DES PROPHÈTES

ÉSAÏE (ES 1 - 39)

Préface

Le premier chapitre est une sorte de préface, sans doute rédigée en final, qui annonce et synthétise les grands thèmes développés dans le livre d'Esaïe :

- La non-reconnaissance du peuple vis-à-vis de Yhwh qui l'a fait naître et l'a élevé :

  Écoutez, cieux ! Terre, prête l'oreille ! C'est Yhwh qui parle : J'ai fait grandir des fils, je les ai élevés, eux, ils se sont révoltés contre moi. Un bœuf connaît son propriétaire et un âne la mangeoire chez son maître : Israël ne connaît pas, mon peuple ne comprend pas (Es 1,2-3).

- La dénonciation des illusions du culte :

  Que me fait la multitude de vos sacrifices, dit Yhwh ? Les holocaustes de béliers, la graisse des veaux, j'en suis rassasié. Le sang des taureaux, des agneaux et des boucs, je n'en veux plus. Quand vous venez vous présenter devant moi, qui vous demande de fouler mes parvis ? Cessez d'apporter de vaines offrandes : la fumée, je l'ai en horreur ! Néoménie, sabbat, convocation d'assemblée... je n'en puis plus des forfaits et des fêtes. Vos néoménies et vos solennités, je les déteste, elles me sont un fardeau, je suis las de les supporter. Quand vous étendez les mains, je me voile les yeux, vous avez beau multiplier les prières, je n'écoute pas : vos mains sont pleines de sang (Es 1,11-15).

- L'appel à la pratique de la justice :

  Lavez-vous, purifiez-vous. Ôtez de ma vue vos actions mauvaises, cessez de faire le mal. Apprenez à faire le bien, recherchez la justice, mettez au pas l'exacteur, faites droit à l'orphelin, prenez la défense de la veuve (Es 1,16-17). Avec une alternative simple : *Si vous voulez écouter, vous mangerez les bonnes choses du pays. Si vous refusez, si vous vous obstinez, c'est l'épée qui vous mangera (Es 1,19-20).*

- La promesse eschatologique autour de Jérusalem :
Il arrivera dans l'avenir que la montagne de la Maison de Yhwh sera établie au sommet des montagnes et dominera sur les collines. Toutes les nations y afflueront. Des peuples nombreux se mettront en marche et diront : « Venez, montons à la montagne de Yhwh, à la Maison du Dieu de Jacob. Il nous montrera ses chemins, et nous marcherons sur ses routes. »
Oui, c'est de Sion[18] que vient l'instruction et de Jérusalem la parole de Yhwh. Il sera juge entre les nations, l'arbitre de peuples nombreux. Martelant leurs épées, ils en feront des socs, de leurs lances, ils feront des serpes. On ne brandira plus l'épée nation contre nation, on n'apprendra plus à se battre. Venez, maison de Jacob, marchons à la lumière de Yhwh (Es 2,2-5).

Oracles visant le royaume du Nord

Suivent des oracles prononcés avant la chute de Samarie en 721 :

- Contre l'orgueil des hommes enrichis et leur culte des idoles :
Le pays est rempli d'argent et d'or : pas de limite à ses trésors. Le pays est rempli de chevaux : pas de limite au nombre de ses chars. Le pays est rempli d'idoles : ils se prosternent devant l'ouvrage de leurs mains, devant ce que leurs doigts ont fabriqué (...) (Es 2,7-8). L'orgueilleux regard des humains sera abaissé, les hommes hautains devront plier (Es 2,11).

- Annonce d'un jour de Yhwh, jour terrible :
Car il y aura un jour pour Yhwh Shabaot contre tout ce qui est fier, hautain et altier et qui sera abaissé (Es 2,12).

---

18 - *Sion*, nom de la montagne de Jérusalem, utilisé pour symboliser la Jérusalem céleste.

Ils iront dans les trous des rochers, dans les fissures du roc, devant la terreur de Yhwh et l'éclat de sa majesté, quand il se lèvera pour terrifier la terre. Laissez donc l'homme, ce n'est qu'un souffle dans le nez : que vaut-il donc ? (Es 2,21)

- L'anarchie s'installera :
Je leur donnerai pour chefs des gamins, et selon leurs caprices, ils les gouverneront. Les gens se molesteront l'un l'autre, chacun son prochain (Es 3,4).

- Le procès des chefs et des responsables politiques indifférents aux pauvres s'ouvrira :
Yhwh traduit en jugement les anciens de son peuple et ses chefs : C'est vous qui avez dévoré la vigne, et la dépouille des pauvres est dans vos maisons. Qu'avez-vous à écraser mon peuple et à fouler aux pieds la dignité des pauvres ? (Es 3,14)

Pourtant Yhwh reste fidèle à sa promesse et le *jour de Yhwh* sera un « jour de gloire » pour un petit reste : *En ce jour-là, ce que fera germer Yhwh sera l'honneur et la gloire, et ce que produira le pays fera la fierté et le prestige des rescapés d'Israël. Alors, le **reste** de Sion, les survivants de Jérusalem seront appelés saints : tous seront inscrits à Jérusalem afin de vivre (Es 4,2-3).*

Malédictions contre les grands de Juda

Le chapitre 5 commence par un chant à la vigne qui symbolise le peuple d'Israël : *Que je chante pour mon ami, le chant du bien-aimé et de sa vigne : Mon bien-aimé avait une vigne sur un coteau plantureux (Es 5,1).*
Yhwh se lamente sur son peuple qu'il chérissait : *La vigne de Yhwh de l'univers, c'est la maison d'Israël, et les gens de Juda sont le plant qu'il*

chérissait. Il en attendait le droit, et c'est l'injustice. Il en attendait la justice, et il ne trouve que les cris des malheureux (Es 5,7).

Il dénonce les grands de ce monde qui accumulent les richesses : *Malheur ! Ceux-ci joignent maison à maison, champ à champ, jusqu'à prendre toute la place et à demeurer seuls au milieu du pays. À mes oreilles a retenti le serment de Yhwh de l'univers : De nombreuses maisons, grandes et belles, seront vouées à la désolation faute d'habitants (Es 5,8-9).*

L'annonce de malheurs vise Israël en particulier, mais aussi et de façon plus générale tous les hommes fiers de leur force : *C'est pourquoi mon peuple sera déporté à cause de ce qu'il a méconnu. L'élite mourra de faim (...). Ils devront plier, les humains, l'homme sera abaissé, les orgueilleux devront baisser les yeux (Es 5,13-15).*

Vision et vocation d'Esaïe

Esaïe nous fait part d'une vision qu'il eût à l'époque du roi Ozias en 740 : *Je vis le Seigneur assis sur un trône très élevé. Sa traîne remplissait le temple. Des séraphins se tenaient au-dessus de lui. Ils avaient chacun six ailes (...) Saint, saint, saint, Yhwh de l'univers, sa gloire remplit toute la terre (...) Je dis alors : « Malheur à moi ! Je suis perdu, car je suis un homme aux lèvres impures, j'habite au milieu d'un peuple aux lèvres impures et mes yeux ont vu le roi, Yhwh de l'univers. L'un des séraphins vola vers moi, tenant dans sa main une braise qu'il avait prise avec des pinces sur l'autel. Il m'en toucha la bouche et dit : « Dès lors que ceci a touché tes lèvres, ta faute est écartée, ton péché est effacé » (Es 6,1-7).*

Dès lors, ainsi purifié, Esaïe est envoyé annoncer des événements terrifiants et la disparition quasi totale du peuple. *Je dis alors : « Jusques à quand, Seigneur ? » Il dit : « Jusqu'à ce que les villes soient dévastées, sans habitant, les maisons sans personne, la terre dévastée et désolée. » Yhwh enverra des gens au loin, et il y aura beaucoup de terre abandonnée à l'intérieur du pays. Et s'il y subsiste encore un dixième, à son tour il sera livré au feu, comme le chêne et le térébinthe abattus, dont il ne reste que la souche (Es 6,11).*

Cependant, une petite lueur d'espoir apparaît. Après les catastrophes, l'abattage des humains, il ne restera que la souche, mais... « *La souche est une semence sainte* » *(Es 6,13).*
Yhwh ne désespère pas de l'humanité, fruit de sa création.

Pérennité de la maison de David

Yhwh annonce la naissance d'un enfant qui sera le signe de sa présence au milieu du peuple.
Il s'appellera *Emmanuel* signifiant « Dieu est avec nous » :
Aussi bien le Seigneur vous donnera-t-il lui-même un signe :
Voici que la jeune femme est enceinte et enfante un fils
et elle lui donnera le nom d'Emmanuel.
De crème et de miel il se nourrira,
sachant rejeter le mal et choisir le bien (Es 7,14-15).
Cet enfant ouvrira une nouvelle ère d'abondance :
Il adviendra, en ce jour-là, que chacun élèvera en gros bétail une génisse, et deux têtes de petit bétail et à cause de l'abondante production de lait, on mangera de la crème ; oui, c'est de crème et de miel que se nourriront ceux qui resteront dans le pays (Es 7,21-22).

Cependant, en raison de ses infidélités, le peuple traversera de graves crises politiques, il ne devra pas se tromper sur les véritables causes de son malheur : *Vous n'appellerez pas « conspiration » tout ce que ce peuple appelle « conspiration ». Vous ne craindrez pas ce qu'il craint ni ne le redouterez. C'est Yhwh de l'univers que vous tiendrez pour saint, c'est lui que vous craindrez, c'est lui que vous redouterez (Es 8,12-13).*
Face aux malheurs, le peuple ne doit pas se réfugier dans un sacré

illusoire, mais plutôt s'atteler à étudier, à comprendre les paroles de Yhwh, puis à s'en faire le témoin : *Et si l'on vous dit : « Consultez ceux qui pratiquent la divination, ceux qui sifflotent et murmurent ; un peuple ne doit-il pas consulter ses dieux, les morts en faveur des vivants ? » A l'instruction et à l'attestation ! S'ils ne s'expriment pas selon cette parole, pour eux point d'aurore[19]*... *(Es 8,19-20).*
Sans l'écoute de la Parole, le pays tout entier sera plongé dans une nuit angoissante :
On traversera le pays, accablé et affamé. Sous l'effet de la faim, on s'irritera et on maudira son roi et son Dieu. On se tournera vers le haut, puis on regardera vers la terre et voici : détresse et ténèbres, obscurité angoissante, nuit dans laquelle on est poussé (Es 8,21-22).

Mais après cela, Yhwh libérera son peuple et le conduira sur les chemins de la paix. *Mais ce n'est plus l'obscurité pour le pays qui était dans l'angoisse. Dans un premier temps le Seigneur a couvert d'opprobre le pays de Zabulon et le pays de Nephtali, mais ensuite il a couvert de gloire la route de la mer, l'au-delà du Jourdain et le district des nations (Es 8,23).*

Le peuple qui marchait dans les ténèbres a vu une grande lumière. Sur ceux qui habitaient le pays de l'ombre, une lumière a resplendi. Tu as fait abonder leur allégresse, tu as fait grandir leur joie. Ils se réjouissent devant toi comme on se réjouit à la moisson, comme on jubile au partage du butin (Es 9,1-2).

Cette annonce du salut prend une forme paradoxale : loin d'un renforcement militaire ou diplomatique attendu, il annonce un signe,

---

19 - note de la TOB :
- *l'attestation* : le prophète renvoie ses disciples au document écrit comprenant un ou plusieurs messages du prophète Esaïe. Ce document devra constituer plus tard une preuve, lorsque les événements annoncés se seront produits.
- *point d'aurore* : image d'une délivrance qui ne viendra pas. Autre traduction pour la fin du verset *Malheur à celui qui ne s'exprime pas selon cette parole, contre laquelle il n'y a pas de formule magique.*

la naissance d'un enfant chez une jeune femme, un nouveau roi que l'on appellera Emmanuel. La naissance de cet enfant inaugurera un nouveau type de royauté, il apportera la lumière, la joie, la justice, la sagesse et la paix : *Car un enfant nous est né, un fils nous a été donné. La souveraineté est sur ses épaules. On proclame son nom : « Merveilleux - Conseiller, Dieu - Fort, Père à jamais, Prince de la paix. » Il y aura une souveraineté étendue et une paix sans fin pour le trône de David et pour sa royauté, qu'il établira et affermira sur le droit et la justice dès maintenant et pour toujours - l'ardeur de Yhwh de l'univers fera cela (Es 9,5-6).*

Cette ère nouvelle s'accompagne de malédictions contre les autorités corrompues : Malheur !
Il y a des gens qui prescrivent des lois malfaisantes et, quand ils rédigent, mettent par écrit la misère, ils écartent du tribunal les petites gens, privent de leur droit les pauvres de mon peuple, font des veuves leur proie et dépouillent les orphelins. Que ferez-vous au jour du châtiment, quand de loin viendra la tempête ? Chez qui fuirez-vous pour trouver du secours ? Où déposerez-vous vos richesses ? (Es 10,1-3).

Le Reste d'Israël

Esaïe reprend alors le thème d'un reste d'Israël déjà évoqué plus haut (Es 4,3 ; 6,13). Ce thème qui sera repris encore plus loin (Es 28,5 ; 46,3) est une idée centrale du livre : *Il adviendra, en ce jour-là, que le **reste** d'Israël, les rescapés de la maison de Jacob cesseront de s'appuyer sur celui qui les frappe : ils s'appuieront vraiment sur Yhwh, sur le Saint d'Israël. Un **reste** reviendra, le **reste** de Jacob, vers le Dieu-Fort. Même si ton peuple, ô Israël, était comme le sable de la mer, il n'en reviendra qu'un **reste** : la destruction est décidée qui fera déborder la justice (Es 10,20-22).*

L'annonce d'un reste constitué par les anawim, les pauvres de Yhwh, c'est-à-dire les petits, les humiliés, les doux, s'accompagne de la promesse d'un nouveau David : Un rameau sortira de la souche de Jessé [20], *un rejeton jaillira de ses racines. Sur lui reposera l'Esprit de Yhwh : esprit de sagesse et de discernement, esprit de conseil et de vaillance, esprit de connaissance et de crainte de Yhwh - et il lui inspirera la crainte de Yhwh. Il ne jugera pas d'après ce que voient ses yeux, il ne se prononcera pas d'après ce qu'entedent ses oreilles. Il jugera les faibles avec justice, il se prononcera dans l'équité envers les pauvres du pays. (...) La justice sera la ceinture de ses hanches et la fidélité le baudrier de ses reins (Es 11,1+).*

L'humanité nourrie de la Parole de Yhwh sera libérée de toute violence. C'est la promesse d'un paradis retrouvé : *Le loup habitera avec l'agneau, le léopard se couchera près du chevreau. Le veau et le lionceau seront nourris ensemble, un petit garçon les conduira. La vache et l'ourse auront même pâture, leurs petits, même gîte. Le lion, comme le bœuf, mangera du fourrage. Le nourrisson s'amusera sur le nid du cobra. Sur le trou de la vipère, le jeune enfant étendra la main. Il ne se fera ni mal, ni destruction sur toute ma montagne sainte, car le pays sera rempli de la connaissance de Yhwh, comme la mer que comblent les eaux (Es 11,6 +).*

Un chant d'actions de grâce jaillit alors du cœur de ce petit reste, en reconnaissance pour le pardon des péchés, pour la force et la joie retrouvées. La présence active de Yhwh est comparée à l'eau d'une source où chacun peut aller puiser[21] : *Je te rends grâce, Yhwh, car tu étais en colère contre moi, mais ta colère s'apaise et tu me consoles. Voici mon Dieu Sauveur, j'ai confiance et je ne tremble plus, car ma force et mon chant, c'est Yhwh ! Il a été pour moi le salut. Vous puiserez de l'eau avec joie aux sources du salut (...) (Es 12,1).*

---

20 - *Jessé*, père de David (1S 16.1), considéré ici comme l'ancêtre de la dynastie davidique et comparé à la souche d'un arbre abattu qui donnera naissance à une nouvelle pousse.
21 - Jésus utilisera à plusieurs reprises cette image de la source d'*eau vive*, en particulier avec la Samaritaine (Jn 4).

Condamnation universelle des Puissances

Le prophète sort du cadre strict de l'avenir d'Israël. Yhwh est le Dieu de l'univers.
L'humanité toute entière est impliquée. Les empires se dresseront les uns contre les autres : *Je punirai le monde pour sa méchanceté, les impies pour leurs crimes. Je mettrai fin à l'orgueil des insolents, je ferai tomber l'arrogance des tyrans. Je rendrai les hommes plus rares que l'or fin, (...) (Es 13,11-12).*
À commencer par Babylone : *Babylone, la perle des royaumes, la fière parure des Chaldéens, sera, comme Sodome et Gomorrhe, renversée par Dieu (Es 13,19).*

La chute d'une telle puissance impériale qui se considère comme sacrée sera terrible : *Comment es-tu tombé du ciel, Astre brillant, Fils de l'Aurore ? Comment as-tu été précipité à terre, toi qui réduisais les nations, toi qui disais : « Je monterai dans les cieux, je hausserai mon trône au-dessus des étoiles de Dieu, (...) je serai comme le Très Haut. » Mais tu as dû descendre dans le séjour des morts au plus profond de la Fosse (Es 14,12-15).*

L'autre grand empire, l'Assyrie, ne sera pas épargné : *« Je briserai l'Assyrie dans mon pays, je la piétinerai sur mes montagnes. À ceux qui le portaient, son joug sera enlevé, son fardeau sera enlevé de leurs épaules. » Telle est la décision prise à l'encontre de toute la terre, telle est la main étendue contre toutes les nations (Es 14,25-26).*
La Philistie n'y échappera pas non plus : *La Philistie tout entière s'effondre : car une fumée s'avance du nord (Es 14,31).*
Moab et Damas chuteront aussi, mais c'est à l'Egypte que le prophète réserve ses attaques les plus mordantes : *Les chefs de Tanis[22] sont vraiment stupides, les sages conseillers du Pharaon forment un conseil d'abrutis. (...)*

---

22 - Tanis est une ville importante du delta du Nil.

Où sont-ils, tes sages ? Qu'ils t'apprennent donc et que l'on sache ce que Yhwh de l'univers a décidé au sujet de l'Egypte. Ils sont devenus stupides, les chefs de Tanis, les chefs de Memphis sont dans l'illusion, (...) et ils font vaciller l'Egypte dans tout ce qu'elle fait, comme vacille un ivrogne en vomissant (Es 19,11+).
C'est Yhwh de l'univers qui l'a décidé, pour flétrir l'orgueil de tout ce qu'on honore, pour déconsidérer tous les grands de la terre (Es 23,9).

L'Histoire confirme le bien-fondé de toutes les annonces de disparition de ces empires et de ces nations.

Apocalypse d'Esaïe

La terre tout entière subit les conséquences du péché et de l'injustice des hommes : *La terre sera totalement dévastée, pillée de fond en comble, comme l'a décrété Yhwh. La terre en deuil se dégrade, le monde entier dépérit (...) La terre a été profanée sous les pieds de ses habitants, car ils ont transgressé les lois, ils ont tourné les préceptes, ils ont rompu l'alliance perpétuelle (Es 24,4).*
La terre se brise, la terre vole en éclats, elle est violemment secouée. La terre vacille comme un ivrogne, elle est agitée comme une cabane. Son péché pèse sur elle, elle tombe et ne peut se relever (Es 24,19).

Cependant au cœur de la catastrophe, le prophète entrevoit des merveilles : *Yhwh, tu es mon Dieu, je t'exalte et je célèbre ton nom, car tu as réalisé des projets merveilleux, conçus depuis longtemps, constants et immuables. Tu as fait de la ville un tas de pierres, de la cité fortifiée un champ de ruines. La forteresse des barbares a cessé d'être une ville, elle ne sera plus jamais rebâtie (Es 25,1-2).*
Il annonce le renversement de l'idée même de puissance : *Car tu es le rempart du faible, le rempart du pauvre dans la détresse, le refuge contre l'orage, l'ombre contre la chaleur (...) Tu éteins le tumulte des barbares*

comme fait à la chaleur l'ombre d'un nuage, tu étouffes la fanfare des tyrans (Es 25,4+).

Un festin sera donné en signe de salut, de victoire sur la mort : *Yhwh de l'univers va donner sur cette montagne un festin pour tous les peuples, un festin de viandes grasses et de vins vieux, de viandes grasses succulentes et de vins vieux décantés (...) Il fera disparaître la mort pour toujours. Yhwh Dieu essuiera les larmes sur tous les visages et dans tout le pays il enlèvera la honte de son peuple. (...) (Es 25,6-8).*
Les petits et les faibles doivent faire confiance à Yhwh, ils s'en sortiront contrairement aux arrogants : *Faites confiance à Yhwh pour toujours, à Yhwh, le rocher éternel, car il a fait plier ceux qui habitaient les hauteurs et il abat la cité inaccessible, il l'abat jusqu'à terre et lui fait toucher la poussière. Elle sera foulée aux pieds, sous les pas des humbles, sous les pieds des faibles (Es 26,4-6).*

Suit une belle prière qui exprime la métamorphose du désir de l'homme : *Sur le chemin que tracent tes sentences, nous espérons en toi, Yhwh, l'objet de nos désirs est de redire ton nom.*
Pendant la nuit, vers toi mon âme aspire, mon esprit, au-dedans de moi, te cherche. (...) (Es 26,8-9).

Il explicite la nécessité du châtiment : *Mais si l'on fait grâce au méchant, il n'apprend pas la justice. Au pays de la rectitude, il fait le mal et il ne voit pas la majesté de Yhwh (Es 26,10).*
Le jugement arrive, les méfaits ne seront plus cachés, alors, face à la colère de Yhwh, que chacun se protège en prenant Yhwh pour rempart ! *Va, mon peuple, rentre chez toi et ferme sur toi les deux battants. Cache-toi un instant, le temps que passe la colère, car voici Yhwh qui sort de sa demeure pour demander compte de leurs crimes aux habitants de la terre. Et la terre laissera paraître le sang, elle cessera de dissimuler les victimes (Es 26,20+).*

Yhwh compare son peuple à une vigne délicieuse dont il prend soin, il en arrache les épines et les ronces : *Ce jour-là, chantez la vigne délicieuse. Moi, Yhwh, j'en suis le gardien, à intervalles réguliers je l'arrose. De peur qu'on y fasse irruption, je la garde nuit et jour. Je ne suis plus en colère : si je trouve des épines et des ronces, je donnerai l'assaut et, en même temps, j'y mettrai le feu, mais celui qui me prendra pour rempart avec moi fera la paix, il fera la paix avec moi (Es 27,2-5).*
Israël refleurira après les catastrophes. Après son retour vers Yhwh, il sera pardonné et toutes les traces de son idolâtrie - les autels et les poteaux sacrés - seront effacées : *Dans les temps à venir, Jacob poussera des racines, Israël fleurira et donnera des bourgeons, il remplira le monde de ses fruits (Es 27,6). (...) Tel sera le fruit du pardon de son péché : il traitera toutes les pierres des autels comme la pierre à chaux qu'on pulvérise, les poteaux sacrés et les emblèmes du soleil ne se dresseront plus (Es 27,9).*
Yhwh annonce qu'il ira chercher un par un tous les membres du peuple, dispersés, et qu'il les rassemblera à Jérusalem : *Ce jour-là, Yhwh procédera au battage depuis le cours du fleuve jusqu'au torrent d'Egypte. Et c'est vous qui serez glanés un par un, fils d'Israël. (...) Ils arriveront, ceux qui étaient perdus au pays d'Assyrie et ceux qui avaient été chassés au pays d'Egypte et ils se prosterneront devant Yhwh sur la montagne sainte, à Jérusalem (Es 27,12-13).*

Oracle contre Samarie

Avant l'invasion de Samarie par l'Assyrie en 721, Esaïe fait une description peu ragoûtante des prêtres et des prophètes alcoolisés : *De même, prêtres et prophètes sont égarés par le vin, ils titubent sous l'effet de boissons fortes, la boisson les égare, le vin les engloutit, ils s'égarent dans les visions, ils trébuchent en rendant leurs sentences. Toutes les tables sont couvertes de vomissements infects (...) (Es 28,7).*

Ils se bercent d'illusions en faisant du mensonge un rempart : *Vous, les railleurs, qui gouvernez ce peuple à Jérusalem. Vous dites : « Nous avons conclu un pacte avec la Mort (...) le fléau déchaîné, quand il passera, ne nous atteindra pas, car nous nous sommes fait du mensonge un refuge et dans la duplicité nous avons notre abri » (Es 28,14-15).*

Le mensonge une fois balayé par la destruction de Samarie, Yhwh jette les bases d'une construction solide qui résistera au mauvais temps : *Voici que je pose dans Sion une pierre à toute épreuve, une pierre angulaire, précieuse, établie pour servir de fondation. Celui qui s'y appuie ne sera pas pris de court. Je prendrai le droit comme cordeau et la justice comme niveau. Et la grêle balaiera le refuge du mensonge, et les eaux emporteront votre abri (Es 28,16-17).*

Annonce du siège de Jérusalem

C'est en l'année 701 durant le règne d'Ezéchias que Sennakerib, le roi d'Assyrie qui, après avoir conquis le royaume de Samarie en 721, assiège Jérusalem (2R 19). Cet épisode ainsi que l'intervention d'Esaïe sont racontés en détail, aux chapitres 36 et 37. Face aux menaces de Sennakerib, Yhwh interviendra pour forcer ce dernier à lever le siège : *Et tout à coup, Yhwh de l'univers interviendra dans le tonnerre, l'ébranlement, un grand fracas, le tourbillon, la tempête et la flamme d'un feu dévorant (Es 29,6).*

Hélas, le peuple ne comprend rien à tout ça : *La révélation de tout cela est pour vous comme les mots d'un document scellé qu'on donne à celui qui sait lire en disant : « Lis donc ceci », il répond : « Je ne peux pas, car le document est scellé. » On le donne alors à celui qui ne sait pas lire en disant : « Lis donc ceci », il répond : « Je ne sais pas lire » (Es 29,11).*

Le peuple ne peut comprendre, car sa relation avec Yhwh est superficielle, purement formelle. *Le Seigneur dit : Ce peuple ne s'approche de moi qu'en paroles, ses lèvres seules me rendent gloire, mais son cœur est loin de moi. La crainte qu'il me témoigne n'est que précepte humain, leçon apprise (Es 29,13).*
Pour casser ce mur d'incompréhension, Yhwh sera amené à déstabiliser leur sagesse à courte vue : *C'est pourquoi je vais continuer à lui prodiguer des prodiges, si bien que la sagesse des sages s'y perdra, et que l'intelligence des intelligents se dérobera (Es 29,14).*

Et enfin ils comprendront, du moins les petits, les humbles : *En ce jour-là, les sourds entendront la lecture du livre et, sortant de l'obscurité et des ténèbres, les yeux des aveugles verront. De plus en plus, les humbles se réjouiront dans Yhwh, et les pauvres gens exulteront à cause du Saint d'Israël, car ce sera la fin des tyrans (Es 29,18).*
L'intelligence sera donnée à ceux qui accepteront de se remettre en question : *Les esprits égarés découvriront l'intelligence, et les récalcitrants accepteront qu'on les instruise (Es 29,24).*

L'illusion d'une alliance politique avec l'Egypte

Face à la menace Assyrienne, le roi Ezéchias se tourne vers l'Egypte dont il attend le salut.
Yhwh dénonce l'illusion d'un tel projet d'alliance : *(...) Ils réalisent des plans qui ne sont pas les miens, ils concluent des traités contraires à mon esprit, accumulant ainsi péché sur péché. Ils descendent en Egypte sans me consulter, ils vont se mettre en sûreté dans la forteresse du Pharaon, se réfugier à l'ombre de l'Egypte. La forteresse du Pharaon tournera à votre honte, et le refuge à l'ombre de l'Egypte à votre confusion (Es 30,1-3).*
C'est un peuple révolté, ce sont des fils trompeurs, qui ne veulent pas écouter l'instruction de Yhwh. Ils disent aux voyants : « Ne voyez pas »,

et aux prophètes : « Ne nous prophétisez pas des choses justes, dites-nous des choses agréables, prophétisez des chimères » (Es 30,9-10).

Loin de cette agitation diplomatique fébrile, si le peuple se tourne avec confiance vers Yhwh, il retrouvera son calme et le repos, sinon...
Car ainsi parle Yhwh, le Saint d'Israël : Votre salut est dans la conversion et le repos, votre force est dans le calme et la confiance, mais vous ne voulez pas. Vous dites : « Non, nous fuirons à cheval », eh bien ! Vous fuirez. « Nous prendrons des chars rapides », eh bien ! Vos poursuivants seront rapides (Es 30,15-16).
Après la panique, Yhwh reviendra l'aider : Cependant Yhwh attend le moment de vous faire grâce, il va se lever pour vous manifester sa miséricorde, car Yhwh est un Dieu juste :
heureux tous ceux qui espèrent en lui (Es 30,18).
Il te donnera la pluie pour la semence que tu auras semée en terre, la nourriture que produira la terre sera abondante et succulente (Es 30,23).

Yhwh combattra l'Assyrie, et Israël pourra faire la fête : *L'Assyrie sera terrifiée par la voix de Yhwh qui la frappera du gourdin. Chaque coup de bâton que lui donnera Yhwh sera accompagné par les tambourins et les harpes* (Es 30,31).
Comme les oiseaux déploient leurs ailes, Yhwh protégera Jérusalem. Il protégera et délivrera, il épargnera et sauvera. Revenez vers celui dont on s'est profondément détourné, fils d'Israël. Ce jour-là, chacun rejettera ses idoles d'argent et ses idoles d'or, celles que vos mains coupables ont fabriquées. L'Assyrie tombera sous une épée qui n'est pas celle d'un homme, ce n'est pas une épée humaine qui la dévorera (Es 31,5-8a).

Esaïe annonce l'avènement d'un royaume idéal : *Alors le roi régnera selon la justice, les chefs gouverneront selon le droit. Chacun d'eux sera comme un refuge contre le vent, un abri contre l'orage, ils seront comme des cours d'eau dans une terre desséchée, comme l'ombre d'un gros rocher*

dans un pays aride. Les yeux de ceux qui voient ne seront plus fermés, les oreilles de ceux qui entendent seront attentives. Les gens pressés réfléchiront pour comprendre (Es 32,1-4a).
L'insensé, en effet, profère des folies (...), il laisse l'affamé le ventre vide et laisse manquer de boisson celui qui a soif. Quant au fourbe, ses manœuvres sont criminelles : il met au point des machinations pour perdre les malheureux par des déclarations fausses, au moment où ces pauvres gens plaident leur cause (Es 32,6-7).
Le fruit de la justice sera la paix : la justice produira le calme et la sécurité pour toujours.
Mon peuple s'établira dans un domaine paisible, dans des demeures sûres, tranquilles lieux de repos (Es 32,17-18).

Il annonce un jugement auquel échappera tout homme qui respecte l'autre et qui refuse la corruption : *Dans Sion, les pécheurs sont atterrés, un tremblement saisit les impies. Qui d'entre nous pourra tenir ? (...) Celui qui se conduit selon la justice, qui parle sans détour, qui refuse un profit obtenu par la violence, qui secoue les mains pour ne pas accepter un présent, (...) Celui-là résidera sur les hauteurs, les rochers fortifiés seront son refuge, le pain lui sera fourni, l'eau lui sera assurée (Es 33,14-16).*

Le jugement est universel, sans écoute toutes les nations seront touchées : *Approchez, nations, pour écouter, peuples, soyez attentifs. Que la terre écoute, avec tout ce qu'elle contient, le monde, avec tout ce qui en procède. Le courroux de Yhwh est dirigé contre toutes les nations, sa fureur contre leur armée entière (Es 34,1-2a).*

Au milieu du désert, le peuple marchera sur une route lumineuse et fleurie :
Qu'ils se réjouissent, le désert et la terre aride, que la steppe exulte et fleurisse, qu'elle se couvre de fleurs des champs, qu'elle saute et danse et crie de joie ! La gloire du Liban lui est donnée, la splendeur du Carmel

et du Sharôn[23], *et on verra la gloire de Yhwh, la splendeur de notre Dieu (Es 35,1-2).*
Alors apparaîtront les signes de l'avènement d'un temps nouveau, du temps messianique :
Alors, les yeux des aveugles verront et les oreilles des sourds s'ouvriront. Alors, le boiteux[24] *bondira comme un cerf et la bouche du muet criera de joie. Des eaux jailliront dans le désert, des torrents dans la steppe. La terre brûlante se changera en lac, la région de la soif en sources jaillissantes (Es 35,5-6).*
Tout le peuple sera alors rassemblé dans l'allégresse à Sion :
Ils reviendront, ceux que Yhwh a rachetés, ils arriveront à Sion avec des cris de joie.
Sur leurs visages, une joie sans limite ! Allégresse et joie viendront à leur rencontre, tristesse et plainte s'enfuiront (Es 35,10).

Les quatre derniers chapitres 36 à 39, de cette première partie du livre d'Esaïe, sont le récit historique détaillé de la campagne de Sennakerib contre Jérusalem, de l'intervention d'Esaïe et de la maladie suivie de guérison d'Ezéchias. Ils reproduisent ceux rapportés dans le deuxième livre des rois (2R 18,13 ; 19 ; 20,1-19), auxquels l'auteur ajoute la prière d'Ezéchias adressé à Yhwh après avoir survécu à sa maladie, prière qui est comme le pressentiment de l'idée de la résurrection.
Car le séjour des morts ne peut pas te louer, ni la Mort te célébrer.
Ceux qui sont descendus dans la tombe n'espèrent plus en ta fidélité.
Le vivant, lui seul, te loue, comme moi aujourd'hui. (...)
Yhwh puisque tu m'as sauvé, faisons retentir nos instruments tous les jours de notre vie, devant la Maison de yhwh (Es 38,18-20).

---

23 - *Sharôn*, plaine fertile, en bordure de la Méditerranée, au sud du mont Carmel (sud de Haïfa).

24 - Jésus utilisera ce texte en réponse à une question sur son identité dans l'Évangile selon Matthieu (Mt 11,5).

DEUTÉRO ÉSAÏE (ES 40-55)

Introduction

Le contexte historique des oracles de cette partie du livre d'Esaïe est différent de celui de la première partie. Alors que les oracles de la première partie du livre datent de la chute de Samarie et de la disparition du royaume du Nord en 721, les oracles de cette deuxième partie concernent la fin de la période de l'exil à Babylone, entre 550 et 537, soit un décalage d'environ 150 ans.

Le rédacteur de cette deuxième partie ne peut donc pas être celui des chapitres précédents. Il se rattache cependant à lui par une sorte de filiation littéraire et spirituelle.

C'est ainsi qu'il reprend et développe à sa façon, en les replaçant dans le nouveau contexte historique, les grands thèmes des chapitres précédents (1-39). C'est en puisant dans la mémoire du passé, par une relecture de l'histoire à la lumière des événements présents, qu'il donne des raisons d'espérer au *petit reste*.

Le peuple déporté à Babylone affronte une grave crise religieuse. Il a perdu les trois piliers de son identité : la terre, le roi, le temple. Après une telle déconvenue, le doute sur la crédibilité de la parole de Yhwh s'est installé. D'autant qu'en déportation chez les chaldéens[25], il découvre une très grande civilisation avec de splendides fêtes religieuses. Dans l'optique traditionnelle du sacré, où les dieux sont associés à un peuple et à un territoire, les dieux chaldéens semblent beaucoup plus puissants que Yhwh. Pourtant à Babylone, les prophètes d'Israël poursuivent leurs actions auprès des déportés pour les aider à prendre conscience du sens de leurs malheurs. La catastrophe a été annoncée par le prophète Esaïe longtemps avant la chute de Jérusalem. Le prophète Jérémie qui

---

25 - *Chaldéens* : autre nom des Babyloniens.

a partagé les affres de la déportation a proclamé que tout ceci est arrivé parce que le peuple a abandonné la Loi de Yhwh.

Le début du chapitre 40 du livre d'Esaïe, « *Consolez, consolez mon peuple (...)* », donne d'emblée une tonalité de réconfort et d'espoir au message adressé au peuple désemparé. Ce message, en comparaison de ceux du prophète Jérémie qui l'a précédé quelques années plus tôt, est beaucoup moins sombre, moins anxiogène. Il annonce que l'épreuve que vit le peuple, au-delà de son cortège de malheurs, ouvre de nouvelles perspectives : *Une voix proclame : « Dans le désert, dégagez un chemin pour Yhwh (...) » (Es 40,3)*.

Le peuple est exhorté à garder confiance en Yhwh et à puiser les raisons d'espérer dans les Paroles qu'il a reçues tout au long de son histoire.

Yhwh défend la crédibilité de sa Parole

Les hommes et les événements passent, mais la Parole reste. À côté de Yhwh, tous les êtres vivants ne sont qu'herbe sans eau et fleur sans fraîcheur : *Oui, le peuple, c'est de l'herbe : l'herbe sèche, la fleur se fane, mais la parole de notre Dieu subsistera toujours (Es 40,8)*.

Or cette Parole est la promesse d'une présence quasi maternelle auprès de son peuple :
Comme un berger il fait paître son troupeau, de son bras il rassemble ; il porte sur son sein les agnelets, procure de la fraîcheur aux brebis qui allaitent (Es 40,11).

La Parole de Yhwh est créatrice de l'univers, elle est au fondement du cosmos, elle peut élever les vallées et aplanir les montagnes. *Il (le fondateur de la terre) réduit à rien les chefs d'État et les juges de la terre à des nullités (Es 40,23)*.

Comment peut-on comparer ces dieux (chaldéens) muets, simples œuvres de bois fabriquées par d'habiles artisans à la Parole créatrice ? *« qui m'assimilerez-vous ? À qui serai-je identique ? » dit le Saint. Levez bien haut vos yeux et voyez : qui a créé ces êtres ? (Es 40,25)*.

Cette Parole qui a *créé les extrémités de la terre*, dépasse infiniment l'intelligence des hommes, renverse sa logique. Alors que les jeunes se fatigueront, que les élites trébucheront, elle donnera de l'énergie aux plus faibles, aux sans forces : *Ne sais-tu pas, n'as-tu pas entendu ? Yhwh est le Dieu de toujours, il crée les extrémités de la terre. Il ne faiblit pas, il ne se fatigue pas ; nul moyen de sonder son intelligence, il donne de l'énergie au faible, il amplifie l'endurance de qui est sans force (Es 40, 28-29)*.

Ouverture sur des chemins nouveaux

Appel à la mémoire

Le peuple doit puiser dans sa mémoire les ressources pour comprendre les évènements et reprendre espoir dans l'avenir : *Mais toi, Israël, mon serviteur, Jacob, toi que j'ai choisi, descendance d'Abraham, mon ami, toi que j'ai tenu depuis les extrémités de la terre, toi que depuis ses limites j'ai appelé, toi à qui j'ai dit : « Tu es mon serviteur, je t'ai choisi et non pas rejeté » ne crains pas car je suis avec toi, n'aie pas ce regard anxieux car je suis ton Dieu (Es 41,8-10a)*.

La situation dramatique actuelle n'est pas paradoxalement signe de l'abandon de Yhwh. Au contraire, dans son malheur Yhwh reste présent auprès de son peuple : *Ne crains pas, Jacob, à présent vermine, Israël, à présent cadavres, c'est moi qui t'aide (Es 41, 14)*.

Concrètement, Yhwh suscitera un homme capable de renverser la situation politique : *Du nord j'ai fait surgir un homme, et il est venu ; depuis le soleil levant il s'entend appeler par son nom ; il piétine les gouverneurs comme de la boue, comme le potier talonne la glaise (Es 41,25)*.

Le prophète fait allusion à l'empereur Cyrus qui, quelques années plus tard, envahira Babylone et autorisera, en 538, les descendants des déportés à revenir à Jérusalem.

Annonce de la venue d'un serviteur mystérieux et de l'avènement d'un peuple nouveau

Puis il évoque la venue d'un serviteur mystérieux, *il ne criera pas, il n'élèvera pas le ton, il ne fera pas entendre dans la rue sa clameur ; il ne brisera pas le roseau ployé, il n'éteindra pas la mèche qui s'étiole ; à coup sûr, il fera paraître le jugement (Es 42,2-3).*
Sa mission sera très large, elle ira bien au-delà du politique, ce serviteur sera destiné *à être la lumière des nations, à ouvrir les yeux aveuglés, à tirer du cachot le prisonnier, de la maison d'arrêt, les habitants des ténèbres (Es 42,6b-7).*

Si le peuple doit reconnaître ses infidélités, cette reconnaissance ne doit pas l'enfermer dans un sentiment de culpabilité morbide. Il doit au contraire se tourner résolument vers l'avenir, il doit se mettre à l'écoute des événements nouveaux qui vont advenir : *Les premiers événements, les voilà passés et moi j'en annonce de nouveaux, avant qu'ils se produisent, je vous les laisse entendre (Es 42,9).*

Si Yhwh est resté inactif jusque-là, c'est qu'il attendait son heure. Il compare sa douleur à celle d'une femme qui accouche, *Je suis depuis longtemps resté inactif, je ne disais rien, je me contenais, comme femme en travail, je gémis, je suffoque et je suis oppressé tout à la fois (Es 42,14).*
De cette douleur, naîtra un peuple nouveau : *Je ferai marcher les aveugles sur un chemin inconnu d'eux, sur des sentiers inconnus d'eux je les ferai cheminer. Je transformerai devant eux les ténèbres en lumière, et les détours en ligne droite. Ces projets, je vais les exécuter et nullement les abandonner (Es 42,16).*

Ces nouveaux projets n'occulteront pas le passé qui, au contraire, doit rester en mémoire.
Yhwh s'est plu, à cause de sa justice, à rendre sa Loi grande et magnifique, mais voilà un peuple pillé et ravagé : on les a tous séquestrés dans des fosses, dans des maisons d'arrêt ils ont été dissimulés (Es 42,21-22a) ; Le peuple doit prendre conscience que c'est bien Yhwh lui-même qui a permis cette catastrophe. *Qui a livré Jacob au ravage, Israël au pillage ? N'est-ce pas Yhwh, lui envers qui nous avons commis des fautes, lui dont on n'a pas voulu suivre les chemins, et dont on n'a pas écouté la Loi ? Alors il a déversé sur Israël la fureur de sa colère, le déferlement de la guerre (Es 42,24-25a).*

La présence de Yhwh, marqueur du monothéisme

Yhwh renouvelle inconditionnellement son attachement à son peuple. Il veut le réconforter dans sa douleur (Es 40,1). Il le tient par la main (Es 41,13). Il ne peut lui éviter les épreuves, mais il l'assure de sa présence là, à son côté, quelques soient les obstacles apparemment infranchissables et meurtriers : *Si tu passes à travers les eaux, je serai avec toi, à travers les fleuves, ils ne te submergeront pas, si tu marches au milieu du feu, tu ne seras pas brûlé (Es 43,2).*
Et ce verset qui revient comme un refrain : « *Ne crains pas, car je suis avec toi* » *(Es 43,5 ; 41,10 ; 43,2 ; 44,2).*
Cette présence, comparée à celle d'une mère qui sauve son enfant, est le marqueur du monothéisme : *Avant moi ne fut formé aucun dieu et après moi il n'en existera pas. C'est moi, c'est moi qui suis Yhwh, en dehors de moi, pas de Sauveur. C'est moi qui ai annoncé et donné le salut (Es 43,10-11).*

Alors que tous les rois d'Israël ont failli et conduit le peuple à sa ruine, Yhwh est leur véritable roi, il va le sortir de là et le conduire sur un chemin nouveau. Ce thème du « chemin nouveau » fait partie de la mémoire profonde du peuple, il est un rappel de sa naissance. Que chacun se souvienne, c'est Yhwh qui entra en relation avec Abraham en lui demandant de quitter son pays, sa famille, pour prendre une route inconnue. Puis plus tard c'est lui *Yhwh, votre Saint, celui qui a créé Israël, votre Roi. Ainsi parle Yhwh, lui qui procura en pleine mer un chemin, un sentier au cœur des eaux déchaînées (Es 43,15-16)*. Passage qui fait clairement référence à la sortie d'Égypte et annonce un nouvel exode, vers une nouvelle terre promise.

Que la mémoire des infidélités du passé ne bloque pas les possibilités de l'avenir ! *Ne vous souvenez plus des premiers événements, ne ressassez plus les faits d'autrefois (Es 43,18)*.
La nouveauté à venir se manifeste par de petits signes encore à peine visibles, le peuple doit tenir son regard en éveil et apprendre à lire les signes du futur : *Voici que moi je vais faire du neuf, qui déjà bourgeonne ; ne le voyez-vous pas ? (Es 43,19)*
En dépit des malheurs présents, le peuple est invité à avancer sur une voie exaltante ouverte par Yhwh : *Oui je vais mettre en plein désert un chemin, dans la lande des sentiers : les bêtes sauvages me rendront gloire, les chacals et les autruches, car je procure en plein désert de l'eau, des fleuves dans la lande, pour abreuver mon peuple, mon élu (...) (43,19-20)*.

Le culte est démythifié

Tout de même, le prophète tient à mettre les choses clairement au point : les malheurs envoyés par Yhwh sur le peuple, les appels à se détourner des idoles et des cultes associés ne sont pas motivés par le besoin de Yhwh de bénéficier des faveurs de son peuple ! La relation de Yhwh avec son peuple n'est pas du donnant-donnant. La faveur de Yhwh pour Jacob n'est pas conditionnée à la pratique des holocaustes, ce n'est pas une demande de retour vers la pratique cultuelle des sacrifices. Les malheurs du peuple réduit en servitude ne sont pas une

vengeance de Yhwh pour obtenir plus de culte.
C'est le contraire, c'est l'injustice et les perversités dans la pratique du culte qui sont la cause de leur malheur et Yhwh en est troublé : *Il est exclu, Jacob, que tu aies pu faire de moi ton invité, exclu que tu m'aies approvisionné par les agneaux de tes holocaustes ou que tu aies augmenté ma gloire par tes victimes. Il est exclu que pour avoir des offrandes, je t'aie réduit en servitude (...) (Es 43,22-23)*. Apparaît alors cette idée très surprenante, subversive : Yhwh, lui le tout-puissant, le créateur du cosmos, lui qui *réduit à rien les chefs d'État et les juges de la terre à des nullités (Es 40,23)*, est profondément fragilisé par les fautes du peuple, au point d'en être réduit à la servitude ! *Au contraire, avec tes fautes c'est toi qui m'as réduit en servitude, avec tes perversités c'est toi qui m'as fatigué (Es 43,24)*.
Le culte est démythifié. Toutes ces offrandes que Yhwh serait censé demander n'ont pas de sens et l'ont fatigué.

L'appel de Yhwh à faire un travail de mémoire n'est pas une régression vers un passé révolu.
Il n'y a pas de place pour la nostalgie. Il est tout à fait remarquable de constater que dans cette voie de reconstruction de l'identité du peuple, le prophète se démarque nettement de la propension classique et naturelle, dans un contexte de dépérissement ou de décadence, à idéaliser le passé et les pères fondateurs. Loin de l'idéaliser, il porte un regard très critique sur le passé d'Israël, il ne ménage même pas les grands ancêtres. Cet effort de mémoire chez lui ne rime pas avec enjolivement du passé, au contraire le passé est désacralisé : *Présente-le moi, ton mémoire, et passons ensemble en jugement, (...) ton premier père a failli, tes porte-paroles se sont révoltés contre moi, alors j'ai déshonoré les sacro-saintes autorités (Es 43,26-28a)*.
La désacralisation se traduit même dans l'avenir immédiat par une affirmation a priori assez choquante. Le peuple attend un chef de guerre

pour être libéré, ce doit être selon la prophétie de Natan un roi-messie de la descendance de David (2S 7,13) : or que dit Yhwh ? *Je dis à Cyrus : « c'est mon berger » (Es 44,28a). Ainsi parle Yhwh à son messie, à Cyrus que je tiens par sa main droite (Es 45,1a).*

Ce chef de guerre tant attendu, Yhwh semble bien vouloir le lui donner en la personne de Cyrus, l'empereur des perses. Mais comment un homme totalement étranger au peuple hébreu, qui ne connaît pas du tout Yhwh, pourrait-il être le messie, l'oint de Yhwh ?
Certes, il peut paraître surprenant qu'un tel roi soit investi par Yhwh pour libérer son peuple, mais Yhwh, le créateur de l'univers, ne se laisse pas enfermer dans une logique étroite d'une appartenance religieuse. Il justifie cette élection d'un étranger en ces termes adressés à Cyrus :
C'est à cause de mon serviteur Jacob, oui, d'Israël, mon élu, que je t'ai appelé par ton nom ; je t'ai qualifié, sans que tu me connaisses (Es 45,4).

Bonheur et malheur

Yhwh est le maître de l'univers, les puissants de ce monde sont entre ses mains. Il va même pousser la logique du monothéisme strict, exclusif de toute autre instance, jusqu'à un point qui posera problème :
*C'est moi qui suis Yhwh, il n'y en a pas d'autre ;
je forme la lumière et je crée les ténèbres,
je fais le bonheur et je crée le malheur :
c'est moi, Yhwh, qui fais tout cela (Es 45,6b-7).*
Il affirme qu'il est le créateur des ténèbres et du malheur ! Telle est la logique ultime du monothéisme qui rejette toute forme de dualisme. Toute la question du mal se pose alors avec acuité. Même le zoroastrisme, la première religion monothéiste née dans cette région du globe, la plus développée et la plus influente à l'époque des prophètes d'Israël a maintenu un certain dualisme avec Ahriman, l'esprit mauvais, pour ne pas reporter sur Mazda, le dieu de lumière, l'origine du mal.

Cette affirmation déconcertante de Yhwh comme le créateur du malheur alimentera la réflexion des sages d'Israël qui, un peu plus tard, prendront le relais des prophètes. Ce qui importe pour le moment dans cette période cruciale de l'histoire, c'est de faire confiance à Yhwh et de célébrer ses bienfaits : *Cieux, de là-haut répandez comme une rosée et que les nuées fassent ruisseler la justice, que la terre s'ouvre, que s'épanouisse le salut, que la justice germe en même temps ! (Es 45,8)*
Yhwh confirme qu'il utilise bien Cyrus, cet empereur Perse totalement étranger à Israël, pour libérer le peuple déporté : *C'est moi qui ai fait la terre et qui ai, sur elle, créé l'humanité ; c'est moi, ce sont mes mains qui ont tendu les cieux et à toute leur armée je donne des ordres.*
C'est moi qui, selon la justice, ai fait surgir cet homme et j'aplanirai tous ses chemins. C'est lui qui rebâtira ma ville, et il renverra mes déportés, sans qu'il leur en coûte ni paiement, ni commission, dit Yhwh maître de l'univers (Es 45,12-13).

Tout le chapitre 46 est une puissante réaffirmation du monothéisme qui s'appuie d'une part sur l'observation de la création et d'autre part sur les évènements de l'histoire, évènements que Yhwh avait annoncés : *Rappelez-vous cela, pour ranimer votre ardeur, ô révoltés, revenez là-dessus au fond de votre cœur, rappelez-vous les premiers événements, ceux d'autrefois : Oui, c'est moi qui suis Dieu, il n'y en a pas d'autre Dieu, et il n'y a que du néant en comparaison de moi. Dès le début j'annonce la suite, dès le passé, ce qui n'est pas encore exécuté (Es 46,8-10a).*

Avertissement à Babylone
Reproches à Israël - Fidélité de Yhwh

Le prophète annonce alors la chute de Babylone. Elle sera conquise effectivement par Cyrus en 539 : *Tombe très bas, affale-toi dans la poussière, vierge, fille de Babylone, affale-toi à même le sol, privée de trône,*

fille des Chaldéens, car plus jamais tu n'obtiendras que l'on t'appelle « Délicate et Jouisseuse ». Prends le moulin, mouds la farine, découvre tes tresses ; retrousse ta robe, découvre tes cuisses, passe les fleuves : que soit découverte ta nudité, que soit vu ce qui t'expose à la risée (Es 47,1-3a).
Les empires s'imaginent éternels ; dans leur arrogance, ils ne discernent pas le sens de l'histoire : *Tu disais : « je serai pour toujours, perpétuellement dominatrice ». Tu n'as pas réfléchi dans ton cœur au sens des événements, ni songé à leur suite (Es 47,7).*
Ils ne perçoivent plus les évènements qui devraient pourtant les alerter, ils seront démunis face à la réalité qui s'abattra sur eux : *Voici qu'arrivera sur toi un malheur : tu ne sauras le conjurer, voici que tombera sur toi un désastre : tu ne pourras t'en protéger ; oui, sur toi arrivera soudain un saccage dont tu n'as pas idée (Es 47,11).*

Quand à Israël, il croit être à l'abri par son culte à Yhwh, mais ce que Yhwh attend de lui ce sont des cœurs droits et la pratique de la justice : *Écoutez ceci, maison de Jacob, vous qui vous appelez du nom d'Israël, vous qui êtes issus des sources de Juda, vous qui prêtez serment par le nom de Yhwh et redoublez vos rappels du Dieu d'Israël, mais sans sincérité ni droitures : (Es 48,1).*
Le peuple doit comprendre le sens des épreuves liées à la destruction de Jérusalem et à la déportation à Babylone : *Voici que je t'ai épuré - non pas dans l'argent en fusion - je t'ai affiné dans le creuset de l'humiliation (Es 48,10).*
Comme il a fondé l'univers, Yhwh a annoncé tous ces évènements : *Écoute-moi, Jacob, Israël, toi que j'appelle, je suis bien tel : c'est moi le premier, c'est moi aussi le dernier. Oui, c'est ma main qui a fondé la terre, ma droite qui a étendu les cieux ; si je les appelle, d'un coup ils se présentent. Rassemblez-vous tous et écoutez ! Qui, parmi les autres, a annoncé ces faits : celui que Yhwh aime exécutera son bon plaisir contre Babylone et son engeance, les Chaldéens ? (Es 48, 12-14)*

Yhwh regrette cet énorme gâchis : *Ah ! Si tu avais été attentif à mes ordres, ta paix serait comme un fleuve, et ta justice comme les flots de la mer ; ta descendance serait comme le sable, ses rejetons comme les gravillons : jamais son nom ne serait, de devant moi, ni retranché, ni extirpé (Es 48,18-19).*
Mais maintenant l'épreuve est finie : *Sortez de Babylone ! Fuyez de chez les Chaldéens ! D'une voix retentissante annoncez-le, faites-le entendre, ébruitez-le jusqu'à l'extrémité de la terre, dites : « Yhwh a racheté son serviteur Jacob » (Es 48,20).*

La renaissance et le « serviteur de Yhwh »

Les signes du renouveau, comme il a été dit, sont difficiles à discerner. Le prophète Esaïe, dans la première partie, au milieu de la détresse qui a suivi la chute de Samarie, avait évoqué comme signe, la naissance d'un enfant que l'on appellera *Emmanuel (Es 7,14)*. Signe un peu déroutant convenons-en, *un enfant*, quand en plein marasme militaire, le peuple attend un nouveau chef de guerre pour remporter la victoire sur ses ennemis !

Puis le prophète, au début du chapitre 42, a parlé d'un serviteur, soutenu par Yhwh, personnage aussi énigmatique qu'important dont on ne perçoit ni l'origine, ni l'identité. La description de ce personnage tranche radicalement avec le chef de guerre triomphant et revanchard qu'attend le peuple. Certes, nous avons vu plus haut que Yhwh a oint un grand chef militaire et politique, Cyrus, pour envahir Babylone et libérer son peuple, mais la libération militaire n'est pas suffisante et la mission de ce serviteur s'élargit bien au-delà de cet aspect guerrier. Ce n'est pas par la guerre que ce personnage changera le monde, il ne s'agit pas d'inverser les rapports de force, mais discrètement, tout en douceur, de l'intérieur, il ouvrira les yeux du peuple aveugle en se penchant sur lui et en le libérant de l'enfermement de ses ténèbres intérieures.

L'influence du *serviteur* prend une dimension cosmique. Son poids dans le temps et dans l'espace sera sans aucune mesure avec celle d'un chef de guerre, il s'étendra bien au-delà d'Israël, sur toutes les nations du monde.

Ce serviteur (est-ce le prophète lui-même ? Le peuple ? Un messie à venir ?), se voit confier une mission universelle : *Je t'ai destiné à être la lumière des nations, afin que mon salut soit présent jusqu'à l'extrémité de la terre (Es 49,6).*

Loin d'emprunter la voie du prestige et de la notoriété, le serviteur ouvre la voie du salut, tout en étant lui-même très paradoxalement rejeté, humilié : *(...) à celui dont la personne est méprisée et que le monde regarde comme un être abject, à l'esclave des despotes : des rois verront et se lèveront, des princes aussi, et ils se prosterneront, (...) (Es 49,7).*

Le peuple en déportation croyait être abandonné, mais Yhwh lui répond : *la femme oublie-t-elle son nourrisson, oublie-t-elle de montrer sa tendresse à l'enfant de sa chair ? Même si celles-là oubliaient, moi, je ne t'oublierai pas (Es 49,15) !*

Le peuple sera stupéfait de cette renaissance : *Tu diras alors dans ton cœur : « Ceux-ci, qui me les ont enfantés ? Moi, j'étais privée d'enfants, stérile, en déportation, éliminée ; ceux-là, qui les ont fait grandir ? Voilà que je restais seule, ceux-là, où donc étaient-ils ? » (Es 49,21).*

Mission et souffrance du serviteur de Yhwh

Le prophète décrit la mission du serviteur de Yhwh : il sera attentif quotidiennement à la parole de Yhwh, pour soulager les faibles, en acceptant d'être lui-même attaqué.

Yhwh Dieu m'a donné une langue de disciple :
pour que je sache soulager l'affaibli, il fait surgir une parole.
Matin après matin, il me fait dresser l'oreille,
pour que j'écoute, comme les disciples. Yhwh Dieu m'a ouvert l'oreille.

Et moi, je ne me suis pas cabré, je ne me suis pas rejeté en arrière. J'ai livré mon dos à ceux qui me frappaient, mes joues, à ceux qui m'arrachaient la barbe ; je n'ai pas caché mon visage face aux outrages et aux crachats (Es 50,4-6).
Le serviteur reçoit de Yhwh, la force de supporter les attaques contre sa personne, sans se sentir humilié, sans se sentir coupable et sans contre-attaquer :
C'est que Yhwh Dieu me vient en aide : dès lors je ne cède pas aux outrages, dès lors j'ai rendu mon visage dur comme un silex, j'ai su que je n'éprouverais pas de honte.
Il est proche, celui qui me justifie ! Qui veut me quereller ? Comparaissons ensemble ! Qui sera mon adversaire en jugement ? Qu'il s'avance vers moi ! Oui, le Seigneur Dieu me vient en aide : qui donc me convaincrait de culpabilité ? (Es 50,7-9a)

Le peuple peut puiser dans son histoire l'assurance que Yhwh le confortera dans son malheur actuel : *Regardez Abraham, votre père, et Sara qui vous a mis au monde ; il était seul, en effet, quand je l'ai appelé ; or je l'ai béni, je l'ai multiplié. Oui, Yhwh réconforte Sion, il réconforte toutes ses dévastations ; il rend son désert pareil à un Eden et sa steppe pareille à un Jardin de Yhwh ; on y retrouvera enthousiasme et jubilation, action de grâce et son de la musique (Es 51,2-3).*
Dès lors, les moqueries n'auront plus de prise sur ceux qui écoutent la Parole : *Ecoutez-moi, vous qui connaissez la justice, peuple de ceux qui ont ma Loi dans leur cœur : Ne craignez pas la risée des humains, et par leurs sarcasmes ne soyez pas terrassés, car la teigne les mangera comme un habit, la mite les mangera comme de la laine. Mais ma justice sera là pour toujours, et mon salut, de génération en génération (Es 51,7-8).*
À terme, le contraste sera saisissant entre le destin glorieux du serviteur et la façon dont il fut perçu et maltraité par la foule : *Voici que mon Serviteur réussira, il sera haut placé, élevé, exalté à l'extrême.*

De même que les foules ont été horrifiées à son sujet - à ce point détruite, son apparence, n'était plus celle d'un homme, et son aspect n'était plus celui des fils d'Adam -, de même à son sujet des foules de nations vont être émerveillées, des rois vont rester bouche close, car ils voient ce qui ne leur avait pas été raconté, et ils observent ce qu'ils n'avaient pas entendu dire (Es 52,13-15).

La nouveauté annoncée et le chemin de salut espéré se manifesteront à travers le paradoxe étonnant de ce personnage dont l'apparence est tellement décalée par rapport à ce que l'on attendait :

Il végétait comme un rejeton, comme une racine sortant d'une terre aride. Il n'avait ni aspect, ni prestance tels que nous le remarquions,
ni apparence telle que nous le recherchions. Il était méprisé, laissé de côté par les hommes, homme de douleur, familier de la souffrance, tel celui devant qui l'on cache son visage, oui, méprisé, nous ne l'estimions nullement (Es 53,1-3).

Comment comprendre un tel paradoxe, si contre intuitif ?
Le prophète apporte un éclairage qui nous invite à une remise en cause de nos certitudes :

En fait, ce sont nos souffrances qu'il a portées, ce sont nos douleurs qu'il a supportées, et nous, nous l'estimions touché, frappé par Dieu et humilié. Mais lui, il était déshonoré à cause de nos révoltes, broyé à cause de nos perversités : la sanction, gage de paix pour nous, était sur lui, et dans ses plaies se trouvait notre guérison (Es 53,4-5).

Le serviteur, comparé ici à un agneau, semble jouer le rôle du bouc émissaire décrit dans le livre du Lévitique (Lv 16,20). Le bouc portait sur sa tête toutes les fautes du peuple, puis il était envoyé au désert. Le bouc n'est pas le coupable, mais son expulsion permet au peuple de retrouver la paix : *Nous tous, comme du petit bétail, nous étions errants, nous nous tournions chacun vers son chemin, et Yhwh a fait retomber sur lui la perversité de nous tous. Brutalisé, il s'humilie ; il n'ouvre pas la bouche, comme un agneau traîné à l'abattoir comme une brebis devant ceux qui la tondent : elle est muette ; lui n'ouvre pas la bouche. Sous la contrainte, sous le jugement, il a été enlevé, les gens de sa génération, qui se préoccupe d'eux ? Oui, il a été retranché de la terre des vivants, à cause de la révolte de son peuple, le coup est sur lui. (...) bien qu'il n'ait pas commis de violence et qu'il n'y eut pas de fraude dans sa bouche (Es 53,6-9).*

Le peuple est bien responsable de son malheur, mais il sera libéré de sa faute par l'attitude du serviteur : *Yhwh a voulu le broyer par la souffrance. Si tu fais de sa vie un sacrifice de réparation, il verra une descendance, il prolongera ses jours, et la volonté de Yhwh aboutira (Es 53,10).*

Ces versets et les versets suivants sont un sommet de la révélation biblique, ils constituent une révolution anthropologique par une métamorphose du sens du mot « sacrifice » et donc du contenu du sacré.

Portée anthropologique du « Serviteur souffrant »

Fonction du sacrifice

Nous avons étudié au cours de la lecture du livre du Lévitique[26], la théorie de la fonction du sacrifice, développée par René Girard et ce qu'elle nous a appris sur l'homme :
Face aux risques d'emballement de la violence au sein d'un groupe, la désignation d'un coupable, un « bouc émissaire », permet de canaliser la violence, en passant d'un « tous contre tous » à un « tous contre un ». Dans toutes les premières civilisations, le mécanisme inconscient de sauvegarde du groupe, répété à chaque manifestation potentielle de la violence, s'est progressivement ritualisé, sous la forme d'un sacrifice, humain originellement, puis progressivement animal. Dans le livre

---

26 - cf. Tome 1 p 247, 257, 261.

du Lévitique, on peut lire le récit du sacrifice : *les prêtres, fils d'Aaron, disposent les quartiers - la tête et la graisse y compris - sur les bûches placées sur le feu de l'autel ; on lave avec de l'eau les entrailles et les pattes, puis le prêtre fait fumer le tout à l'autel. C'est un holocauste, un mets consumé, un parfum apaisant pour Yhwh (Lv 1,8).*

La mise à mort d'une victime, censée être une offrande aux dieux pour calmer leurs colères, tel *un parfum apaisant*, permettait en fait à la violence des individus de se défouler sur une seule personne, préservant ainsi l'unité et la paix du groupe. Dans le Lévitique, une évolution du sens de cette pratique cultuelle est amorcée, symbolisée par la fonction du bouc émissaire. Le bouc n'est pas le coupable, mais il porte toutes les conséquences de la faute du peuple. Le sacrifice chez le peuple hébreu s'enrichit alors de nouvelles fonctions : offrande, purification, pardon, paix, réparation, communion. Toutes exigent une reconnaissance de la faute des individus.

En l'absence de cette reconnaissance, le sacrifice retombe dans l'acte magique censé rétablir la paix, tout en voilant la responsabilité du peuple.

Lever le voile sur la violence

Au début du livre d'Esaïe, Yhwh dénonce la pratique des sacrifices qui sert de paravent pour cacher les mensonges, l'injustice et l'exploitation des plus faibles.

Les cultes sacrés se sont avérés impuissants à atteindre leurs objectifs avoués de pacification des hommes. Néanmoins la fonction du sacrifice, qui est de rétablir l'unité du peuple par l'évacuation de la violence, reste vitale. Supprimer purement et simplement les sacrifices ne reviendrait-il pas à laisser la porte ouverte à la violence de tous contre tous ? Seule la prise de conscience, par chaque individu, de la violence contenue en lui, permettrait d'endiguer les effets destructeurs de la violence

et rendrait les sacrifices inutiles. Telle est la mission du serviteur, permettre aux hommes de prendre progressivement conscience de leur propre violence.
Une telle prise de conscience conditionne les changements de comportements.
L'irremplaçable apport de la Bible à l'humanité, analysé sur un plan purement anthropologique, est l'éclairage projeté sur les rites sacrificiels. En levant progressivement le voile sur la violence cachée, en mettant le projecteur sur l'origine méconnue de la violence humaine, le passage d'Esaïe sur le serviteur souffrant (Es 50-53), amorce un retournement complet de la notion même de sacrifice.

Le retournement ou conversion

Yhwh, par l'intermédiaire de tous ses prophètes, jette un regard critique, pour ne pas dire de dégoût, sur les cultes purement formels, auxquels le peuple prête des propriétés magiques, comme si la bienveillance de Yhwh pouvait s'acheter.
La projection de la violence sur une victime « bouc émissaire », condition apparente de l'efficacité du sacrifice, est dénoncée de plus en plus nettement et la méconnaissance de l'origine de la violence dévoilée.
La violence est inscrite originellement dans le cœur de chaque individu. La lutte contre les effets potentiellement destructeurs de la violence passe par la reconnaissance de la violence blottie en chaque homme, afin, non pas de l'éliminer - c'est impossible et donc non souhaitable, car elle est consubstantielle à l'homme et à son désir - mais de la retourner, de la convertir. Changement qui passe par un travail intérieur, fatalement douloureux, comme l'exprime bien ce psaume :
Je reconnais mes torts, j'ai toujours mon péché devant moi (...) (Ps 51,5).
Tu n'aimerais pas que j'offre un sacrifice, tu n'accepterais pas d'holocaustes.

Le sacrifice voulu par Yhwh, c'est un esprit brisé; Yhwh tu ne rejettes pas un cœur[27] brisé et broyé (Ps 51,18-19).

Le serviteur de Yhwh, devenu le « bouc émissaire » du peuple, révèle la violence de tous. Mais le serviteur ne renvoie pas cette violence, il la prend sur lui. Il est la victime innocente qui porte la douleur de l'humanité. C'est l'innocence d'un qui rachète la violence de tous.

Alliance nouvelle

Le serviteur par le don de sa vie, devient *lumière des nations (Es 49,6).* Il sera alors exalté par Yhwh. Son sacrifice sauve réellement et définitivement l'humanité : *Ayant payé de sa personne, il verra une descendance, il sera comblé de jours; sitôt connu, juste, il dispensera la justice, lui, mon Serviteur, au profit des foules, du fait que lui-même supporte leurs perversités. Dès lors je lui taillerai sa part dans les foules, et c'est avec des myriades qu'il constituera sa part de butin, puisqu'il s'est dépouillé lui-même jusqu'à la mort et qu'avec les pécheurs il s'est laissé recenser, puisqu'il a porté, lui, les fautes des foules et que, pour les pécheurs, il vient s'interposer (Es 53,11-12).*

Le prophète annonce que, sur ces nouvelles bases, le peuple pourra retrouver la joie et une fécondité exceptionnelle : *Pousse des acclamations, toi, stérile, qui n'enfantais plus, explose en acclamations et vibre, toi qui ne mettais plus au monde; car les voici en foule, les fils de la désolée, plus nombreux que les fils de l'épousée, dit Yhwh. Élargis l'espace de ta tente, les toiles de tes demeures, qu'on les distende! Ne ménage rien! Allonge tes cordages et tes piquets, fais-les tenir, car à droite et à gauche tu vas déborder (Es 54,1-3a).*

Ce renouveau se traduira par une alliance nouvelle, scellée par un grand festin : *Écoutez donc, écoutez-moi, et mangez ce qui est bon; que vous trouviez votre jouissance dans des mets savoureux : tendez l'oreille,*

---

27 - Cœur au sens biblique = volonté + raison + sensibilité.

venez vers moi, écoutez et vous vivrez. Je conclurai avec vous une alliance perpétuelle, oui, je maintiendrai les bienfaits de David (Es 55,2b-3).

Une telle tendresse et une telle surabondance de dons pour ceux qui se tournent vers Yhwh dépassent infiniment notre imagination : *Qu'il retourne vers Yhwh, qui lui manifestera sa tendresse, vers notre Dieu, qui pardonne abondamment. C'est que vos pensées ne sont pas mes pensées et mes chemins ne sont pas vos chemins - oracle de Yhwh. C'est que les cieux sont hauts, par rapport à la terre : ainsi mes chemins sont hauts, par rapport à vos chemins, et mes pensées, par rapport à vos pensées (Es 55, 7b-9).*

La Parole de Yhwh descend du ciel pour féconder la terre : *C'est que, comme descend la pluie ou la neige, du haut des cieux, et comme elle ne retourne pas là-haut sans avoir saturé la terre, sans l'avoir fait enfanter et bourgeonner, sans avoir donné semence au semeur et nourriture à celui qui mange, ainsi se comporte ma parole du moment qu'elle sort de ma bouche : elle ne retourne pas vers moi sans résultat, sans avoir exécuté ce qui me plaît et fait aboutir ce pour quoi je l'avais envoyée (Es 55, 10-11).*

La question du Mal et du Pardon

Il est certain que la portée de ce texte et les perspectives qu'il ouvre pour les siècles à venir ne sont qu'à peine entrevues à l'époque de l'exil, mais néanmoins c'est toute la question de la souffrance et du scandale du mal qui est posée.
Si le serviteur de Yhwh, parfaitement innocent, connaît la souffrance, c'est toute la doctrine de la rétribution qui est ébranlée. Le livre de Job, monument de la littérature universelle, ainsi que de nombreux psaumes porteront l'aspect dramatique de cette question qui remet en cause l'évidence du lien entre le bien et le bonheur d'une part, le mal et le malheur d'autre part.

L'intuition révolutionnaire contenue dans ce texte énigmatique rend la question de l'identité du « serviteur souffrant » d'autant plus cruciale et mystérieuse.

Nous verrons, en étudiant les Évangiles, que la personne de Jésus, de par sa passion et sa mort infamante sur une croix, sera associée au serviteur souffrant de ce texte d'Esaïe. Sa mort met en lumière la violence des hommes et révèle les chemins du salut. L'homme n'a plus à se sacrifier, à quêter les faveurs divines pour obtenir ou mériter son salut, ses fautes sont pardonnées, il aura à porter les souffrances, à supporter les conséquences du dérèglement du mal, dont on a vu toute la dimension cosmique. Il n'est pas tenu à accepter passivement cette souffrance avec une sorte de résignation - Jérémie, Job et Jésus lui-même ne s'y résignent pas - mais à la porter positivement dans le pardon. Par sa souffrance et son pardon, dans un même mouvement, à l'instar du « serviteur souffrant », l'homme désormais innocent (sans se targuer du mérite de cette innocence), perçoit les fausses pistes où s'égare l'humanité. Il la sauve.

Conclusion : Sens et fécondité de l'exil

La question du mal illustre bien comment l'exil du peuple, après la perte des repères de l'identité collective d'Israël, suscite chez ses membres un profond questionnement qui lui permet progressivement de percevoir la dimension symbolique plus intérieure et plus universelle de ces repères.

L'épreuve et l'humiliation deviennent un affinement, *Voici que je t'ai épuré - non pas dans l'argent en fusion - je t'ai affiné dans le creuset de l'humiliation (Es 48,10)*, un enseignement, *c'est moi, Yhwh, ton Dieu, qui t'instruis pour que tu en tires profit, qui te fais cheminer sur le chemin que tu parcours (Es 48,17)*, où la responsabilité de l'individu s'affirme

(Jr 31,30), où les éléments constitutifs du collectif fondés sur la promesse de Yhwh sont interrogés : Qui est le peuple de Yhwh ? Quel est son Roi ? Quel est son Temple ?

Ces interrogations vont alimenter une intense activité intellectuelle et spirituelle qui va se traduire par une mutation des anciens critères d'appartenance. L'exil, en les libérant des contraintes politiques, en rompant les attaches matérielles à la terre et à la pierre, verra fleurir la grande richesse symbolique et spirituelle de ces critères. Cette fermentation des esprits donnera le jour non seulement au judaïsme dont on peut acter la naissance à cette époque et dans ce lieu de Babylone, mais aussi quelques siècles plus tard au christianisme qui, en la personne de Jésus, qu'on appelle Christ, incarnera ce serviteur souffrant, portera à son aboutissement le travail de symbolisation et révélera la dimension cosmique, personnelle et universelle d'appartenances au « royaume ».

Nous aurons l'occasion, dans la période qui va s'ouvrir avec le retour de l'exil, de suivre ce travail de symbolisation toujours sous l'impulsion des prophètes. Période qui verra le développement de deux axes majeurs de la pensée juive : le messianisme, croyance en la venue d'un messie, et l'eschatologie, doctrine sur la fin des temps. Axes de pensée qui donneront naissance un peu plus tard, avec le livre de Daniel, à un nouveau genre littéraire biblique, la littérature apocalyptique, manifestation ultime de la révélation.

ÉSAÏE (ES 56-66)

Contexte historique

En 538, un édit de Cyrus, nouvel empereur de Babylone, permet aux Judéens de retourner dans leur pays d'origine s'ils le souhaitent. Une partie des descendants des exilés, nourris de la promesse d'un renouveau, a alors choisi de s'installer à Jérusalem pour reconstruire le temple. Les livres d'Esdras et de Néhémie décrivent les difficultés auxquelles ils se heurtèrent. Plus de soixante ans après la déportation de l'élite de Jérusalem à Babylone, la population de la Judée est très composite, partagée entre : les juifs restés dans le pays, ceux qui sont revenus d'exil, les étrangers venus de plus en plus nombreux, sans compter les juifs de la diaspora qui restent attachés à Jérusalem.
Les résidents de Judée dont les parents ne connurent pas la déportation, n'apprécièrent pas les bouleversements qu'importèrent les enfants de déportés, le plus souvent beaucoup plus cultivés qu'eux.

En effet, le judaïsme, avec la place prépondérante donnée à l'étude de la Torah, est véritablement né à Babylone sous l'impulsion des prophètes, Jérémie, Ezéchiel et le Deutéro-Esaïe. L'auteur de cette troisième partie du livre d'Esaïe est à Jérusalem, il pourrait être le même que celui de la partie précédente qui résidait à Babylone, il serait alors revenu à Jérusalem avec les premiers revenants. Les exégètes penchent plutôt pour un troisième personnage, car s'il y a bien une reprise des thèmes des deux premières parties, le style est bien différent.

Le prophète, troisième Esaïe, se heurte donc aux divisions entre frères. Le projet de reconstruction du temple, porté par les juifs de retour de Babylone, rencontre de fortes résistances de la part des locaux qui, le plus souvent, sont restés dans un syncrétisme religieux assez éloigné du strict monothéisme et de l'éthique défendue par les prophètes. La place de plus en plus importante tenue par les étrangers à Jérusalem complique encore cette reconstruction de l'identité d'Israël. On peut comprendre le désarroi et sans doute la désillusion de la nouvelle génération nourrie par les prophètes précédents dans l'espérance d'une reconstruction du peuple, autour du temple de Jérusalem. Tel est le contexte social et religieux de la troisième partie du livre d'Esaïe.

Conditions du renouveau universel

Pratique de la justice

Le prophète conforte l'espoir du salut. Il annonce que le renouveau tant attendu est sur le point d'arriver. Il est cependant lié à la pratique du droit et de la justice : *Ainsi parle Yhwh : Gardez le droit et pratiquez la justice, car mon salut est sur le point d'arriver et ma justice, de se dévoiler. Heureux l'homme qui fait cela (Es 56,1-2a).*

Avec ce brassage de populations diverses, le champ de l'appartenance au peuple doit s'ouvrir au-delà des critères ethniques : *Qu'il n'aille pas dire, le fils de l'étranger qui s'est attaché à Yhwh, qu'il n'aille pas dire : « Yhwh va certainement me séparer de son peuple ! » (Es 56,3a).*
Il est vrai qu'en prenant à la lettre un passage du livre de l'Exode, on pouvait entendre l'exclusion des étrangers : *Yhwh dit à Moïse et à Aaron : Voici le rituel de la Pâque : Aucun étranger n'en mangera (Ex 12,43).*
Il semblait bien en être de même pour les eunuques : *L'homme mutilé par écrasement et l'homme à la verge coupée n'entreront pas dans l'assemblée de Yhwh (Dt 23,2).*
Or là, le prophète leur ouvre les portes : *Que l'eunuque n'aille pas dire : « Voici que je suis un arbre sec ! » Car ainsi parle le Seigneur : Aux eunuques qui gardent mes sabbats, qui choisissent de faire ce qui me plaît et qui se tiennent dans mon alliance, à ceux-là je réserverai dans ma Maison, dans mes murs, une stèle porteuse du nom ; ce sera mieux que des*

fils et des filles ; j'y mettrai un nom perpétuel, qui ne sera jamais retranché (Es 56,3b-5).

Le véritable critère d'appartenance au futur Temple de la nouvelle Jérusalem sera l'attachement à Yhwh et à la prière : *Les fils de l'étranger qui s'attachent à Yhwh pour assurer ses offices, pour aimer le nom de Yhwh, pour être à lui comme serviteurs, tous ceux qui gardent le sabbat sans le déshonorer et qui se tiennent dans mon alliance, je les ferai venir à ma sainte montagne, je les ferai jubiler dans la Maison où l'on me prie ; leurs holocaustes et leurs sacrifices seront en faveur sur mon autel, car ma Maison sera appelée : « Maison de prière pour tous les peuples » (Es 56,6-7).*

Dénonciation des autorités

Après cette ouverture aux étrangers, aux mutilés, le prophète dénonce férocement l'insouciance et la voracité des autorités : *Ce sont des aveugles qui font le guet ; tous autant qu'ils sont, ils ne savent rien ; ils sont des chiens muets, ils ne parviennent pas à aboyer, rêvassant, allongés, aimant à somnoler, mais ils sont aussi des chiens au gosier vorace, ils ne savent pas dire : « Assez ! » et ce sont eux les bergers ! Ils ne savent rien discerner (Es 56,10-11a).*
L'application de la justice n'est pas leur souci majeur : *Le juste périt, sans que personne prenne la chose à cœur (Es 57,1a).*
Les autorités se moquent du monde : *De qui vous moquez-vous ? Contre qui ouvrez-vous largement la bouche et faites-vous marcher votre langue ? (Es 57,4a).*
Leurs pratiques cultuelles sont l'occasion d'assouvir leurs désirs sexuels : *Sur une montagne qui s'élève haut tu as installé ta couche et c'est là que tu es montée pour offrir le sacrifice. (...) Oui, loin de moi tu t'es dévêtue, tu es montée, tu as élargi ta couche ; tu t'es payé une bonne tranche grâce à ces gens dont tu aimes la couche ; le membre, tu l'as contemplé ! (Es 57,7-8)*

Face à toutes ces dérives, Yhwh n'a rien fait : *Moi, n'est-ce pas, je suis depuis longtemps resté inactif, alors tu ne me crains pas (Es 57,11b).* Mais l'heure de la justice arrive : *Qui se réfugie en moi recevra la Terre comme patrimoine et ma Montagne sainte comme possession (Es 57,13b).* Yhwh, le haut placé, est proche de ceux qui sont écrasés, rabaissés : *Haut placé et saint je demeure, tout en étant avec celui qui est broyé et qui en son esprit se sent rabaissé, pour rendre vie à l'esprit des gens rabaissés, pour rendre vie au cœur des gens broyés (Es 57,15).*

Le prophète dénonce l'écart entre les pratiques religieuses et la pratique de la justice au quotidien : *Le jour de votre jeûne, vous savez tomber sur une bonne affaire, et tous vos gens de peine, vous les brutalisez ! Or vous jeûnez tout en cherchant querelle et dispute et en frappant du poing méchamment ! Vous ne jeûnez pas comme il convient en un jour où vous voulez faire entendre là-haut votre voix (Es 58,3b-4).*

Le jeûne n'a de sens que s'il s'accompagne d'efforts incessants pour libérer les *anawim*[28] de toute aliénation : *Le jeûne que je préfère, n'est-ce pas ceci : dénouer les liens provenant de la méchanceté, détacher les courroies du joug, renvoyer libres ceux qui ployaient, bref que vous mettiez en pièces tous les jougs ! N'est-ce pas partager ton pain avec l'affamé ? Et encore : les pauvres sans abri, tu les hébergeras, si tu vois quelqu'un nu, tu le couvriras : devant celui qui est ta propre chair, tu ne te déroberas pas. Alors ta lumière poindra comme l'aurore (Es 58,6-8a).*

Les discours mensongers et les actes hypocrites sont la cause des désillusions du peuple : *Mais ce sont vos perversités qui ont mis une séparation entre vous et votre Dieu ; ce sont vos fautes qui ont tenu son visage caché loin de vous, trop loin pour qu'il vous entende. Vos paumes, en effet, sont tachées par le sang, et vos doigts par la perversité ; vos lèvres profèrent la tromperie, votre langue roucoule la perfidie (Es 59,2-3).*

---

28 - *anawim*, les pauvres de Yhwh, c'est-à-dire les petits, les humiliés, les faibles.

Promesse de salut

Malmené par les forces étrangères, le peuple se plaint de ne pas voir venir le jugement promis par Yhwh en leur faveur : *Dès lors le jugement demeure loin de nous et la justice ne parvient pas jusqu'à nous. Nous espérions la lumière, et voici les ténèbres, la clarté, et nous marchons dans l'obscurité. Nous tâtonnons comme des aveugles contre un mur, nous tâtonnons comme des gens sans yeux. En plein midi nous trébuchons comme au crépuscule, en pleine santé, nous sommes tels des morts. (...) Nous espérions le jugement, mais rien ! Le salut, mais il demeure loin de nous (Es 59, 9-11).*

Mais le peuple ne peut s'en prendre qu'à lui-même et certains commencent à s'en rendre compte : *C'est que nos révoltes abondent en face de toi, et nos fautes déposent contre nous ; oui, nos révoltes font corps avec nous et nos perversités, nous les connaissons bien : se révolter, renier Yhwh, se rejeter en arrière loin de notre Dieu, projeter extorsion et détournement, du fond du cœur concevoir et roucouler des paroles trompeuses. Ainsi le jugement a été rejeté en arrière et la justice, au loin, reste immobile. C'est que la vérité a trébuché sur la place et la droiture ne peut y avoir accès ; la vérité a été portée manquante (Es 59,12-15a).*
À ceux-là qui reconnaissent l'inadéquation de leurs comportements, le décalage entre leurs pratiques quotidiennes et la justice, Yhwh maintient sa promesse de salut ; il viendra les aider : *Il viendra en rédempteur pour Sion, pour ceux qui, en Jacob, rétractent leur révolte (Es 59,20).*
Concrètement, ce salut passera par une nouvelle alliance, sous la forme d'un don, celui de l'Esprit : *Quant à moi - dit Yhwh - voici quelle sera mon alliance avec eux : Mon Esprit qui est sur toi, et mes paroles que j'ai mises dans ta bouche ne s'écarteront pas de ta bouche, ni de la bouche de ta descendance, ni de la bouche de la descendance de ta descendance – dit Yhwh – dès maintenant et pour toujours (Es 59,21).*

Israël, porteur de lumière pour toutes les nations.

Alors le prophète stimule le peuple pour qu'il se remette debout, il sera alors porteur de la lumière de Yhwh destinée à toutes les nations : *Mets-toi debout et deviens lumière, car elle arrive, ta lumière : la gloire de Yhwh sur toi s'est levée. Voici qu'en effet les ténèbres couvrent la terre et un brouillard, les cités, mais sur toi Yhwh va se lever et sa gloire, sur toi, est en vue. Les nations vont marcher vers ta lumière et les rois vers la clarté de ton lever (Es 60,1-3).*

L'avenir de Jérusalem sera radieux : *Alors tu verras, tu seras rayonnante, ton cœur frémira et se dilatera, car vers toi sera détournée l'opulence des mers, la fortune des nations viendra jusqu'à toi (Es 60,5).*
Tu suceras le lait des nations, tu dévoreras la richesse des rois, et tu sauras que ton Sauveur, c'est moi, Yhwh, celui qui te rachète. (...) J'instituerai pour toi, en guise d'inspection, la Paix, en guise de dictature, la Justice. Désormais ne se feront plus entendre la violence, dans ton pays (...) (Es 60,16-18).

Le prophète reprend alors avec force l'image puissante de la lumière : *Désormais ce n'est plus le soleil qui sera pour toi la lumière du jour, ce n'est plus la lune, avec sa clarté, qui sera pour toi la lumière de la nuit. C'est Yhwh qui sera pour toi la lumière de toujours, c'est ton Dieu qui sera ta splendeur. (...) les jours de ton deuil seront révolus (Es 60,19-20).*

Un messie porteur de l'Esprit de Yhwh viendra relever les humiliés, les blessés, libérer les prisonniers : *L'Esprit du Seigneur Dieu est sur moi. Yhwh en effet, a fait de moi un **messie**, il m'a envoyé porter joyeux message*[29] *aux humiliés, panser ceux qui ont le cœur brisé, proclamer aux captifs l'évasion, aux prisonniers l'éblouissement (Es 61,1).*

La justice sera restaurée : *Car moi, Yhwh, j'aime le droit, je hais le vol enrobé de perfidie, je donnerai fidèlement votre récompense : je conclurai avec vous une alliance perpétuelle (Es 61,8).*

---

29 - Joyeux message ou bonne nouvelle : Jésus fera allusion à ce passage quand on lui demandera s'il est bien celui que l'on attend (Lc 7,22).

Ce rétablissement de la justice suscitera l'enthousiasme et l'admiration de tous : *Je suis enthousiaste, à cause de Yhwh, mon âme exulte à cause de mon Dieu, (…) Oui, comme la terre fait sortir ses germes et un jardin germer ses semences, ainsi Yhwh fera germer la justice et la louange face à toutes les nations (Es 61,10).*

La ville de Jérusalem complètement rasée en 585 par Nabuchodonosor retrouvera sa splendeur. Le prophète appelle symboliquement la ville, « Sion », du nom du mont qui la côtoie pour personnifier la présence et la bénédiction de Dieu : *Tu seras une couronne de splendeur dans la main de Yhwh, une tiare de royauté dans la paume de ton Dieu. On ne te dira plus : « l'Abandonnée », on ne dira plus à ta terre : « la Désolée », mais on t'appellera « Celle en qui je prends plaisir », et ta terre « l'Épousée », car Yhwh mettra son plaisir en toi et ta terre sera épousée (Es 62,3).*

(…) Dites à la fille de Sion : Voici ton Salut qui vient, voici avec lui son salaire et devant lui sa récompense. On les appellera « le Peuple saint », « les Rachetés de Yhwh », et l'on t'appellera « la Recherchée », « la Ville non abandonnée » (Es 62,11-12).

Dialogue à connotation eschatologique entre Yhwh et le prophète

L'interlocuteur de Yhwh est surpris de voir arriver un personnage venant d'Edom[30] complètement cramoisi avec du rouge sur son vêtement. Edom, le peuple voisin d'Israël, incarnait à cette époque l'hostilité des peuples opposés à Yhwh, car lors de l'attaque de Nabuchodonosor en 595 contre Jérusalem, il a mis à profit les difficultés de son voisin pour s'acharner contre lui. Devant la fureur des nations contre Israël, Yhwh intervient pour le sauver et annonce que l'heure du jugement de tous les peuples est arrivé :

---

30 - Edom, région au Sud de la mer morte. L'étymologie d'« Édom » dérive de la racine אדם *(Adom)* (rouge, terre, surface plate) en référence au calcaire rougeâtre de cette région.

- *C'est moi qui parle de justice, qui querelle pour sauver, répond Yhwh.*
- *Pourquoi y a-t-il du rouge à ton vêtement, pourquoi tes habits sont-ils comme ceux d'un fouleur au pressoir ? (Es 63,1-2).*

Le jugement est ici comparé à un pressoir à raisin. Yhwh est venu comme un homme qui foule le raisin dans le pressoir et le jus rouge est associé au sang de la vengeance. *Dans mon cœur, en effet c'était jour de vengeance, l'année de ma rédemption était venue. J'ai regardé : aucune aide ! Je me suis désolé : aucun soutien ! Alors mon bras m'a sauvé et ma fureur a été mon soutien. J'ai écrasé les peuples, dans ma colère, je les ai enivrés, dans ma fureur : leur prestige, je l'ai fait tomber à terre (Es 63,4-6) !* Le jugement de Yhwh contre les empires dominateurs pour sauver Israël s'inscrit dans la liste des bienfaits de Yhwh tout au long de son histoire : *Je rappellerai les bienfaits de Yhwh, les louanges célébrant Yhwh, selon tout ce que Yhwh a mis en œuvre pour nous, oui, sa grande bonté pour la maison d'Israël, qu'il a mise en œuvre pour eux selon sa tendresse, prodigue en bienfaits. Il avait dit : « Vraiment, ils sont mon peuple, des fils qui ne trompent pas », et il fut pour eux un Sauveur dans toutes leurs détresses (Es 63,7-9).*

Mais le peuple ne reconnut pas ses bienfaits, il se détourna de Yhwh : *Mais eux se cabrèrent, ils accablèrent son Esprit saint. Alors il se retourna contre eux en ennemi, lui-même se mit en guerre contre eux (Es 63,10).*

Les malheurs que connurent alors Israël sont perçus par le peuple comme un abandon de la part de Yhwh. Dans sa détresse, le peuple fait appel à Yhwh et lui rappelle tous ses bienfaits d'autrefois et réaffirme qu'il est bien leur Père et qu'ils sont ses fils. *Regarde et vois, depuis le ciel, depuis ton palais saint et splendide : où sont donc ton ardeur et ta vaillance, l'émoi de tes entrailles ? Tes tendresses pour moi ont-elles été contenues ? C'est que notre Père, c'est toi ! Abraham en effet ne nous connaît pas, Israël ne nous reconnaît pas non plus ; c'est toi, Yhwh, qui es notre Père, notre Rédempteur depuis toujours, c'est là ton nom* (Es 63,15-16).

Le peuple en vient même à reprocher à Yhwh de ne pas être intervenu plus tôt pour les remettre sur le bon chemin. Il les a laissés s'éloigner de lui : *Pourquoi nous fais-tu errer, Yhwh, loin de tes chemins, et endurcis-tu nos cœurs qui sont loin de te craindre ? (Es 63,17a)*

Il supplie alors Yhwh de revenir, de descendre des cieux. *Et depuis longtemps nous sommes ceux sur qui tu n'exerces plus ta souveraineté, ceux sur qui ton nom n'est plus appelé. Ah ! si tu déchirais les cieux et si tu descendais, tel que les montagnes soient secouées devant toi ! (Es 63,19).*

Car le Père doit pardonner les errements de ses fils. *Cependant, Yhwh, notre Père c'est toi ; c'est nous l'argile, c'est toi qui nous façonnes, tous nous sommes l'ouvrage de ta main. Ne t'irrite pas, Yhwh, jusqu'à l'excès, ne te rappelle pas à jamais la perversité. Mais regarde donc : ton peuple, c'est nous tous ! (Es 64,7-8)*

À partir de l'image utilisée plus haut, où le jugement est comparé au pressoir du raisin, Yhwh illustre l'idée d'un reste pour Israël. *Ainsi parle Yhwh : de même que l'on trouve du suc dans une grappe et que l'on dit : « Ne la détruis pas, car il y a une bénédiction dedans », ainsi ferai-je à cause de mes serviteurs, afin de ne pas détruire l'ensemble. Je ferai sortir de Jacob une descendance, oui, de Juda, un héritier de mes montagnes (Es 65,8-9a).*

Un abîme séparera alors l'avenir de ceux qui répondent à l'appel de Yhwh, de ceux qui ne veulent rien entendre et qui s'enferrent dans leurs mauvaises voies. *(...) J'ai appelé, en effet, et vous n'avez pas répondu. (...) C'est pourquoi ainsi parle Yhwh Dieu : Voici que mes serviteurs mangeront, et vous, vous endurerez la faim ; voici que mes serviteurs boiront, et vous, vous endurerez la soif ; voici que mes serviteurs jubileront, et vous, vous*

aurez honte; voici que mes serviteurs pousseront des acclamations dans le bien-être de leur cœur, et vous, vous pousserez des cris, dans le malaise de votre cœur, oui, l'esprit brisé, vous hurlerez! (Es 65,12-14)
Une ère nouvelle s'ouvre pour les premiers, ils seront bénis et leurs erreurs passées seront définitivement effacées. *En effet, les détresses du passé seront oubliées, oui, elles seront cachées à mes yeux. En effet, voici que je vais créer des cieux nouveaux et une terre nouvelle; ainsi le passé ne sera plus rappelé, il ne remontera plus jusqu'au secret du cœur* (Es 65,16-17).

De là naîtra un nouveau peuple, une nouvelle Jérusalem : *Oui, j'exulterai au sujet de Jérusalem, je serai dans l'enthousiasme au sujet de mon peuple! Désormais, on n'y entendra plus retentir ni pleurs, ni cris (Es 65,19).*

Le prophète reprend alors l'image idyllique du temps idéal, déjà annoncé par Esaïe en 11,9 : *Avant même qu'ils appellent, moi, je leur répondrai, alors qu'ils parleront encore, moi, je les aurai écoutés! Le loup et l'agneau brouteront ensemble, le lion, comme le bœuf, mangera du fourrage; quant au serpent, la poussière sera sa nourriture. Il ne se fera ni mal ni destruction sur toute ma montagne sainte, dit Yhwh (Es 65,24-25).*

Le jugement final

Il y aura bien, en final, un jugement qui sépare le bien du mal, mais le critère ne se fera pas entre ceux qui ont péché et ceux qui n'ont pas péché, car tous ont péché, mais entre les humbles ou les pauvres d'un côté et les arrogants ou les suffisants de l'autre. *C'est vers celui-ci que je regarde : vers l'humilié, celui qui a l'esprit abattu, et qui tremble à ma parole (Es 66,2).*

À l'inverse, ceux qui pratiquent des cultes, sans respecter leurs frères, seront rejetés : *On sacrifie le taureau, mais aussi on abat un homme! on immole la brebis, mais aussi on assomme un chien ! on élève une offrande, mais c'est du sang... de porc ! on fait un mémorial d'encens, mais c'est pour bénir... une malfaisante idole ! Ces gens-là, c'est sûr, choisissent leurs propres chemins et se complaisent dans leurs abominations (Es 66,3).*

Malheur à ceux qui, tout en se réclamant de Yhwh, évincent les pauvres et les humiliés ! *Vos frères qui vous haïssent et qui, à cause de mon nom, vous excluent ont dit : « Que Yhwh montre donc sa gloire et que nous voyions votre jubilation ! » Mais ce sont eux qui seront dans la honte (Es 66,5).*

Face aux difficultés actuelles de Jérusalem, le peuple ne doit pas désespérer. *Un pays est-il mis au monde en un seul jour, une nation est-elle enfantée en une seule fois pour qu'à peine en travail Sion ait enfanté ses fils ? Est-ce que moi j'ouvrirais passage à la vie pour ne pas faire enfanter ? - dit Yhwh. Est-ce que moi, qui fais enfanter, j'imposerais à la vie une contrainte ? (Es 66,8-9)*

Yhwh est une mère pour son peuple. *Jubilez avec Jérusalem, exultez à son sujet, vous tous qui l'aimez. (...) Que vous suciez le lait et soyez rassasiés de son sein réconfortant ! que vous tiriez le maximum et jouissiez de sa mamelle glorieuse ! Car ainsi parle Yhwh : Voici que je vais faire arriver jusqu'à elle la paix comme un fleuve, et, comme un torrent débordant, la gloire des nations. Vous serez allaités, portés sur les hanches et cajolés sur les genoux. Il en ira comme d'un homme que sa mère réconforte : c'est moi qui, ainsi, vous réconforterai, oui, dans Jérusalem, vous serez réconfortés. Vous verrez, votre cœur sera enthousiasmé, vos os[31] comme un gazon seront revigorés. La main de Yhwh se fera connaître à ses serviteurs (Es 66,10-14a).*

Par contre Yhwh sera intraitable pour *ceux qui se veulent « sacro-saints » et « purs » (Es 66,17)* et par-derrière ne respectent rien. C'est

---

31 - *vos os* : manière hébraïque de désigner le corps tout entier, voire la personne elle-même (note de la TOB).

du feu qui les transpercera. *Il se montrera indigné envers ses ennemis : Voici, en effet, Yhwh : c'est dans du feu qu'il vient, ses chars pareils à un typhon, pour régler sa dette de colère par de la fureur et sa dette de menaces par les flammes du feu. Oui, c'est armé de feu que Yhwh entre en jugement avec toute chair, et aussi armé de son épée : nombreux seront les êtres transpercés par Yhwh (Es 66,14b-16).*

Le projet final est de rassembler toutes les nations : *C'est moi qui motiverai leurs actes et leurs pensées ; je viens pour rassembler toutes les nations de toutes les langues ; elles viendront et verront ma gloire : oui, je mettrai au milieu d'elles un signe (Es 66,18-19a).*

Y compris celles qui n'ont jamais entendu parler de Yhwh. *En outre j'enverrai de chez eux des rescapés vers les nations (...) et les îles lointaines, qui n'ont jamais entendu parler de moi, qui n'ont jamais vu ma gloire ; ils annonceront ma gloire parmi les nations.*
Les gens amèneront tous vos frères, de toutes les nations, en offrande à Yhwh - à cheval, en char, en litière, à dos de mulet et sur des palanquins - (...). Et même parmi eux je prendrai des prêtres, des lévites, dit Yhwh (Es 66, 19b-21).

Oui, comme les cieux nouveaux et la terre nouvelle que je fais restent fermes devant moi - oracle de Yhwh - ainsi resteront fermes votre descendance et votre nom ! (Es 66,22).

JÉRÉMIE

Introduction

Le prophète Jérémie[32] est jeune quand il débute sa mission qui se situe entre 626 et 587 av. J.-C. (Jr 1,2), sous le règne de Josias, roi de Juda, cent ans après la disparition du royaume du Nord. Un événement a marqué le règne de Josias en 622 : la découverte dans le temple d'un livre, « le livre de la Loi » dont il fit une lecture publique (2R 22). Cette découverte engagea le roi dans une réforme politique et religieuse. Après le règne de Josias et ses réformes religieuses, le pays a connu un certain répit et s'est même enrichi. Hélas ses successeurs n'ont pas persévéré dans cette voie.

Le livre du prophète Jérémie est un recueil important (cinquante-deux chapitres), d'invectives contre l'assurance des riches, les déviations religieuses des prêtres, les décisions politiques des rois, l'âpreté au gain de tous, grands et petits. En cela, il est dans la ligne des prophètes que nous avons vus, Amos, Osée, Michée et le premier Esaïe (Es 1-39) ; mais sans doute plus qu'eux, il sera impliqué intimement et physiquement dans la situation du pays.

Après les appels désespérés à la conversion des prophètes précédents, le dialogue entre Yhwh et le peuple semble rompu, alors Jérémie se doit d'annoncer un désastre d'une ampleur inconnue jusqu'ici. Il va ressentir dans sa chair les répercussions de cette tragédie. Ce livre contient des passages bouleversants sur le drame intérieur qu'il a vécu. Sa grande solitude, l'abandon de toute sa famille, les menaces émanant de tous les corps constitués l'amènent à se plaindre auprès de Yhwh, à l'interpeller sur sa justice et finalement à réclamer vengeance.

---

32 - *Jérémie* signifie « que Yhwh se lève ».

Le souvenir de la souffrance et des lamentations de ce prophète laisseront des traces dans notre vocabulaire avec le mot « jérémiade » qui rend bien mal compte de la portée de cette expérience spirituelle sur l'évolution religieuse de l'humanité.

La lecture continue du livre est rendue difficile par l'entrelacement permanent de différents thèmes : dossiers d'accusation, exhortations, dénonciations des illusions du culte, plaintes personnelles, promesses de renaissance.

Vocation et vision

Le livre commence par le récit de sa vocation.
La parole de Yhwh s'adressa à moi : « Avant de te façonner dans le sein de ta mère, je te connaissais ; avant que tu ne sortes de son ventre, je t'ai consacré ; je fais de toi un prophète pour les nations. » Je dis : « Ah ! Yhwh Dieu, je ne saurais parler, je suis trop jeune. » Yhwh me dit : « Ne dis pas : Je suis trop jeune. Partout où je t'envoie, tu y vas ; tout ce que je te commande, tu le dis ; n'aie peur de personne : je suis avec toi pour te libérer - oracle de Yhwh. » Yhwh, avançant la main, toucha ma bouche, et Yhwh me dit : « Ainsi je mets mes paroles dans ta bouche. Sache que je te donne aujourd'hui autorité sur les nations et sur les royaumes, pour déraciner et renverser, pour ruiner et démolir, pour bâtir et planter » (Jr 1,4-10). Cet appel est vécu par lui comme une contrainte, il cherche à y échapper en prétextant sa grande jeunesse. À plusieurs reprises il s'en plaint ; mais, par ailleurs, il revendique l'aspect direct et personnel de cet appel pour contester les prophètes institutionnels qui sont à la botte des autorités.

Sa première vision, celle d'un amandier, s'éclaire par un jeu de mots entre « amandier », en hébreu *shaqéd*, le premier arbre qui s'éveille et fleurit au printemps, et la « vigilance » en hébreu *shoqéd*, je veille. Par cette vision, Yhwh signifie qu'il veillera à ce que ses paroles s'accomplissent.

La parole de Yhwh s'adressa à moi : « Que vois-tu, Jérémie ? » Je dis : « Ce que je vois, c'est un rameau d'amandier. » Yhwh me dit : « C'est bien vu ! Je veille à l'accomplissement de ma parole » (Jr 1,11-12).
Établi en tant que veilleur, Jérémie doit avertir Israël des menaces qu'il voit venir du Nord dans une seconde vision : *C'est du nord qu'est attisé le malheur, pour tous les habitants du pays (Jr 1,14).*

Dossier d'accusation

Yhwh ouvre alors le dossier d'accusation contre son peuple. Comme dans le livre d'Osée, il rappelle son amour pour son peuple qu'il compare à une jeune mariée choyée au temps du désert. *(...) Je te rappelle ton attachement, du temps de ta jeunesse, ton amour de jeune mariée ; tu me suivais au désert dans une terre inculte (Jr 2,2).*
Mais le peuple, lui, s'est éloigné en vénérant des idoles.
Ils ont couru après des riens et les voilà réduits à rien (Jr 2,5).
Il s'est coupé de sa source.
(...) ils m'abandonnent, moi, la source d'eau vive, pour se creuser des citernes, des citernes fissurées qui ne retiennent pas l'eau (Jr 2,13).

Les mots du prophète se font crus. Israël est comparé comme chez Osée à une prostituée qui, loin de s'appuyer sur Yhwh, son époux, ne fait que s'égarer. Il supplie le peuple d'analyser sa conduite, de reconnaître ses égarements. *(...) Vois ta conduite (...) ; reconnais ce que tu fais. Une chamelle légère qui entrecroise ses traces ! Une ânesse sauvage habituée à la steppe ! En chaleur, elle renifle le vent ; son rut, qui peut le refouler ? Tous ceux qui la cherchent n'ont pas à se fatiguer, ils la trouvent en son mois (Jr 2,23-24).*

Lui, Yhwh, voudrait guider son peuple, mais ses rois, ses prêtres s'appuient sur des dieux en bois ou en pierre puis *dès qu'ils sont malheureux, ils me disent : « Lève-toi ! Sauve-nous ! » Où sont-ils les*

dieux de ta fabrication ? Qu'ils se lèvent s'ils peuvent te sauver quand tu es malheureuse, puisque tes dieux sont devenus aussi nombreux que tes villes, ô Juda! (Jr 2,27-28).
Yhwh ne peut plus tolérer un tel aveuglement, l'idolâtrie entraîne l'injustice ; investir sur des riens, c'est ignorer l'autre : *Le sang des pauvres, des innocents, se trouve jusque sur les pans de tes vêtements (Jr 2,34).*

Les autorités qui n'écoutent plus la parole de Yhwh perdent le sens de la réalité. *Les bergers sont abrutis : ils ne cherchent pas Yhwh. C'est pourquoi ils sont sans compétence et tout le troupeau est à l'abandon (Jr 10,21).*
Les conséquences de cet égarement sont menaçantes : *On perçoit une rumeur qui approche, un grand ébranlement venant du pays du nord pour transformer les villes de Juda en désolation, en repaires de chacals (Jr 10,22).*
Les dirigeants se fourvoient et se bercent d'illusion en cherchant des alliances politiques, que ce soit du côté de l'Egypte ou du côté de l'Assyrie au lieu de changer de comportement.
Comme tu t'avilis en variant tes intrigues! Tu récolteras autant de honte de l'Egypte que de l'Assyrie. De là aussi tu sortiras les mains sur la tête. Oui, Yhwh méprise ton système de sécurité ; ce n'est pas ainsi que tu réussiras (Jr 2,36).

Créé par Yhwh, l'ordre cosmique dans son ensemble sera perturbé et c'est la nature tout entière dont Yhwh lui avait donné la responsabilité (Gn 2,16) qui en payera le prix, par un retour au tohu bohu (Gn 1,2) : *Je regarde la terre : elle est déserte et vide ; le ciel : la lumière en a disparu (Jr 4,23).*
(...) Ayons du respect pour Yhwh notre Dieu, lui qui donne la pluie au bon moment, celle d'automne et du printemps, et qui nous garde les semaines

fixées pour la moisson. Ce sont vos crimes qui perturbent cet ordre, vos fautes qui font obstacle à ses bienfaits (Jr 5,24-25).

L'enrichissement indu de certains, les crimes contre les pauvres précipiteront le peuple dans la catastrophe et l'exil (Jr 5,10-18). *Et quand vous direz : « Pour quel motif Yhwh notre Dieu nous fait-il subir tout cela ? », tu leur diras : « Comme vous m'avez abandonné pour servir les dieux de l'étranger dans votre pays, de même vous servirez des étrangers dans un pays qui n'est pas le vôtre » (Jr 5,19).*
Ce n'est pas Yhwh qu'ils offensent par leurs actes, par leurs infidélités, en allant sacrifier à des idoles, mais plutôt l'homme lui-même.
Est-ce bien moi qu'ils offensent ? - oracle de Yhwh. N'est-ce pas plutôt eux-mêmes ? (…) Eh bien, ainsi parle Yhwh : ma colère, ma fureur se déverse sur les hommes et les bêtes, sur les arbres de la campagne et les fruits de la terre, c'est un feu qui ne s'éteint pas (Jr 7,19-20).
Le pays devient un champ de ruines (Jr 7,34).

Yhwh peut-il laisser faire ?

Face à tant d'infidélités et d'injustices, Yhwh apparaît désorienté et interrogatif. *Dans ces conditions, comment te pardonner ? Tes fils m'abandonnent, ils prêtent serment par les non-dieux. Je les ai comblés, et pourtant ils commettent l'adultère, ils se bousculent chez la prostituée. Des étalons en rut, bien membrés ! Chacun hennit après la femme de l'autre. Ne dois-je pas sévir contre eux ? - Oracle de Yhwh. Ne dois-je pas me venger d'une nation de cette espèce ? (Jr 5,7-9)*
Yhwh peut-il laisser faire ceux qui s'en mettent plein les poches ?
Tel un panier plein d'oiseaux, leurs maisons sont pleines de rapines : c'est ainsi qu'ils deviennent grands et riches, gras et reluisants.
Ils battent le record du mal, ils ne respectent plus le droit, le droit de l'orphelin ; et ils réussissent. Ils ne prennent pas en main la cause des pauvres. Ne dois-je pas sévir contre eux ? (Jr 5,27-28)

Doit-il laisser tranquille ceux qui utilisent un double langage pour piéger leurs frères ?
Flèche meurtrière que sa langue ! Il profère la tromperie.
Des lèvres, on offre la paix à son compagnon,
mais dans le cœur, on lui prépare un guet-apens.
Ne dois-je pas sévir contre eux ? – oracle de Yhwh (Jr 9,7-8).
Yhwh semble osciller entre punir immédiatement ou faire preuve encore de patience. Jérémie, lui, ne veut pas faire les frais de ce questionnement et penche pour la vengeance.
Toi, tu sais ! Yhwh, fais mention de moi, prends soin de moi, venge-moi de mes persécuteurs. Que je ne sois pas victime de ta patience !
C'est à cause de toi, sache-le, que je supporte l'insulte (Jr 15,15).

Exhortations et appel à un renouveau

Il supplie le peuple de tendre l'oreille et de revenir.
Reviens donc, Israël-l'Apostasie (...), ma présence ne vous sera plus accablante. Oui, je suis un ami fidèle - oracle de Yhwh, (...) (Jr 3,12).
Yhwh rêve de te donner un pays de cocagne, un patrimoine qui soit, parmi les nations, d'une beauté féerique. Et je disais : « Vous m'appellerez « Mon Père », vous ne vous détournerez plus de moi » (Jr 3,19).
Revenir vers Yhwh, c'est revenir à la vérité, au droit et à la justice.
Alors si tu reviens, Israël (...), c'est à moi que tu dois revenir. Si tu ôtes tes saletés de devant ma face, alors tu ne vagabonderas plus. Si tu prêtes serment par la vie de Yhwh, dans la vérité, dans le droit et la justice, alors les nations se béniront en son nom ; (...) (Jr 4,1-2).

La vraie sagesse est d'essayer de comprendre ce qui se passe :
Si quelqu'un est sage, qu'il comprenne et qu'il proclame :
Pourquoi le pays est-il ruiné ? Brûlé comme le désert où personne ne passe ?
(Jr 9,11)

Le vrai sage ne se vante pas de sa sagesse, de sa force ou de sa richesse. *Que le sage ne se vante pas de sa sagesse. Que l'homme fort ne se vante pas de sa force ! Que le riche ne se vante pas de sa richesse ! (Jr 9,22)*
Le vrai sage est plus réaliste, plus astucieux, il sait faire preuve d'humilité, il sait que tous ses dons viennent de Yhwh. Il s'emploie alors à le connaître et à appliquer le droit et la justice sur la terre. *Si quelqu'un veut se vanter, qu'il se vante de ceci : d'être assez malin pour me connaître, moi, Yhwh qui met en œuvre la bonté fidèle, le droit et la justice sur la terre. Oui, c'est cela qui me plaît – oracle de Yhwh (Jr 9,23).*

Dénonciations des illusions du culte

Au lieu d'écouter la parole de Yhwh, on pense conjurer le malheur par des sacrifices. Yhwh n'en veut plus et annonce la dévastation qui va venir du nord. Dans ces conditions, le culte et les sacrifices à Yhwh n'ont aucun sens.
Qu'ai-je à faire de l'encens importé de Saba ? (...) Vos holocaustes je n'en veux pas, vos sacrifices ne me sont pas agréables (Jr 6,20).

En l'an 608, Jérémie est amené à faire un long discours devant le temple (Jr 7,1-34), discours dont le contenu est retranscrit au chapitre 26. À la porte du temple, Jérémie désillusionne le peuple qui croit pouvoir se réfugier dans ce lieu sacré. Ce que demande Yhwh n'est pas de se raccrocher au culte, le culte n'est plus que paroles illusoires, le temple n'est plus la maison de Yhwh, car Yhwh n'y voit plus qu'une caverne de bandit[33] (Jr 7,11). Il leur demande d'arrêter de l'invoquer, de cesser d'exploiter les pauvres et les immigrés, et de respecter le droit social.
Changez votre manière d'agir pour que je puisse habiter en ce lieu. Ne vous bercez pas de paroles illusoires en répétant : « Palais de Yhwh ! palais de Yhwh ! palais de Yhwh ! il est ici. » Mais plutôt amendez votre

---

33 - Expression citée par Jésus avec les marchands du temple (Mt 21,13).

conduite en défendant activement le droit dans la vie sociale; n'exploitez pas l'immigré, la veuve et l'orphelin (...) (Jr 7,3-6).
Le temple est sali par leur comportement. *Les Judéens font le mal que je réprouve - oracle de Yhwh; ils déposent leurs saletés dans la Maison sur laquelle mon nom a été proclamé; ainsi la rendent-ils impure (Jr 7,30).*
Le mal est tel que Jérémie annonce la destruction du Temple[34], *eh bien, la Maison sur laquelle mon nom a été proclamé, dans laquelle vous mettez votre confiance, et le lieu que j'ai donné à vous et à vos pères, je les traiterai comme j'ai traité Silo. Je vous rejetterai loin de moi comme j'ai rejeté tous vos frères, toute la descendance d'Ephraïm (Jr 7,14-15).*

Jérémie va encore plus loin, après le Temple, c'est la Loi elle-même qui est questionnée. Le peuple pense se rassurer en s'appuyant sur la Loi, mais Yhwh dénonce là aussi cette fausse sécurité car la Loi elle-même est pervertie. *Oui, elle est devenue une loi fausse sous le burin menteur des juristes (Jr 8,8).*

Drame personnel et solitude de Jérémie

Face au verdict de Yhwh et aux désastres qu'il est chargé d'annoncer, Jérémie est atteint dans sa chair: *Mon ventre! Mon ventre! Je me tords de douleur (...) (Jr 4,19).*
Il plonge dans le blues, tombe en dépression:
Mon affliction est sans remède, tout mon être est défaillant (Jr 8,18).
À cause du désastre de mon peuple je suis brisé.
Je suis dans le noir: la désolation me saisit (Jr 8,21).

Jérémie supplie Yhwh de détourner sa colère de lui, pour la porter sur ceux qui le méconnaissent. *Yhwh, je le sais, l'homme n'est pas maître de son chemin, le pèlerin ne fixe pas lui-même sa démarche. Corrige-moi, Yhwh, mais avec mesure et non avec colère, car tu me réduirais à rien. Répands ta fureur sur les nations qui te méconnaissent (...) (Jr 10,23-25).*

---

34 - Expression aussi reprise par Jésus en Lc 21,5-7.

Naïvement, il ignorait le niveau de violence que provoque sa prédication.

Moi, j'étais comme un agneau docile, mené à la boucherie ; j'ignorais que leurs sinistres propos me concernaient : « Détruisons l'arbre en pleine sève, supprimons-le du pays des vivants ; que son nom ne soit plus mentionné ! » (Jr 11,19)

Écoutez, soyez tout oreilles, ne le prenez pas de haut (Jr 13,15).

Si vous n'écoutez pas, je vais me désoler dans mon coin à cause d'une telle suffisance ; mes yeux vont pleurer, pleurer, fondre en pleurs : le troupeau de Yhwh part en captivité (Jr 13,17).

Yhwh le condamne à la solitude, il n'aura ni femme, ni enfants (Jr 16,1).

Jérémie prend à partie Yhwh.

Les malheurs du juste posent une grave question que le prophète vit dans sa chair : les malheurs annoncés par Yhwh, suite aux infidélités du peuple à sa Parole, touchent tout le monde, l'innocent comme le coupable, l'enfant comme le vieillard. Jérémie en vient à faire face à Yhwh et veut plaider contre lui.

Toi, Yhwh, tu es juste ! Mais je veux quand même plaider contre toi.
Oui je voudrais discuter avec toi de quelques cas.
Pourquoi les démarches des coupables réussissent-elles ?
Pourquoi les traîtres perfides sont-ils tous à l'aise ? (Jr 12,1)

Jérémie pose là, clairement, la question de la rétribution. La logique du livre du Deutéronome, selon laquelle faire le bien nous assure le bonheur et inversement faire le mal entraîne le malheur, ne se trouve pas confirmée. Comment comprendre cela ?

Yhwh ne lui apporte pas de réponse théorique, abstraite, à cette question fondamentale. La réponse que Jérémie obtient n'est pas franchement rassurante :

Si tu cours avec des piétons et qu'ils te fatiguent,
comment pourras-tu entrer en compétition avec des chevaux ?
S'il te faut un pays en paix pour être rassuré,
que feras-tu dans la jungle du Jourdain ? (Jr 12,5)
Autrement dit, le pire n'est pas encore arrivé.
Quel malheur, ma mère, que tu m'aies enfanté, moi qui suis, pour tout le pays, l'homme contesté et contredit. Je n'ai ni prêté ni emprunté, et tous me maudissent.
Pourtant dans sa souffrance, il perçoit une parole de réconfort très énigmatique.
Yhwh dit : Je le jure, ce qui reste de toi est pour le bonheur ; je le jure, je ferai que l'ennemi te sollicite au moment du malheur et de l'angoisse (Jr 15,10-11).

« ce qui reste de toi est pour le bonheur », comment comprendre une telle expression qui juxtapose aussi intimement le bonheur et le malheur ?

Puissance régénératrice de la Parole

Plus difficile encore à comprendre, cette Parole au cœur même de ses malheurs lui donne de la joie. *Dès que je trouvais tes paroles, je les dévorais. Ta parole m'a réjoui, m'a rendu profondément heureux. Ton nom a été proclamé sur moi, Yhwh, Dieu de l'univers. Je ne vais pas chercher ma joie en fréquentant ceux qui s'amusent (...) (Jr 15,16-17).*

Un peu plus loin, Yhwh le confirme dans sa mission et l'assure de sa présence à ses côtés.
Face à ces gens, je fais de toi un mur inébranlable, ils te combattront, mais ils ne pourront rien contre toi : je suis avec toi pour te sauver et te libérer (Jr 15,20).

La solitude qui caractérise le ministère de Jérémie atteint un paroxysme et à ce moment-là, il fait une expérience mystique. Au milieu de tous ses malheurs, Jérémie manifeste une extraordinaire assurance, une confiance absolue en Yhwh. C'est paradoxalement, dans ces conditions extrêmes de détresse, que jaillit en lui cette prière de confiance, que sa foi se trouve renforcée. *Yhwh, ma force et mon abri, mon refuge au jour de l'angoisse (Jr 16,19).*
Guéris-moi, Yhwh, et je serai guéri, sauve-moi et je serai sauvé, car c'est toi mon titre de gloire (Jr 17,14).

Il est en butte à la diffamation de la part de tous ; les prêtres, les sages et les prophètes institutionnels cherchent à le faire taire. *Allons donc le démolir en le diffamant, ne prêtons aucune attention à ses paroles (Jr 18,18-21).*
Mais lui doit poursuivre son action et annoncer encore plus explicitement l'arrivée de grands malheurs. *En ce lieu, je rendrai vaine la politique de Juda et de Jérusalem, je les abattrai par l'épée devant leurs ennemis, en me servant de ceux qui en veulent à leur vie, et je donnerai cette grande hécatombe en pâture aux oiseaux du ciel et aux bêtes de la terre. Je transformerai cette ville en un lieu désolé qui arrache des cris d'effroi ; (...) (Jr 19,7-8).*

Il ne peut échapper à cette parole qui lui tient les tripes, le dévore de l'intérieur. *Quand je dis : « Je n'en ferai plus mention, je ne dirai plus la parole en son nom », alors elle devient au-dedans de moi comme un feu dévorant, prisonnier de mon corps ; je m'épuise à le contenir, mais n'y arrive pas (Jr 20,9).*
Jérémie en fait le reproche à Yhwh.
Yhwh tu as abusé de ma naïveté, oui, j'ai été bien naïf ; avec moi tu as eu recours à la force et tu es arrivé à tes fins. À longueur de journée, on me tourne en ridicule, tous se moquent de moi. Chaque fois que j'ai à dire

la *parole, je dois appeler au secours et clamer : « Violence, répression ! » À cause de la parole de Yhwh, je suis en butte, à longueur de journée, aux outrages et aux sarcasmes (Jr 20,7-8).*
Il en vient à maudire la vie :
Maudis le jour où je fus enfanté ! le jour où ma mère m'enfanta, qu'il ne devienne pas béni ! (Jr 20,14) Pourquoi donc suis-je sorti du sein, pour connaître peine et affliction, pour être chaque jour miné par la honte ? (Jr 20,18)
La parole de Yhwh qu'il doit porter, le détruit à petit feu.
En moi tout ressort est brisé, je tremble de tous mes membres. Je deviens comme un ivrogne, un homme pris de vin, à cause de Yhwh, à cause de ses paroles saintes (Jr 23,9).

Suite à toutes ses interventions, en particulier son discours contre le temple, Jérémie est menacé de mort. *Les prêtres et les prophètes dirent aux autorités et à tout le peuple : « Cet homme mérite la peine capitale : il profère contre cette ville les oracles que vous avez vous-mêmes entendus » (Jr 26,11).*

N'ayant plus accès au temple en 605, Jérémie demande à son secrétaire Baruch d'écrire et de lire son texte devant le roi Yoyaqim.
(...) Fais lecture du rouleau où tu as écrit, sous ma dictée, les paroles de Yhwh (...) ; fais-en lecture à tous les Judéens qui seront venus de leurs différentes villes (Jr 36,6).
Le roi écoute la lecture du livre puis, imperturbable, brûle, morceau par morceau, le rouleau (Jr 36,23).
L'échec de la prédication de Jérémie durant toute la première période de son ministère est patent. Le dialogue entre Yhwh et le peuple semble bien définitivement rompu. *Personne n'écoutait les paroles que Yhwh proclamait par l'intermédiaire du prophète Jérémie : ni lui, ni ses serviteurs, ni les propriétaires terriens (Jr 37,2).*

La catastrophe qu'il avait annoncée se produit en 598. Nabuchodonosor, après avoir pris possession de Jérusalem et déporté l'élite vers Babylone, intronise Sédécias roi de Jérusalem pour gérer le pays[35].

Dans une lettre aux déportés, Jérémie prône la soumission à Nabuchodonosor

Jérémie lors d'une vision, voit deux corbeilles de figues. Dans l'une, les figues sont très belles et dans l'autre, elles sont immangeables. *Ainsi parle Yhwh, le Dieu d'Israël : Comme on remarque les belles figues que voici, ainsi je considère avec complaisance les déportés de Juda que j'ai expulsés de ce lieu dans le pays des Chaldéens. Mon regard se pose sur eux avec complaisance, et je les ramènerai dans ce pays ; je les édifierai, je ne les démolirai plus ; je les planterai, je ne les déracinerai plus. Je leur donnerai une intelligence qui leur permettra de me connaître ; oui, moi je suis Yhwh, et ils deviendront un peuple pour moi, et moi, je deviendrai Dieu pour eux : ils reviendront à moi du fond d'eux-mêmes (Jr 24,5-7).* Les figues immangeables représentent la population restée à Jérusalem, qui a oublié Yhwh et poursuit son culte sacré à Baal. C'est à Babylone paradoxalement, sur les lieux de leur exil et non à Jérusalem que la transformation intérieure du peuple s'opérera et que des perspectives entièrement nouvelles et exaltantes s'ouvriront.

Mais insidieusement le roi Sédécias cherche à se libérer de la tutelle de Babylone, en organisant secrètement des mouvements armés de résistance. Jérémie, au risque de passer pour un collabo ou un traître à la patrie, s'oppose à la stratégie de Sédécias et prône la soumission à l'envahisseur car Nabuchodonosor n'est qu'un instrument dans les mains de Yhwh : s'y opposer, c'est aller au-devant d'un nouveau désastre.

---

35 - Le récit de la première déportation se trouve dans le deuxième livre des rois (2R 24,14).

C'est moi qui ai fait la terre, ainsi que les hommes et les animaux qui sont sur la terre, par ma grande force et en déployant ma puissance ; je la donne à qui bon me semble. Et maintenant, c'est moi qui livre tous ces pays au pouvoir de mon serviteur Nabuchodonosor (...) Donc la nation et le royaume qui refusent de le servir - lui, Nabuchodonosor, roi de Babylone - et de placer son cou sous le joug du roi de Babylone, c'est par l'épée, la famine et la peste que je sévirai contre cette nation-là - oracle de Yhwh - jusqu'à les faire disparaître par sa main (Jr 27,5-8).

Jérémie est amené à écrire aux déportés à Babylone une lettre apparemment peu compatible avec la quête légitime de sauvegarde de l'identité nationale.

Ainsi parle Yhwh de l'univers, le Dieu d'Israël, à tous les exilés que j'ai fait déporter de Jérusalem à Babylone : Construisez des maisons et habitez-les, plantez des jardins et mangez-en les fruits, prenez femme, ayez des garçons et des filles, occupez-vous de marier vos fils et donnez vos filles en mariage pour qu'elles aient des garçons et des filles : là-bas soyez prolifiques, ne déclinez point ! Soyez soucieux de la prospérité de la ville où je vous ai déportés et intercédez pour elle auprès de Yhwh : sa prospérité est la condition de la vôtre (Jr 29,4-7).

Incroyable ! Jérémie demande au peuple non seulement de s'intégrer en pays ennemi, mais d'aller jusqu'à prier pour la prospérité de ceux qui l'ont martyrisé et déporté !!!

Promesse d'une renaissance

Dans les chapitres 30 à 34 du livre, aux confirmations et justifications de ce désastre succède l'annonce d'une grande restauration conformément à la promesse faite à leurs pères.

Ainsi parle Yhwh, le Dieu d'Israël : Ecris dans un livre toutes les paroles que je te dicte. Des jours viennent - oracle de Yhwh - où je restaurerai

Israël mon peuple - et Juda -, dit Yhwh ; je les ramènerai au pays que j'ai donné à leurs pères, et ils en hériteront (Jr 30,3).
La promesse de retour n'est pas un renoncement de Yhwh à ses exigences de justice, mais le réconfort d'une présence qui malgré toutes les infidélités du passé délivrera le peuple, tout en poursuivant son éducation.
Toi, mon serviteur Jacob, ne crains pas - oracle de Yhwh -, ne te laisse pas accabler, Israël ! Je vais te délivrer des pays lointains, et ta descendance, de sa terre d'exil.
Jacob revient, il est rassuré, il est tranquille, plus personne ne l'inquiète.
Je suis avec toi - oracle de Yhwh - pour te délivrer.
Je fais table rase de toutes les nations où je t'ai disséminé, mais de toi, je ne fais pas table rase : je t'apprends à respecter l'ordre, sans rien te laisser passer (Jr 30,10-11).

Du fin fond de ce pays où le peuple d'Israël a été jeté comme un rebut de l'humanité, Yhwh va prendre soin de lui et le guérir : *Pour toi, je fais poindre la convalescence, je te guéris de tes blessures – oracle de Yhwh – parce qu'on te nomme : « Rebut, cette Sion dont personne ne se soucie » (Jr 30,17).*
Ainsi parle Yhwh : Dans le désert, le peuple qui a échappé au glaive gagne ma faveur. Israël va vers son rajeunissement. De loin, Yhwh m'est apparu : Je t'aime d'un amour d'éternité, aussi, c'est par amitié que je t'attire à moi (Jr 31,2-3).

Le retour ne sera pas en faveur des plus forts qui ont résisté au malheur, mais il sera au contraire le rassemblement de tous les plus fragiles, de tous les impotents.
(...) Yhwh délivre son peuple, le reste d'Israël. Je vais les amener du pays du nord, les rassembler du bout du monde. Parmi eux, des aveugles, des impotents, des femmes enceintes et des femmes en couches, ils reviennent

ici, foule immense. (...) Je les dirige vers des vallées bien arrosées par un chemin uni où ils ne trébuchent pas. Oui, je deviens un père pour Israël, (...) (Jr 31,7-9).
Ainsi tout sera renouvelé : *(...) Yhwh crée du nouveau sur la terre (Jr 31,22).*
Ce sera un nouveau peuple avec lequel Yhwh veut signer une nouvelle alliance :
Des jours viennent - oracle de Yhwh - où je conclurai avec la communauté d'Israël - et la communauté de Juda - une nouvelle alliance. Elle sera différente de l'alliance que j'ai conclue avec leurs pères quand je les ai pris par la main pour les faire sortir du pays d'Egypte. Eux, ils ont rompu mon alliance (...). Voici donc l'alliance que je conclurai avec la communauté d'Israël après ces jours-là - oracle de Yhwh : je déposerai mes directives au fond d'eux-mêmes, les inscrivant dans leur être ; je deviendrai Dieu pour eux, et eux, ils deviendront un peuple pour moi. Ils ne s'instruiront plus entre compagnons, entre frères, répétant : « Apprenez à connaître Yhwh », car ils me connaîtront tous, petits et grands - oracle de Yhwh. Je pardonne leur crime ; leur faute, je n'en parle plus » (Jr 31,31-34).

Arrestation de Jérémie

Le positionnement politique de Jérémie est inconfortable car il prône la soumission à Babylone alors que Sédécias en sous-main cherche à libérer Jérusalem de la tutelle de Nabuchodonosor. Cependant Sédécias craint Jérémie et le ménage.
Le roi Sédécias envoya Yehoukal, (...) et le prêtre Cefanyahou (...) auprès du prophète Jérémie pour lui dire : « Intercède pour nous, je te prie, auprès de Yhwh notre Dieu ! » Jérémie se déplaçait librement au milieu du peuple ; on ne l'avait pas mis en prison (Jr 37,3).
Mais finalement Jérémie, soupçonné par les ministres de Sédécias de vouloir passer du côté des Chaldéens est arrêté.

Les ministres s'emportèrent contre Jérémie, le frappèrent et le mirent aux arrêts dans la maison du secrétaire Yehonatân. C'est à l'intérieur de la citerne qu'il aboutit, dans la chambre voûtée. Jérémie y demeura longtemps (Jr 37,15).

Ainsi alla la mission de Jérémie qui se retrouve au fond d'une citerne pleine de vase. Le talmud raconte qu'au fin fond du puits, ses geôliers lui demandent ironiquement ce qu'il voit dans son trou. Il leur aurait répondu : « Quand je lève les yeux, je vois le ciel ! »
Sédécias veut pourtant garder un contact avec lui. Il le consulte secrètement après l'avoir fait sortir de la citerne et amélioré ses conditions de détention.
Alors le roi Sédécias donna l'ordre de détenir Jérémie dans la cour de garde et de lui accorder quotidiennement une galette de pain, de la ruelle des boulangers, jusqu'à ce qu'il n'y ait plus de pain dans la ville. Ainsi Jérémie resta dans la cour de garde (Jr 37,21).
Jérémie n'en continua pas moins à prôner la soumission à Nabuchodonosor.
Jérémie demeura dans la cour de garde jusqu'à la prise de Jérusalem (Jr 38,28).

Retour de Nabuchodonosor et destruction de Jérusalem.

En 587, Nabuchodonosor avec son armée revient à Jérusalem, détruit complètement la ville, déporte à Babylone l'élite de la ville avec Sédécias dont il a crevé les yeux :
Nebouzaradân, chef de la garde personnelle, déporta à Babylone les bourgeois qui restaient encore dans la ville, ainsi que les déserteurs qui s'étaient rendus à lui, bref, ce qui restait de la bourgeoisie, mais il laissa dans le pays une partie du prolétariat qui ne possédait rien, et c'est alors qu'il leur donna des vergers et des champs (Jr 39,9-10).

Mais il protège Jérémie : *Au sujet de Jérémie, Nabuchodonosor, roi de Babylone, prit des dispositions dont il confia l'exécution à Nebouzaradân, chef de la garde personnelle, lui enjoignant : « Prends-le en charge, veille sur lui, ne lui fais aucun mal ; au contraire, satisfais ses requêtes » (Jr 39,11-12).*
Il le met sous la protection de Guédalias, *nommé commissaire dans les villes de Juda (Jr 40,5).* Nebouzaradân, chef de la garde personnelle, envoya *donc chercher Jérémie dans la cour de garde pour le confier à Guedalias (...), qui lui permettrait de se retirer chez lui. Ainsi Jérémie resta au milieu du peuple (Jr 39,14).*
Mais Guédalias est assassiné par des fanatiques.
Soudain, Yishmaël, fils de Netanya, et les dix hommes qui l'accompagnaient abattirent Guedalias, (...) d'un coup d'épée. Ainsi tua-t-il celui que le roi de Babylone avait nommé commissaire dans le pays (Jr 41,2).
Craignant des représailles de la part de Nabuchodonosor, les autorités de Jérusalem fuient en Egypte et emportent Jérémie avec eux.
Ils se mirent en route et s'arrêtèrent au campement de Kimham aux environs de Bethléem, prêts à partir pour l'Egypte ; ils fuyaient les Chaldéens, qu'ils redoutaient parce que Yishmaël, fils de Netanya, avait assassiné Guedalias, (...) nommé par le roi de Babylone (Jr 41,17).
(...) tous les survivants de Juda, ceux qui étaient revenus séjourner en Juda, après avoir été dispersés parmi les nations voisines : les hommes, les femmes, les enfants, les princesses (...), ainsi que le prophète Jérémie et Baruch, fils de Nériya ; refusant d'écouter la voix de Yhwh, ils se rendirent en Egypte et ils allèrent jusqu'à Daphné (Jr 43,5-7).

En Égypte, à Daphné, Jérémie prononcera encore des oracles de malheurs contre toutes les nations et toutes les puissances, puis finalement sa trace est perdue.

Conclusion

L'histoire montre combien les appels de Jérémie à se soumettre au pouvoir babylonien, si difficiles à comprendre sur le moment, ont été déterminants dans la naissance et l'essor spirituel du judaïsme à Babylone. Les directives de la Loi, données par Moïse, ont échoué à conduire le peuple vers la liberté. La Loi en tant que système, et le culte en tant que religion, censés guider et assurer l'unité du peuple, se sont avérés impuissants à changer le cœur des hommes et à établir la justice.

C'est alors à Babylone que Yhwh par l'intermédiaire de Jérémie promet à son peuple une nouvelle alliance par la métamorphose du cœur de l'homme. La Loi ne sera plus simplement un texte externe au désir de l'homme, exigeant de sa part une simple soumission (hétéronome = loi externe), mais elle sera une parole vivante qui le nourrit de l'intérieur, le transforme et le rend autonome (autonome = loi intérieure, personnelle).

Le contenu de la promesse passée, à savoir, la construction d'un peuple avec son territoire, son roi, son temple, s'élargit et transcende infiniment sa simple matérialité temporelle.
En touchant le cœur de l'homme, la réalisation de cette promesse est irréductible aux aléas de l'histoire, elle se détache des structures sociales, politiques et même religieuses. Ainsi advient le messianisme qui, 500 ans plus tard, ouvrira la porte au christianisme. Ce sont là les prémices de l'universalisme.

Jérémie est aussi le premier personnage de la Bible qui rend compte aussi nettement de cette expérience mystique, où, du fond de l'abîme, la joie jaillit comme d'un monde inconnu. De nombreux psaumes se feront l'écho de cette expérience spirituelle qui submerge les limites de notre logique rationnelle : comment ce cortège de malheurs et la joie peuvent ainsi coexister ? Mystère de la confiance, de l'espérance dans un mouvement d'abandon entre les mains de Yhwh.

L'impulsion donnée par Jérémie depuis Jérusalem sera poursuivie, amplifiée quelques années plus tard depuis Babylone par un autre grand prophète, Ezéchiel, dont l'activité auprès des déportés, se déploiera au cœur même de Babylone.

ÉZÉCHIEL

Introduction

Après Esaïe et Jérémie, le prophète Ezéchiel[36] est le troisième et dernier des « grands prophètes ». Avant d'être prophète, Ezéchiel était un prêtre rattaché au temple de Jérusalem. En 597, après la prise de Jérusalem par Nabuchodonosor, il a fait partie du premier lot de déportés à Babylone, contrairement à Jérémie qui est resté à Jérusalem. Expert du culte, Ezéchiel fut arraché du temple qui donnait sens à sa vie. À Babylone, une vision de la Gloire de Dieu fait de ce jeune prêtre un prophète dans la période la plus tragique de l'histoire d'Israël dont l'existence même est menacée. Quel peut être l'avenir d'un peuple qui n'a plus ni territoire, ni temple et dont la population est fracturée entre une élite déportée et une classe populaire restée à Jérusalem sous la coupe de l'occupant ?

Le livre d'Ezéchiel est un livre difficile et déconcertant, œuvre d'un génie complexe où des passages flamboyants qui nous portent au plus sublime, alternent avec des descriptions assez crues pour ne pas dire vulgaires (Ez 16,25 ; 23,20). Ce prophète était un poète visionnaire que l'on pourrait considérer comme un lointain ancêtre du surréalisme. Précurseur d'un nouveau genre littéraire, le genre « apocalyptique », il fait un usage prononcé de l'allégorie et du symbolisme pour exprimer au sein même des événements tragiques de l'histoire humaine des réalités supra naturelles inaccessibles à l'expérience courante, réalités qui transcendent le temps et qui pourtant sont déterminantes pour l'avenir de l'humanité.

Ezéchiel est le premier prophète à porter la parole de Yhwh hors de la terre d'Israël. Dans la perception traditionnelle, la présence de Yhwh est liée à un territoire et au culte dans le temple de Jérusalem ;

---

36 - *Ezechiel* signifie « Dieu renforcera ».

or là, par l'intermédiaire d'Ezéchiel, Yhwh se manifeste à l'étranger dans un territoire « impur ». Pour les exilés à Babylone, cet aspect d'extraterritorialité de l'action d'Ezéchiel constitue en soi un message d'espérance, il signifie que Yhwh n'abandonne pas son peuple, malgré la disparition du royaume de la dynastie de David et du temple de Jérusalem construit par Salomon.

Les dates des oracles contenus dans ce livre sont données avec précisions, Ezéchiel s'attachant à chaque fois à donner le contexte historique. C'est ainsi, que l'on apprend que les exilés ont été regroupés en certains lieux, en particulier au village appelé Tel-Aviv[37] (Ez 3,15) et qu'ils ont bénéficié d'une certaine liberté d'action.
Bien que dans ce livre, la succession d'oracles, qui accumulent des détails dont il est parfois difficile de comprendre le sens, puisse nous laisser une impression de désordre, on peut tout de même assez logiquement structurer le livre en deux grandes parties. La première porte sur les oracles avant la destruction du Temple en 587 à la tonalité très sombre tandis que la seconde partie ouvre des perspectives lumineuses au sein même du désastre.

Dans la continuité des prophètes précédents, il dénonce les deux volets du péché d'Israël : l'idolâtrie et l'injustice.
Rejeter la parole de Yhwh, c'est se soumettre aux idoles et cette aliénation de l'homme est la source de l'injustice, de l'exploitation des plus faibles par les plus forts. Le salut et le retour de la justice, ne pourront venir que de la présence de Yhwh auprès de son peuple par un renouvellement de l'alliance.
Ce renouvellement passe par la nécessité de *connaître* Yhwh. La formule « *alors ils connaîtront que je suis YHWH* » revient comme un refrain dans ce livre (Ez 5,13 ; 6,10 ; 6,14 ; 7,27 ; 11,12 ; 12,15 ; 12,20 ; 17,24), aussi bien en conclusion d'annonces de malheurs que de celles

---

37 - *Tel-Aviv*, la colline de l'épi, localité inconnue de Mésopotamie.

du salut. Les événements de l'histoire, dramatiques ou merveilleux, annoncés par la voix des prophètes sont des manifestations de Yhwh dont le peuple doit tirer les leçons.

Alors ils connaîtront que je suis Yhwh, quand je les aurai dispersés parmi les nations et que je les aurai disséminés parmi les pays. Je maintiendrai parmi eux un reste, quelques hommes réchappés de l'épée, de la faim, de la peste, pour raconter parmi les nations où ils seront allés, toutes leurs abominations ; alors on connaîtra que je suis Yhwh (Ez 12,15-17).

Ce qui paraissait inexplicable est expliqué et sans la parole d'un prophète, le peuple d'Israël, désemparé par la perte de tous ses repères culturels et religieux, aurait disparu dans le brassage des populations opéré par les empires.

Oracles avant la destruction de Jérusalem

Vision inaugurale et Vocation du prophète

Le livre débute en l'an 593 par une vision divine (Ez 1,1-14) où les images grandioses et complexes se substituent le plus souvent à la Parole, pour manifester la sublime transcendance de Dieu que les mots ne peuvent exprimer.

Les cieux s'ouvrirent et j'eus des visions divines (Ez 1,1).

Je regardai : un vent de tempête venait du nord, une grande nuée et un feu fulgurant et, autour, une clarté ; en son milieu, comme un étincellement de vermeil au milieu du feu. En son milieu, la ressemblance de quatre êtres vivants ; tel était leur aspect : ils ressemblaient à des hommes. Chacun avait quatre visages et chacun d'eux quatre ailes. Leurs jambes étaient droites ; leurs pieds : comme les sabots d'un veau, scintillants comme étincelle l'airain poli.

Des mains d'homme, sous leurs ailes, étaient tournées dans les quatre directions, ainsi que leurs visages et leurs ailes, à tous les quatre ; leurs ailes se joignaient l'une à l'autre. Ils n'avançaient pas de biais, mais chacun droit devant soi. Leurs visages ressemblaient à un visage d'homme ; tous les quatre avaient, à droite une face de lion, à gauche une face de taureau, et tous les quatre avaient une face d'aigle : c'étaient leurs faces. Quant à leurs ailes, déployées vers le haut, deux se rejoignaient l'une l'autre et deux couvraient leurs corps. Chacun avançait droit devant soi ; ils allaient dans la direction où l'esprit le voulait. Ils n'avançaient pas de biais. Ils ressemblaient à des êtres vivants. Leur aspect était celui de brandons enflammés ; c'était comme une vision de torches ; entre les vivants c'était comme un va-et-vient ; et puis il y avait la clarté du feu, et sortant du feu, des éclairs. Et les vivants s'élançaient en tous sens : une vision de foudre (Ez 1, 4-14).

Il est probable que la description des « êtres vivants[38] » fantastiques à quatre visages et à quatre ailes ait été inspirée aux prophètes par des peintures murales vues à Babylone - certaines, proches de la description d'Ezéchiel, ont été retrouvées en Mésopotamie. La théophanie vécue par Ezéchiel reprend la symbolique bestiaire des grandes civilisations mésopotamiennes pour manifester la *Gloire de Dieu*. Elle donne du poids à son envoi en mission et au message qu'il est chargé de transmettre à son peuple déraciné, perdu loin de sa terre.

(...) Je vis comme l'aspect d'un feu et d'une clarté, tout autour de lui. (...) C'était l'aspect, la ressemblance de la gloire de Yhwh. Je regardai et me jetai face contre terre ; j'entendis une voix qui parlait (Ez 1,27-28).

L'expression de « gloire de Yhwh » désigne Yhwh lui-même dans sa puissance, en référence aux autres grandes théophanies advenues à Moïse au Sinaï, à Elie sur l'Horeb. Cette gloire est associée à l'arche d'Alliance, puis au Temple.

Ezéchiel reçoit alors l'ordre de manger un rouleau : « *Fils d'homme*[39],

---

38 - Ces *êtres vivants* appelés *chérubins* au chapitres 10 sont à la fois hommes et animaux. En Exode 37,7 des figures de chérubins surmontent l'arche de l'alliance.

39 - L'expression *fils d'homme*, très fréquente dans le livre d'Ezéchiel, souligne la distance entre Dieu et son prophète (note de la TOB).

écoute ce que je te dis : ne sois pas rebelle, comme cette engeance de rebelles ; ouvre la bouche et mange ce que je vais te donner ». Je regardai : une main était tendue vers moi, tenant un livre enroulé. Elle le déploya devant moi ; il était écrit des deux côtés ; on y avait écrit des plaintes, des gémissements, des cris (Ez 2,8-9).
Il me dit : « Fils d'homme, mange-le, mange ce rouleau ; ensuite tu iras parler à la maison d'Israël ». J'ouvris la bouche et il me fit manger ce rouleau. Il me dit : « Fils d'homme, nourris-toi et remplis tes entrailles de ce rouleau que je te donne ». Je le mangeai : il fut dans ma bouche d'une douceur de miel. Il me dit : « Fils d'homme, va ; rends-toi auprès de la maison d'Israël et parle-leur avec mes paroles. Car ce n'est pas vers un peuple au parler impénétrable et à la langue épaisse que tu es envoyé ; c'est à la maison d'Israël » (Ez 3,1-5).

On retrouve là, encore plus explicite, une image utilisée par le prophète Jérémie où la Parole est associée à une nourriture délicieuse : *dès que je trouvais tes paroles, je les dévorais. Ta parole m'a réjoui, m'a rendu profondément heureux (Jr 15,16),* avec le même paradoxe, comment des paroles *de plaintes, de gémissements, de cris* une fois mises dans la bouche pour remplir ses entrailles, avaient un goût « *d'une douceur de miel* » ?

Dans le cadre de cette théophanie, Ezéchiel est envoyé à son insu auprès d'un groupe de déportés qui vivent dans le village de Tel-Aviv. *Alors l'Esprit me souleva et m'emporta ; j'allai, amer et l'esprit irrité ; la main de Yhwh était sur moi, très dure. J'arrivai chez les déportés, à Tel-Aviv, chez ceux qui résident près du fleuve Kebar[40] - car c'est là qu'ils résident - et je résidai là sept jours, hébété, au milieu d'eux (Ez 3,14-15).* Ezéchiel met sept jours à se remettre de ses visions à l'issue desquelles il est établi dans une mission de *« guetteur » (Ez 3,17).* Le guetteur est celui qui est placé en haut de la muraille d'une cité ou sur une hauteur d'un champ de bataille pour faire le guet. Sa mission est *de voir et*

---
40 - *Le Kebar*, probablement un canal relié à l'Euphrate, grand fleuve qui passe à Babylone.

d'avertir. Elle est vitale pour le peuple et en cas de défaillance de sa part, il sera tenu pour responsable des malheurs. Du guetteur peut dépendre la survie du peuple tout entier. Ezéchiel est chargé de *le mettre en garde contre sa mauvaise conduite et de l'avertir des malheurs qui l'attendent (Ez 3,18).*

Yhwh quitte le temple de Jérusalem et vient en soutien aux déportés à Babylone

Ezéchiel se trouve face à une situation dramatique où d'une part les élites déportées à Babylone entretiennent l'espoir d'un retour à Jérusalem tandis que ceux qui sont restés à Jérusalem cherchent à se libérer, militairement si nécessaire, de la tutelle de Nabuchodonosor. (Ez 4-11)
Ezéchiel dénonce ces deux types d'illusions et à contre-courant, il prédit pour Jérusalem une catastrophe encore pire que la précédente avec la destruction totale de la ville et de son temple, évènement qui se produira effectivement en 587.
Depuis Babylone, Ezéchiel doit annoncer que pour Jérusalem et ses habitants, *c'est la fin ! Ainsi parle Yhwh Dieu : Malheur jamais vu ! Malheur ! Le voici qui vient. La fin arrive ; elle arrive, la fin ; elle s'éveille pour toi ; la voici qui arrive (Ez 7,5-6).*
En effet, *toutes les mains seront défaillantes ; (...) Sur tous les visages, la honte et sur toutes les têtes, cheveux tondus (Ez 7,17-18).*
L'argent que les habitants de Jérusalem ont amassé ne leur servira à rien, l'argent est un piège, il est la cause de leur malheur, il est devenu une malédiction.
Ils jetteront leur argent dans les rues ; leur or sera une souillure, leur argent et leur or ne pourront les sauver, au jour de la fureur de Yhwh, leurs gosiers ne seront pas rassasiés, et leurs entrailles ne seront pas remplies ; car l'or et l'argent sont la cause de leur péché. De leur splendide parure, ils ont fait leur orgueil ; ils en ont fait leurs images abominables, leurs horreurs ; c'est

pourquoi j'en ferai leur souillure (Ez 7,19-20).

Dans cette révélation de Yhwh, la souillure est un châtiment qui apparaît positivement comme un barrage pour arrêter les hommes qui se fourvoient dans leur suffisance.

Dans le livre des proverbes, le châtiment ou la correction fait partie de l'éducation - mot que l'on peut traduire par « indication du chemin » - dans la mesure où il met en lumière les impasses dans lesquelles le peuple se fourvoie. S'il cesse de s'endurcir et de s'entêter à suivre de mauvaises pistes, l'homme retrouvera le chemin de la liberté.

Ne rejette pas, mon fils, l'éducation de Yhwh, et ne te lasse pas de ses avis. Car Yhwh réprimande celui qu'il aime tout comme un père le fils qu'il chérit (Pr 3,11).

Ezéchiel, en l'an 592, est alors transporté par une vision au temple de Jérusalem pour constater toutes les *abominations* qui y sont perpétrées. Soixante-dix anciens encensent *toutes sortes d'images de reptiles et de bêtes - une horreur - et toutes les idoles de la maison d'Israël dessinées tout autour sur le mur (Ez 8,10).*

Le châtiment prend la forme de six hommes, chacun avait en main son instrument d'extermination, seuls seront épargnés ceux qui souffrent et gémissent de toutes ces abominations : *(...) Au milieu d'eux il y avait un homme vêtu de lin, avec une écritoire de scribe à la ceinture (...). Yhwh lui dit : « Passe au milieu de la ville, au milieu de Jérusalem ; fais une marque sur le front des hommes qui gémissent et se plaignent à cause de toutes les abominations qui se commettent au milieu d'elle ». Puis je l'entendis dire aux autres : « Passez dans la ville à sa suite et frappez ; (...) Souillez la Maison et remplissez de morts les parvis... Allez ! » (...) (Ez 9,3-7).*

Dans une description assez énigmatique avec des chérubins portés par des roues qui étincellent, on comprend que la gloire de Yhwh quitte le temple de Jérusalem et s'oriente vers le fleuve Kebar, lieux où résidaient les déportés (Ez 10,14).

L'exil a déchiré le peuple entre les déportés à Babylone et ceux qui sont restés à Jérusalem. Ces derniers, semble-t-il, considèrent que désormais les premiers ont été punis et ont perdu toute légitimité sur la terre d'Israël. Yhwh ne semble pas voir les choses comme cela, au contraire il dénonce leurs prétentions d'être les gardiens de la terre d'Israël.

Il y eut une parole de Yhwh pour moi : « Fils d'homme, tous tes frères, les gens de ta parenté, toute la maison d'Israël, dans sa totalité, auxquels les habitants de Jérusalem disent : « Restez loin de Yhwh ; c'est à nous que cette terre a été donnée en possession ! » Dis-leur donc : Ainsi parle Yhwh Dieu : Même si je les ai éloignés parmi les nations et les ai dispersés dans les pays, j'ai été un peu pour eux un sanctuaire dans les pays où ils sont allés » (Ez 11,14-16).

Il donne ainsi des paroles de réconfort à ceux qui sont exilés à Babylone ; il les assure de la présence de Yhwh au milieu d'eux, en terre étrangère. Dans sa fidélité à sa promesse, Yhwh changera le cœur de ces déportés ; ils seront le renouveau d'Israël, chargés de nettoyer toutes les *abominations* que sont les pratiques cultuelles aux idoles et l'exploitation des plus pauvres.

Dis-leur donc : Ainsi parle Yhwh Dieu : je vous rassemblerai du milieu des peuples et je vous réunirai des pays où vous avez été dispersés ; puis je vous donnerai la terre d'Israël. Ils y viendront et en ôteront toutes les horreurs et toutes les abominations. Je leur donnerai un cœur loyal ; je mettrai en vous un esprit neuf ; je leur enlèverai du corps leur cœur de pierre et je leur donnerai un cœur de chair, afin qu'ils marchent selon mes lois, qu'ils gardent mes coutumes et qu'ils les accomplissent. Ils seront mon peuple et je serai leur Dieu (Ez 11, 17-20).

La gloire du Dieu d'Israël était au-dessus d'eux, tout au-dessus. La gloire de Yhwh s'éleva du milieu de la ville et se tint sur la montagne qui est à l'orient (Ez 11,22).

Ezéchiel est porté par l'Esprit pour transmettre cette parole d'espoir aux déportés.
L'Esprit me souleva et m'emmena en Chaldée, vers les déportés ; cela se passait en vision, sous l'effet de l'esprit de Dieu. La vision que j'avais contemplée s'éleva au-dessus de moi. Je parlais aux déportés de toutes les choses que Yhwh m'avait fait voir (Ez 11,24).

Invectives contre Jérusalem et annonce d'une deuxième déportation

Dans les treize chapitres suivants (Ez 12-24), Ezéchiel revient par une série de diatribes sur la situation morale déplorable de Jérusalem.
Il y eut une parole de Yhwh pour moi : Fils d'homme, tu habites au milieu d'une engeance de rebelles ; ils ont des yeux pour voir et ne voient pas, des oreilles pour entendre et ils n'entendent pas, car c'est une engeance de rebelles (Ez 12,1-2).
Il a un message particulier pour Sédécias que Nabuchodonosor a laissé en place en tant que gouverneur (2R 24,17) : *Écoute, fils d'homme ! Fais-toi un bagage de déporté et pars en déportation, en plein jour, sous leurs yeux ; tu partiras en déportation, de ce lieu vers un autre, sous leurs yeux ; peut-être verront-ils qu'ils sont une engeance de rebelles (Ez 12,3).*
Il lui annonce qu'à son tour il sera déporté et qu'il mourra à Babylone (2R 25,7).
Cet oracle est pour le prince qui est à Jérusalem et pour toute la maison d'Israël qui s'y trouve. Dis-leur : Je suis pour vous un présage ; comme j'ai fait, ainsi il leur sera fait. Ils iront en déportation, en exil. Le prince qui est au milieu d'eux chargera son épaule ; dans l'obscurité, il sortira à travers le mur qu'on aura percé dans ce but. Il couvrira son visage, de sorte qu'il

ne verra pas, de ses yeux, le pays. J'étendrai mon filet sur lui et il sera pris dans mes rets ; je l'amènerai à Babylone, au pays des Chaldéens ; il mourra dans ce pays sans l'avoir vu (Ez 12,10-13).

Il dénonce tous les faux prophètes et leurs propos lénifiants qui dissimulent la gravité de la situation. *Malheureux les prophètes insensés qui suivent leur esprit sans avoir rien vu. Des chacals dans les ruines, tels sont devenus tes prophètes, Israël (Ez 13,4).*
Ma main sera contre les prophètes qui ont des visions illusoires et qui font des prédictions trompeuses ; (...) Parce qu'ils ont égaré mon peuple en disant : « Paix ! », alors qu'il n'y avait point de paix, et parce qu'ils enduisaient de crépi le mur que mon peuple bâtissait, dis à ceux qui enduisent de crépi - car il tombera : Il viendra une pluie torrentielle ; (...) (Ez 13,9-11).
Il accuse aussi des magiciennes qui exercent une emprise sur le peuple trop crédule.
Malheureuses, celles qui cousent des bandelettes pour tous les poignets et qui confectionnent des voiles pour les gens de toute taille, afin de capturer des vies. Vous voulez capturer la vie des gens de mon peuple et sauvegarder votre propre vie ! Vous m'avez profané devant mon peuple pour des poignées d'orge et pour des morceaux de pain ; vous faites mourir ceux qui ne doivent pas mourir et vous faites vivre ceux qui ne doivent pas vivre, trompant ainsi mon peuple crédule. C'est pourquoi, (...) je déchirerai vos voiles, je délivrerai mon peuple de votre main et ils ne seront plus une proie dans vos mains ; Alors vous connaîtrez que je suis Yhwh (Ez 13,18-21).
L'homme qui vient consulter un prophète tout en ayant des idoles dans son cœur se berce d'illusions. *Je tournerai mes regards contre cet homme, j'en ferai un exemple proverbial et je le retrancherai du milieu de mon peuple (Ez 14,8).*
Un tel homme sera condamné et avec lui le prophète qui joue à ce petit jeu de dupes.

J'étendrai la main contre lui et je le supprimerai du milieu de mon peuple d'Israël. Ils porteront le poids de leurs fautes ; il en ira de la faute du consultant comme de la faute du prophète (Ez 14,10).
Le jugement est inéluctable et même la présence de justes au milieu du peuple, symbolisée par trois hommes, Noé, Daniel et Job, ne pourra pas le sauver.
(...) J'étends donc la main contre lui, je supprime ses provisions de pains, j'envoie contre lui la famine, j'en retranche hommes et bêtes. Même si ces trois hommes : Noé, Daniel et Job, se trouvent au milieu de ce pays, eux seuls sauveront leur vie, par leur justice - oracle de Yhwh Dieu (Ez 14,13-14).
Le peuple de Yhwh est comparé au bois d'une vigne qui sera jeté au feu. *Comme je mets au feu le bois de la vigne, de préférence au bois de la forêt, ainsi je brûle les habitants de Jérusalem. Je tourne mon visage contre eux ; ils sont sortis du feu, mais le feu les dévorera ; alors vous connaîtrez que je suis Yhwh, moi qui tourne mon visage contre eux (Ez 15,6-7).*

Yhwh revient sur le passé de son peuple. Israël est comparé à une petite fille qui, rejetée par tous, a été recueillie par Yhwh. Chérie, soignée, elle est devenue une femme très belle que toutes les nations admiraient.
(...) La beauté des beautés ; tes seins se formèrent, du poil te poussa ; mais tu étais sans vêtements, nue. En passant près de toi, je t'ai vue ; or tu étais à l'âge des amours. J'ai étendu sur toi le pan de mon habit et couvert ta nudité ; je t'ai fait un serment et suis entré en alliance avec toi – oracle de Yhwh Dieu. Alors tu fus à moi.(Ez 16,7-8).
(...) alors tu es devenue extrêmement belle. Tu es parvenue à la royauté. Alors le renom de ta beauté s'est répandu parmi les nations : car elle était parfaite, à cause de la splendeur dont je t'avais parée (...) (Ez 16,13-14).
Hélas, Jérusalem n'a pas reconnu de qui elle tenait cette beauté. *Mais tu t'es fiée à ta beauté et, à la mesure de ton renom, tu t'es prostituée ; tu as*

prodigué tes débauches à tout passant - tu as été à lui (Ez 16,15).
Elle a détourné sa beauté pour des amours coupables : *(...), tu as fait un usage abominable de ta beauté, tu t'es offerte à tout passant ; tu as multiplié tes débauches. Tu t'es prostituée aux fils de l'Egypte, tes voisins au grand corps ; ainsi tu as multiplié tes débauches, au point de m'offenser (Ez 16,25-26).*
La belle Jérusalem est devenue prétentieuse, elle a délaissé les malheureux.
Voilà ce que fut la faute de ta sœur Sodome : orgueilleuse, repue, tranquillement insouciante, elle et ses filles ; mais la main du malheureux et du pauvre, elle ne la raffermissait pas. Elles sont devenues prétentieuses et ont commis ce qui m'est abominable ; alors je les ai rejetées, comme tu l'as vu. Alors que Samarie n'avait pas commis la moitié de tes péchés, tu as rendu tes abominations plus nombreuses que les siennes ; tu as fait apparaître juste tes sœurs, par toutes les abominations que tu as commises (Ez 16,49-51).

Cette succession de diatribes se termine cependant par un message d'espoir.
Moi je me souviendrai de mon alliance avec toi, aux jours de ta jeunesse : j'établirai avec toi une alliance perpétuelle. Tu te souviendras de ta conduite et tu seras confuse quand tu accueilleras tes sœurs aînées auprès de tes cadettes ; (...) (Ez 16,60-61).

Situation politique

Au chapitre 17, le prophète revient sur la situation politique. Nabuchodonosor, après avoir envahi la ville en 597 et déporté ses forces vives, a nommé roi de Jérusalem Sédécias, qui s'est soumis. La ville est ainsi épargnée. *(...) : voici que le roi de Babylone est venu à Jérusalem ; il en a pris le roi et les chefs, il les a emmenés avec lui, à Babylone. Il a pris quelqu'un de sang royal, a conclu un pacte avec lui ; il lui a imposé*

un serment de fidélité ; il a pris les notables du pays, afin que le royaume reste petit, incapable de s'élever, qu'il garde son pacte dans la stabilité (Ez 17,12-14).
Mais Sédécias mène un double jeu. Après avoir juré fidélité à Nabuchodonosor, il tente de mener une alliance avec l'Egypte contre lui. *Il s'est révolté contre lui, en envoyant des messagers en Egypte, afin qu'elle lui donne des chevaux et beaucoup de soldats. Pourra-t-il prospérer ? Va-t-il réussir, celui qui a agi ainsi ? Il a rompu le pacte et il s'en tirerait ? (Ez 17,15)*
Cette tentative d'alliance ne plaît pas à Yhwh, elle occulte les raisons profondes du malheur du peuple. Ce n'est pas la stratégie politique qui est en cause, mais l'infidélité du peuple à Yhwh et l'injustice qui règne à Jérusalem. Ezéchiel annonce la déportation définitive de Sédécias. *Par ma vie - oracle de Yhwh Dieu - c'est dans le pays du roi qui l'a fait régner, envers qui il a été parjure et dont il a rompu le pacte, c'est chez lui, en pleine Babylone, qu'il mourra (Ez 17,16).*
Le remède aux malheurs du peuple n'est pas à chercher dans des manœuvres politiques. Les tentatives d'alliance avec l'Egypte sont totalement vaines.
Et ce n'est pas avec l'aide d'une grande armée et d'un vaste rassemblement que le Pharaon pourra agir en sa faveur, au moment du combat, au moment où on élèvera un remblai, où on fera des terrassements pour massacrer une foule de gens. Il a été parjure en rompant le pacte ; il avait bien donné sa main, mais il a commis toutes ces fautes : il ne réussira pas (Ez 17,17-18).

À qui la faute de tous ces malheurs ?

Au chapitre 18, le prophète paraît répondre à la question sur la responsabilité de tous ces malheurs. La faute des pères touche indistinctement ses descendants aussi bien les bons que les mauvais.

Il semble bien que certains payent pour la faute des autres !
Yhwh cherche à sortir le peuple de cette perception collective de la rétribution.

Qu'avez-vous à répéter ce dicton, sur la terre d'Israël : « Les pères ont mangé du raisin vert et les dents des fils ont été agacées » ? Par ma vie - oracle de Yhwh Dieu - vous ne répéterez plus ce dicton en Israël ! Oui ! Toutes les vies sont à moi ; la vie du père comme la vie du fils, toutes deux sont à moi ; celui qui pèche, c'est lui qui mourra (Ez 18,2-4).

Il fait une description explicite du péché sur la base de critères éthiques.

Soit un homme juste ; il accomplit le droit et la justice ; (...) il n'exploite personne ; il rend le gage reçu pour dette ; il ne commet pas de rapines ; il donne son pain à l'affamé ; il couvre d'un vêtement celui qui est nu ; il ne prête pas à intérêt ; il ne prélève pas d'usure ; il détourne sa main de l'injustice ; (...) agissant d'après la vérité : c'est un juste ; certainement, il vivra - oracle de Yhwh Dieu (Ez 18,5-9).

La vertu n'est pas héréditaire, elle ne garantit pas la vie pour le fils.

Mais il a pour fils un brigand qui répand le sang et commet l'une de ces choses, (...) il exploite le malheureux et le pauvre ; il commet des rapines ; il ne rend pas un gage ; il lève les yeux vers les idoles ; il commet l'abomination ; il prête à intérêt et pratique l'usure... Lui, vivre ! Il ne vivra pas. Il a commis toutes ces abominations : certainement il mourra ; son sang sera sur lui (Ez 18,10-13).

Ce traitement équitable pour chaque personne, annoncé par le prophète, semble contredit par le constat que toutes les souffrances liées à l'occupation et à la déportation touchent tout le monde sans distinction ! Encore plus déroutant, nous avons vu avec le prophète Jérémie et avec le serviteur souffrant d'Esaïe que la douleur pouvait toucher particulièrement les plus proches de Yhwh. Cette question de l'apparente injustice de la rétribution deviendra centrale, en particulier dans la prière des psaumes et dans les écrits des sages postérieurs aux écrits prophétiques. On peut cependant remarquer que dans ce texte, à ce stade de la révélation, Yhwh ne fait pas la promesse de protéger le juste de la souffrance mais de le faire vivre. Il crée un écart entre la souffrance d'aujourd'hui et la promesse de vie à venir.

Mais en attendant la révélation explicite sur le sens de la souffrance du juste, Yhwh appelle chacun à la vie, vie qui passe par un changement intérieur.

Rejetez le poids de toutes vos rébellions ; faites-vous un cœur neuf et un esprit neuf ; pourquoi devriez-vous mourir, maison d'Israël ? Je ne prends pas plaisir à la mort de celui qui meurt - oracle de Yhwh Dieu ; revenez donc et vivez ! » (Ez 18,31)

Prise de conscience

Yhwh rappelle alors tous les espoirs qu'il a mis sur Israël qu'il compare à une vigne qu'il a choyée. Hélas les fruits ne furent pas à la hauteur de son attente.

Ta mère ressemblait à une vigne plantée au bord de l'eau. Elle était féconde et touffue, à cause des eaux abondantes (...) et le vent d'orient a desséché ses fruits qui sont tombés. Ses rameaux vigoureux ont séché, le feu les a dévorés. Et maintenant, elle est plantée dans le désert, dans un pays d'aridité et de soif (Ez 19,10-13).

En 591, les anciens à Babylone viennent consulter Ezéchiel. Yhwh leur rappelle que toute l'histoire d'Israël est émaillée de ses infidélités. *C'est pourquoi, parle à la maison d'Israël, fils d'homme ; tu leur diras : Ainsi parle Yhwh : continuellement vos pères m'ont outragé par leurs infidélités (Ez 20,27).*

Cependant Yhwh ne désespère pas d'une prise de conscience.

(...) Par vous, je montrerai ma sainteté aux yeux des nations. Vous connaîtrez que je suis Yhwh quand je vous mènerai sur le sol d'Israël, dans ce pays que j'avais juré, la main levée, de donner à vos pères. Là-

bas, vous vous souviendrez de votre conduite et de toutes les actions par lesquelles vous vous êtes souillés ; le dégoût vous montera au visage, à cause de tous les méfaits que vous avez commis.
Après cette prise de conscience, Yhwh pourra accomplir sa promesse malgré toutes leurs fautes. *Vous connaîtrez que je suis Yhwh, quand j'agirai avec vous à cause de mon nom et non pas à cause de votre mauvaise conduite et de vos actions corrompues, maison d'Israël - oracle de Yhwh Dieu (Ez 20,41-44).*

Nouvelles invectives

Les infidélités du peuple provoqueront des calamités qui toucheront sans distinction tout le pays. *Tu diras à la terre d'Israël : Ainsi parle Yhwh : Je viens contre toi ; je tirerai mon épée du fourreau et je retrancherai de toi le juste et le méchant. C'est parce que je vais retrancher de toi le juste et le méchant, c'est pour cela que mon épée va sortir du fourreau contre toute chair, du Néguev jusqu'au Nord. Alors toute chair connaîtra que c'est moi, Yhwh, qui tire mon épée du fourreau où elle ne retournera plus (Ez 21,8-10).*
Les plus coupables sont les princes et les classes dominantes. *Chez toi, les princes d'Israël versent le sang, chacun selon la force de son bras. Chez toi, on méprise père et mère ; au milieu de toi, on fait violence à l'émigré ; chez toi, on exploite l'orphelin et la veuve. Tu méprises mes choses saintes, tu profanes mes sabbats. Chez toi, il y a des calomniateurs qui incitent à répandre le sang ; (...) (Ez 22,6-8).*

Le prophète développe alors une allégorie avec l'histoire des deux sœurs qui se prostituent ; Ohola représente Samarie et Oholiba représente Jérusalem.

Quand elles immolaient leurs fils aux idoles, elles sont entrées, ce jour-là, dans mon sanctuaire en le profanant. Voilà ce qu'elles ont fait, au milieu de ma Maison (Ez 23,39).

Annonce d'un rescapé

En 588, Ezechiel perd sa femme. Ce décès est paradoxalement un présage de rédemption.

« Fils d'homme, je vais t'enlever brutalement la joie de tes yeux. Tu ne célébreras pas le deuil ; tu ne feras pas de lamentation et tu ne pleureras pas. Soupire en silence ; tu n'accompliras pas les rites funèbres (…). » Je parlai au peuple le matin, et ma femme mourut dans la soirée ; le lendemain j'exécutai les ordres reçus. (Ez 24,16-18).

Au sein même du malheur, Yhwh maintient pour Israël une perspective de salut par la venue d'un personnage mystérieux, *un rescapé*.

Ezéchiel aura été pour vous un présage ; (…) Quand cela arrivera, vous connaîtrez que je suis Yhwh Dieu. Écoute, fils d'homme, le jour où je leur prendrai leur force, leur plaisir et leur parure, la joie de leurs yeux, le délice de leurs vies, leurs fils et leurs filles, ce jour-là, arrivera vers toi un rescapé, pour faire entendre la nouvelle ; ce jour-là, ta bouche s'ouvrira avec l'arrivée du rescapé ; tu parleras, tu ne seras plus muet. Tu auras été pour eux un présage ; alors ils connaîtront que je suis Yhwh (Ez 24,24-27).

Le châtiment des nations

Si Ezéchiel s'attache tout spécialement à dénoncer Israël qui a rompu l'alliance avec Yhwh, il annonce, en 587, que toutes les autres nations, même si elles n'ont pas connu Yhwh seront détruites du fait de leur arrogance (Ez 25 – 32).

Tel sera le sort d'Ammon, Moab, Edom et des Philistins (Ez 25). Il ne prédit rien de bon pour les grandes cités portuaires comme Tyr et

Sidon qui ont profité des malheurs d'Israël et se sont enrichies par le commerce avec les plus grandes cités, jusqu'à Tarsis[41] - *Ils feront leur butin de tes richesses, ils pilleront tes marchandises, ils abattront tes murailles et démoliront tes luxueuses maisons; (...) (Ez 26,12).*
Des navires de Tarsis faisaient le transport de tes marchandises. Tu as été remplie, chargée lourdement au cœur des mers. Tes rameurs t'ont menée sur les grandes eaux... Le vent d'orient t'a brisée au cœur des mers (Ez 27,25-26).
Quant à la superbe de l'empire égyptien - *(...) c'est toi qui as dit: « Il est à moi, mon Nil, et moi, je me suis fait moi-même (Ez 29,3)* -, Ezéchiel en annonce la défaite face à Nabuchodonosor.
La vingt-septième année, le premier mois, le premier jour du mois[42]*, il y eut une parole de Yhwh pour moi. (...) « Je vais donner le pays d'Egypte à Nabuchodonosor, roi de Babylone; il enlèvera ses richesses, en prendra tout le butin et le pillera complètement. L'Egypte servira de salaire à son armée » (Ez 29,17-19).*
La victoire de Nabuchodonosor sur les Égyptiens aura bien lieu en 568 à Gaza.

Oracles après la destruction de Jérusalem

Jusqu'ici, dans la première partie du livre, Ezéchiel, face à un peuple inconscient et plein d'illusions, a tenu des paroles terribles. Après la destruction de Jérusalem, Ezéchiel n'a plus en face de lui qu'un peuple désespéré. Sa parole change alors clairement de ton.

Appel à la responsabilité

Yhwh interpelle Ezéchiel auquel il a confié le rôle de *guetteur* (Ez 3,17). Il doit assumer cette lourde responsabilité.
Mais le guetteur voit venir l'épée et ne sonne pas du cor: les gens ne sont pas avertis; quand l'épée viendra et emportera l'un d'eux, c'est par la

---

41 - *Tarsis*, probablement l'Espagne qui symbolise l'extrémité du monde.
42 - 571 av.J.-C.

faute du guetteur que cet homme sera emporté, et je demanderai compte de son sang au guetteur (Ez 33,6).
Alors grâce à la parole du guetteur, le peuple exilé pourra prendre conscience de sa responsabilité dans l'anéantissement d'Israël et Yhwh leur redonnera espoir.
Dis-leur : Par ma vie - oracle de Yhwh Dieu -, est-ce que je prends plaisir à la mort du méchant ? Bien plutôt à ce que le méchant change de conduite et qu'il vive ! Revenez, revenez de votre méchante conduite : pourquoi faudrait-il que vous mouriez, maison d'Israël (Ez 33,11).

Les responsables d'Israël ont abusé du peuple, ils ont servi leurs propres intérêts sans se préoccuper de le nourrir.
(...) Parce que mes bergers ne sont pas allés à la recherche de mon troupeau, mais que ces bergers se paissaient eux-mêmes sans faire paître mon troupeau (Ez 34,8).
Yhwh, comme un bon berger, promet alors d'intervenir lui-même.
Car ainsi parle Yhwh Dieu : je viens chercher moi-même mon troupeau pour en prendre soin. De même qu'un berger prend soin de ses bêtes le jour où il se trouve au milieu d'un troupeau débandé, ainsi je prendrai soin de mon troupeau ; je l'arracherai de tous les endroits où il a été dispersé un jour de brouillard et d'obscurité. Je le ferai sortir d'entre les peuples, je le rassemblerai des différents pays et je l'amènerai sur sa terre ; je le ferai paître sur les montagnes d'Israël (Ez 34,11-13a).
Yhwh ne supporte pas le gaspillage des bonnes pâtures et le piétinement de l'eau propre par les brebis les plus fortes qui bousculent les plus faibles.
Quant à vous, mon troupeau, ainsi parle Yhwh Dieu : Je vais juger entre brebis et brebis (...). Ne vous suffit-il pas de paître un bon pâturage ? Faut-il encore que vous fouliez aux pieds le reste de la pâture ? Ne vous suffit-il pas de boire une eau claire ? Faut-il que vous troubliez le reste avec vos pieds ? Ainsi mon troupeau doit pâturer ce que vos pieds ont foulé et boire

l'eau que vous avez troublée (Ez 34,17-19).
Yhwh fera alors le tri entre les brebis fortes et les brebis faibles et viendra sauver ces dernières. *C'est pourquoi, ainsi parle Yhwh : Je viens juger moi-même entre la brebis grasse et la brebis maigre. Parce que vous avez bousculé du flanc et de l'épaule, et parce que vous avez donné des coups de cornes à toutes celles qui étaient malades jusqu'à ce que vous les ayez dispersées hors du pâturage, je viendrai au secours de mes bêtes et elles ne seront plus au pillage ; je jugerai entre brebis et brebis. Je susciterai à la tête de mon troupeau un berger unique ; lui le fera paître : ce sera mon serviteur David (Ez 34,20-23).*

Les nations voisines qui se sont réjouies des malheurs d'Israël seront touchées à leur tour.
Ainsi parle Yhwh Dieu : « Puisque tout ce pays est dans la joie, je t'en ferai un désert ; puisque tu te réjouis de ce que le patrimoine de la maison d'Israël est un désert, je te rendrai la pareille. La montagne de Séir deviendra un désert, tout Edom, en entier. Alors on connaîtra que je suis Yhwh » (Ez 35,14-15).
Ils avaient de la joie plein le cœur et le mépris dans l'âme parce que les pâturages du pays étaient un endroit à piller (Ez 36,5b). Les nations qui vous entourent porteront leur propre déshonneur (Ez 36,7b).

Restauration et renouveau spirituel

La restauration nationale est associée au renouveau spirituel personnel de chacun.
Je vous prendrai d'entre les nations, je vous rassemblerai de tous les pays et je vous amènerai sur votre sol. Je ferai sur vous une aspersion d'eau pure et vous serez purs ; je vous purifierai de toutes vos impuretés et de toutes vos idoles.

Je vous donnerai un cœur neuf et je mettrai en vous un esprit neuf; j'enlèverai de votre corps le cœur de pierre et je vous donnerai un cœur de chair. Je mettrai en vous mon propre Esprit (Ez 36,24-27a).

Vision des ossements desséchés qui reprennent de la chair

C'est alors que le prophète a la célèbre vision des ossements desséchés (Ez 37). Expression très forte du désespoir des Israélites exilés ; ils ne sont plus que des morts desséchés, mais Ezéchiel leur annonce le retour à la vie. Yhwh saura faire revivre cet amoncellement de cadavres.
Ainsi parle Yhwh Dieu à ces ossements : Je vais faire venir en vous un souffle pour que vous viviez. Je mettrai sur vous des nerfs, je ferai croître sur vous de la chair, j'étendrai sur vous de la peau, je mettrai en vous un souffle et vous vivrez ; alors vous connaîtrez que je suis Yhwh (Ez 37,5-6). Je vais ouvrir vos tombeaux ; je vous ferai remonter de vos tombeaux, ô mon peuple, je vous ramènerai sur le sol d'Israël (Ez 37,12b).
Ainsi sera accomplie la promesse d'une royauté et d'un sanctuaire éternel. *Mon serviteur David sera leur prince pour toujours. Je conclurai avec eux une alliance de paix ; ce sera une alliance perpétuelle avec eux. Je les établirai, je les multiplierai. Je mettrai mon sanctuaire au milieu d'eux pour toujours. Ma demeure sera auprès d'eux (Ez 37,25b-27a).*

La bataille finale contre Gog et synthèse de l'action de Yhwh

L'accomplissement de la promesse sera précédé d'une gigantesque bataille de Yhwh contre Gog, prince de Magog, qui symbolise toutes les forces terrifiantes du mal.
Ce récit (Ez 38-39) qui relève du genre apocalyptique illustre la victoire finale à la fin des temps où seront manifestées la grandeur et la sainteté de Yhwh.
Ce jour-là, le jour où Gog arrivera sur la terre d'Israël - oracle de Yhwh Dieu - tu me feras monter la fureur au visage. Dans mon ardeur, dans le

feu de ma furie, je le dis : oui, ce jour-là, il y aura un grand tremblement de terre sur le sol d'Israël. Les poissons de la mer, les oiseaux du ciel, les bêtes sauvages, tout ce qui rampe sur le sol et tous les êtres humains à la surface du sol trembleront devant moi ; les montagnes s'abattront, les parois rocheuses s'effondreront, toutes les murailles tomberont à terre. Sur toutes mes montagnes, j'appellerai l'épée contre Gog ; (...) je ferai pleuvoir sur lui, sur ses escadrons et sur les nombreux peuples qui seront avec lui une pluie diluvienne, du grésil, du feu et du soufre. Je montrerai ma grandeur et ma sainteté, je me ferai connaître aux yeux de nombreuses nations. Alors elles connaîtront que je suis Yhwh (Ez 38,18-23).

Après la description apocalyptique de la victoire finale sur Gog, Ezéchiel reprend de façon synthétique les causes du malheur de la déportation.

Les nations connaîtront que la maison d'Israël est partie en exil à cause de son péché, parce qu'ils m'ont été infidèles ; c'est pourquoi je leur ai caché mon visage, je les ai livrés aux mains de leurs adversaires et ils sont tous tombés sous l'épée. Je les ai traités d'après leur souillure et leur révolte ; c'est pourquoi je leur ai caché mon visage (Ez 39,23-24).

Puis il renouvelle, au sein même des pays étrangers, la promesse d'une renaissance d'Israël sous l'action de l'Esprit avec le rassemblement de tout le peuple dispersé.

En les faisant revenir d'entre les peuples, je les rassemblerai loin des pays de leurs ennemis, je montrerai ma sainteté à travers eux, aux yeux de nombreuses nations. Alors ils connaîtront que je suis Yhwh, leur Dieu, car après les avoir déportés chez les nations, je les rassemblerai sur leur propre sol ; je n'en laisserai plus là-bas. Je ne leur cacherai plus mon visage puisque j'aurai répandu mon Esprit sur la maison d'Israël (Ez 39,27-29).

Construction d'un nouveau temple et retour de la gloire de Yhwh

En 571, la vingt-cinquième année de notre déportation, au début de l'année, le dix du mois, quatorze ans après la chute de la ville, le même jour exactement, la main de Yhwh fut sur moi. Il m'emmena là-bas (Ez 40,1). Ezéchiel a la vision depuis une très haute montagne d'un temple nouveau. Tous les détails de la reconstruction sont donnés longuement dans les chapitres 40 à 43.

Puis Ezéchiel a une nouvelle vision de la gloire de Yhwh, qui revient à Jérusalem dans le nouveau temple. *Et voici, la gloire du Dieu d'Israël arrivait, depuis l'orient, avec un bruit semblable au bruit des grandes eaux, et la terre resplendissait de sa gloire. C'était comme une vision - la vision que j'avais eue -, comme la vision que j'avais eue lorsqu'il vint pour détruire la ville; c'était des visions semblables à la vision que j'avais eue sur le fleuve Kebar. Alors je me jetai face contre terre. Et la gloire de Yhwh entra dans la Maison, par la porte qui fait face à l'orient (Ez 43,2-4).*

Sanctuaire, territoire et prince

Les derniers chapitres du livre (Ez 43-48) sont une longue description du rétablissement des trois pôles constitutifs de l'identité d'Israël : le temple, la terre et le roi. Les rois et les princes seront rappelés à l'ordre de la justice dans l'exercice du pouvoir.

(...) La maison d'Israël ne souillera plus mon saint nom ; ni elle, ni ses rois avec leurs débauches, ni les cadavres de ses rois avec leurs tombes. (...) Maintenant ils éloigneront de moi leurs débauches ainsi que les cadavres de leurs rois et j'habiterai au milieu d'eux pour toujours (Ez 43,7-9).

Les prêtres du temple qui se sont compromis avec des idoles seront écartés de l'exercice du culte.

Quant aux lévites qui se sont éloignés de moi au temps où Israël errait - ils erraient loin de moi, à la poursuite de leurs idoles -, ils porteront le poids de leur péché (Ez 44,10). Ils ne s'approcheront pas de moi pour exercer mon sacerdoce ni pour s'approcher de toutes mes choses saintes, choses très saintes ; ils porteront le poids de leur déshonneur et des abominations qu'ils ont commises (Ez 44,13).

Du temple ainsi purifié jaillira une eau abondante qui donnera la vie. *Et alors tous les êtres vivants qui fourmillent vivront partout où pénétrera le torrent. Ainsi le poisson sera très abondant, car cette eau arrivera là et les eaux de la mer seront assainies : il y aura de la vie partout où pénétrera le torrent (Ez 47,9).*

La terre sera répartie équitablement en respectant le droit des émigrés. *Vous répartirez le pays entre vous, les douze tribus d'Israël. Vous le ferez en tirant au sort les parts de patrimoine, pour vous et pour les émigrés installés parmi vous, qui ont engendré des fils parmi vous ; ils seront pour vous comme un indigène parmi les fils d'Israël ; avec vous ils tireront au sort une part de patrimoine, au milieu des tribus d'Israël. C'est dans la tribu où l'émigré séjourne, c'est là que vous lui donnerez son patrimoine (Ez 47,21-23).*

Les nouveaux princes, descendants de David, ainsi que les nouveaux prêtres descendants de Lévi, n'auront droit qu'à une part limitée bien circonscrite du territoire.
Ainsi mes princes n'exploiteront plus mon peuple ; ils donneront le pays à la maison d'Israël, à ses tribus (Ez 45,7-8). Pour le prince, une part identique aux autres parts (48,21).
La justice ainsi rétablie, les territoires du Nord et du Sud seront réunis pour ne faire qu'un seul peuple.
À cette nouvelle cité sera donné un nouveau nom qui scelle la présence de Yhwh auprès de son peuple. *« À partir de ce jour, le nom de la ville sera : « YHWH-Shamma » - Yhwh-est-là » (Ez 48,35).*

Conclusion

Le livre d'Ezéchiel est peu cité dans le Nouveau Testament, surtout au regard des multiples citations d'Esaïe, pourtant ses interventions à Babylone marquent un tournant décisif dans l'histoire du prophétisme d'Israël.

Yhwh, le Dieu d'Israël, en se manifestant en terre étrangère, apparaît comme maître des événements et des nations, les empires ne sont que des instruments entre ses mains. Les souffrances du peuple, loin d'être une défaillance de Yhwh envers Israël, sont la conséquence de son infidélité à l'alliance, elles sont des « corrections » pour redresser ce qui est tordu. À travers et au-delà des châtiments, la fidélité de Yhwh envers son peuple est irrévocable.

Paradoxalement la déportation ouvre une nouvelle page de l'histoire d'Israël et de l'histoire religieuse de l'humanité. Elle est l'événement fondateur du judaïsme dont on peut dire qu'il est né à Babylone avec la prise de conscience que la présence de Yhwh n'est plus dépendante d'un territoire ou d'un culte dans le temple. La présence de Yhwh est offerte à des personnes qui, individuellement ou regroupées à l'étranger en petites communautés, étudient et se nourrissent de sa Parole. À terme, le culte ne disparaîtra pas, mais il ne sera plus une action aux effets magiques qui plaît à Dieu et détourne sa colère, mais un mémorial des événements précis de l'histoire du peuple et des appels de Yhwh à la justice.

Dans le contexte dramatique de l'exil, on passe d'une religiosité dominée par des facteurs d'appartenance ethnique ou sociologique à une relation personnelle de chacun avec Yhwh, fondée sur la pratique de la justice. Au sein de ces petits groupes d'exilés, la nécessité de se remémorer la promesse d'alliance de Yhwh avec son peuple, de comprendre comment on en est arrivé à ces événements aussi dramatiques, place l'étude des textes et l'intelligence de l'histoire au premier plan.

L'étude de la Parole fixée et transmise par des écrits au sein d'une terre étrangère devient le ferment d'une mutation profonde de l'idée même du sacré.

LES « AUTRES « PETITS PROPHÈTES »

Nous terminons cette partie des livres prophétiques, avec les neuf petits prophètes restants que nous avons placés dans l'ordre chronologique de leurs interventions. Entre parenthèse est indiqué le nombre de chapitres qu'ils contiennent :
Nahoum (3), Sophonie (3), Habaquq (3), Abdias (1), Aggée (2), Zacharie (14), Jonas (4), Joël (4) et Malachie (3).

Le livre de Zacharie est un cas particulier car à l'instar du livre d'Esaïe, il est composé de deux parties (1-8, 9-14). La première partie est rédigée au retour d'exil et la seconde près de 200 ans plus tard, donc rédigées par un autre auteur.

Ces prophètes qualifiés de « petits prophètes » de par la taille de leurs écrits tiennent néanmoins une place importante dans la Révélation. Nous relèverons en particulier les versets cités dans le Nouveau Testament.

NAHOUM

Nahoum[43] est un prophète dont l'activité se situe entre la destruction en 663 de Thèbes[44] en Egypte par le roi assyrien Assurbanipal et la chute de Ninive en 612, capitale de l'immense empire Assyrien, réputée imprenable.

Ce livret commence par un hymne à Yhwh dont il célèbre à la fois la terrible exigence et la bonté. *Yhwh est un Dieu exigeant et vengeur. (...) sa colère est terrible. Yhwh se venge de ses adversaires ; il s'enflamme contre ses ennemis (Na 1,2).*

Il reprend la caractéristique de Yhwh donnée dans le livre de l'exode[45] (Ex 34,6). *Certes, Yhwh est lent à la colère et d'une grande puissance, mais Yhwh ne laisse rien passer (Na 1,3).*

Le royaume de Juda, sous le règne de son roi Manassé (687-642), n'a pas été fidèle à Yhwh, des malheurs se sont abattus sur lui, mais Yhwh maintient sa promesse de venir à son secours. *Si je t'ai humiliée, je ne t'humilierai plus. Maintenant, je brise son joug qui t'écrase et je détache tes liens (Na 1,12).*

Yhwh enverra un messager (un messie) pour rétablir la paix. *Sur les montagnes accours un messager ; il annonce la paix. Célèbre tes fêtes, Juda, accomplis tes vœux ! Car l'être infernal ne passera plus jamais chez toi, il est complètement anéanti (Na 2,1).*

La colère de Yhwh est dirigée contre les puissances de ce monde. Il prophétise la chute de Ninive. Cette cité qui terrorise le monde sera frappée à mort, livrée au carnage, elle subira le sort qu'elle a fait subir à Thèbes.

Où est-il, l'antre des lions ? (...) Le lion dépeçait pour gaver ses petits, il étranglait pour ses lionnes ; il emplissait ses tanières de rapines, ses antres

---

43 - *Nahoum* ou « le consolé », « le réconforté » qui peut donc apporter aux siens le réconfort, la consolation permettant, dans une période très sombre, de tenir grâce à l'espérance (note de la Tob).

44 - *Thèbes*, aujourd'hui Louxor, 500 km au sud du Caire. Ninive, aujourd'hui Mossoul.

45 - cf. tome 1 p 236.

de viande dépecée. Me voici contre toi - oracle de Yhwh de l'univers! Oui, je vais réduire ses chars en fumée. Tes lionceaux, l'épée les dévorera (Na ,12-14a).

La séduction qu'inspirent aux yeux des hommes les empires par leur apparente invulnérabilité sera la cause même de leurs malheurs à venir. *À cause des multiples débauches de la prostituée, habile ensorceleuse, d'une grâce exquise, qui asservissait les nations par ses débauches, les peuplades par ses sortilèges, me voici contre toi - oracle de Yhwh ! Je retrousse ta jupe jusqu'à ta figure pour exhiber devant les nations ta nudité, devant les royaumes, ton infamie. Je te couvre d'ordures pour te flétrir et de toi, faire un exemple. Aussi, quiconque te voit s'enfuit en s'écriant : « Ninive est dévastée ! Qui aurait pour elle un geste de pitié ? » Pour toi, où chercherais-je des consolateurs ? (Na 3,4-7).*

SOPHONIE

Le prophète Sophonie[46] intervient sous le règne de Josias (640-609), une trentaine d'années après Nahum, contemporain du prophète Jérémie, il reprend le thème de la colère de Yhwh. Toute vie sur terre en subira les conséquences.
Je supprimerai les hommes de la surface de la terre (So 1,3b).

Le prophète Sophonie décline la nature du Jour de Yhwh :
Jour de fureur que ce jour, jour de détresse et d'angoisse,
jour de désastre et de désolation, jour de ténèbres et d'obscurité (So 1,15).

Texte qui a été repris dans le célèbre hymne du « Dies irae », écrit au moyen-âge et chanté dans la liturgie à la messe du Requiem pour les morts. Cet hymne a trop souvent été utilisé dans une « pastorale de la peur »[47], pour imposer au peuple un ordre moral par la crainte de l'enfer et conforter ainsi l'ordre établi. Alors que le prophète vise moins le « petit peuple » que les inégalités sociales, l'accumulation par certains de la richesse, les mensonges des autorités, les cultes idolâtres, qui provoquent de terribles tragédies, *car le peuple des marchands est anéanti, tous les peseurs d'argent sont supprimés (So 1,11).*

Je jetterai les hommes dans la détresse, et ils marcheront comme des aveugles, car ils ont péché contre Yhwh. Leur sang sera répandu comme de la poussière, et leurs tripes comme des ordures. Ni leur argent ni leur or ne pourront les délivrer (So 1,17).

Sophonie donne à ce *jour de Yhwh* une dimension cosmique.
Au jour de la fureur de Yhwh, au feu de mon ardeur, toute la terre sera dévorée ; car il va faire l'extermination - et ce sera terrible - de tous les habitants de la terre (So 2,17).

---

46 - *Sophonie* signifie « Yhwh a protégé ».
47 - Concept développé par Jean Delumeau dans son livre *La Peur en Occident (14ᵉ – 18ᵉ siècles). Une cité assiégée.*

Mais les petits, ceux qui souffrent de l'injustice, pourront se tourner vers Yhwh. *Recherchez Yhwh, vous tous les humbles de la terre (So 2,3).* Yhwh promet la restauration d'un « petit reste ».
Je maintiendrai au milieu de toi, Israël, un reste de gens humbles et pauvres (So 3,12).
Un nouveau peuple, composé des « humbles de la terre », verra le jour tandis que les arrogants disparaîtront.
Ce sera au temps où je vous rassemblerai ;
votre renom s'étendra,
et je vous mettrai à l'honneur parmi tous les peuples de la terre
quand, sous vos yeux, je changerai votre destinée (So 3,20).

Le livre se termine sur une note d'espérance et de joie, avec la vision du peuple qui danse dans une Jérusalem en fête (So 3,14-20).

HABAQUQ

Le prophète Habaquq écrit à la période cruciale et douloureuse qui précède la déportation à Babylone en 597. Israël est en butte aux menaces des chaldéens et craint pour sa survie.

Dans une vision qui annonce les catastrophes à venir, Habaquq en appelle à Dieu contre Dieu lui-même et ses promesses. *Jusqu'où, Yhwh, mon appel au secours ne s'est-il pas élevé ? Tu n'écoutes pas. Je te crie à la violence, tu ne sauves pas. Pourquoi me fais-tu voir la malfaisance ? Acceptes-tu le spectacle de l'oppression ? En face de moi, il n'y a que ravage et violence (Ha 1,2-3).*
Pourquoi donc acceptes-tu le spectacle des traîtres, gardes-tu le silence quand un méchant engloutit plus juste que lui (Ha 1,13b).

Après cette attaque contre Yhwh, Habaquq attend de pied ferme sa réponse. *Je tiendrai bon à mon poste de garde, je resterai debout sur les retranchements. Je guetterai pour voir ce qu'il dira contre moi et ce que je répondrai au rappel à l'ordre (Ha 2,1).*
Yhwh répond en rappelant sa fidélité tout au long de l'histoire d'Israël et parle d'une échéance où, en final, l'orgueil des puissants se retournera contre eux. Le juste doit attendre.
*Yhwh m'a répondu, il m'a dit : Écris une vision, grave la sur des tablettes pour que le lecteur y coure. (…) Si elle tarde, attends-la, oui elle viendra, elle ne tardera pas. Voici le conquérant plein d'orgueil, il ignore la droiture, mais **un juste vit par sa fidélité** (Ha 2,2-4).*
Face à l'orgueil des puissants, la bonne réponse du juste est la fidélité à Yhwh.

Le prophète prononce alors cinq malédictions contre les empires qui prennent ce qui n'est pas à eux et causent la fin de nombreux autres peuples.

MALHEUR[48]*! Il (le conquérant) accumule ce qui n'est pas à lui! Jusques à quand? (...) Comme tu as pillé des nations en nombre, tout le reste des peuples te pillera, à cause du sang humain, à cause de la violence faite au pays, à la cité et à tous ses habitants. (...) C'est la honte de ta maison que tu as décidée: causer la fin de peuples en nombre est une atteinte à ta propre vie (Ha 2,6b-10).*
Il exhorte le peuple à rester fidèle à son Dieu au sein même de tous ces événements tragiques.
En revanche, Yhwh est dans son temple saint: Silence devant lui, terre entière (Ha 2,20).

Le dernier chapitre est une vision du prophète sous le mode apocalyptique où la venue de Yhwh pour détruire les empires bouleverse toute la nature. Le juste, lui, doit persévérer et attendre. À la fin, il sera sauvé et exultera de joie.

Je suis tout décomposé. Je reste sur place, bouleversé. Car je dois attendre sans bouger le jour de la détresse, pour monter vers le peuple qui nous assaille. Oui, le figuier ne fleurit pas, les vignes ne rapportent rien, la culture de l'olivier trompe l'attente, les champs ne donnent rien à manger, le petit bétail disparaît des bergeries, il n'y a plus de gros bétail dans les étables. Moi, je serai dans l'allégresse à cause du Yhwh, j'exulterai à cause du Dieu qui me sauve. Yhwh est mon seigneur, il est ma force, il rend mes pieds comme ceux des biches et me fait marcher sur mes hauteurs (Ha 3, 16b-19).

La phrase du prophète cité plus haut « *un juste vit par sa fidélité* » sera reprise à trois reprises par l'apôtre Paul (Rm 1,17 ; Ga 3,11 ; He 10,38), pour signifier que le salut vient de la fidélité, c'est-à-dire de la foi, de la confiance et non du mérite de nos actions.

Dans son conflit théologique avec le Vatican au sujet du salut - vient-il de la foi ou des œuvres ? - Martin Luther, en 1517, dénonçant

---

48 - *Malheur* ou *Oy* en hébreu exprime souffrance et désarroi. Cet anaphore est très biblique (cf. Es 5).

la pratique des indulgences qui permettrait au croyant de gagner son salut moyennant finance, a placé ce verset en exergue dans son « commentaire de l'épître aux Romains ».

ABDIAS

Le livre d'Abdias[49] qui ne comporte qu'un chapitre est le plus court de la Bible. C'est un oracle contre le peuple d'Edom, qui a pour ancêtre Esaü. Dans le même esprit que nous avons vu chez Jérémie (Jr 49), Yhwh dénonce l'arrogance d'Edom qui a cherché à tirer profit de la chute de Jérusalem s'accaparant les maisons des déportés en 587. Abdias annonce la venue d'un *jour de Yhwh menaçant pour toutes les nations (Ab 1,15)*.

C'est un message d'espoir pour le reste d'Israël tandis qu'Edom sera totalement détruit. *Mais sur la montagne de Sion se réfugient des rescapés, elle redevient sainte. Les gens de Jacob spolient ceux qui les ont spoliés. Les gens de Jacob deviennent un feu, et ceux de Joseph une flamme. Mais les gens d'Esaü deviennent du chaume. Ceux-là les embrasent et les consument : aucun survivant ne reste à Esaü (Ab 1,17)*.

---

49 - *Abdias* signifie « Serviteur de Yhwh ».

JONAS

Le livre de Jonas[50], classé dans les petits prophètes, est très particulier en ce sens qu'il se présente moins comme une série d'oracles que comme un récit assez légendaire d'un certain Jonas qui a reçu l'ordre d'aller prophétiser à Ninive la catastrophe de la ville. Terrifié par cette mission, il fuit et embarque sur un bateau qui part en direction de Tarsis à l'opposé de Ninive. Une tempête met en danger le bateau et tous les passagers prient leurs dieux. Jonas est désigné comme le coupable et celui-ci, acculé à avouer sa faute, est jeté à la mer.

Alors Yhwh dépêcha un grand poisson pour engloutir Jonas. Et Jonas demeura dans les entrailles du poisson, trois jours et trois nuits. Des entrailles du poisson, il pria Yhwh, son Dieu (Jon 2,1-2).

Il dit : Dans l'angoisse qui m'étreint, j'implore Yhwh : il me répond ; du ventre de la Mort, j'appelle au secours : tu entends ma voix (Jon 2,3).
Après la prière de Jonas qui reprend plusieurs passages de psaumes, *Yhwh commanda au poisson, et aussitôt le poisson vomit Jonas sur la terre ferme (Jon 2,11).*

Jonas se rend alors à Ninive et annonce la catastrophe prochaine de la ville, mais les habitants en l'entendant se convertissent.

Or Ninive était devenue une ville excessivement grande : on mettait trois jours pour la traverser. Jonas avait à peine marché une journée en proférant cet oracle : « Encore quarante jours et Ninive sera mise sens dessus dessous », que déjà ses habitants croyaient en Dieu (Jon 3,3b-5a).
Dieu pardonne et la catastrophe annoncée par Jonas ne se produit pas. Contredit dans sa prophétie, *Jonas le prit mal, très mal, et il se fâcha (Jon 4,1).*

À l'aide d'une parabole, Yhwh lui fait comprendre que pardonner à cent vingt mille personnes est tout de même plus important que de conforter le dire d'une personne !

---

50 - *Jonas* signifie « colombe ».

Dans les Évangiles, Jésus fait référence à ce récit en réponse aux pharisiens qui lui demandent un signe, c'est-à-dire une action spectaculaire pour prouver que sa puissance vient de Dieu. Jésus refuse de faire un prodige et leur répond : *En fait de signe, il ne lui en sera pas donné d'autre que* **le signe du prophète Jonas.** *Car tout comme Jonas fut dans le ventre du monstre marin trois jours et trois nuits, ainsi le Fils de l'homme sera dans le sein de la terre trois jours et trois nuits. Lors du jugement, les hommes de Ninive se lèveront avec cette génération et ils la condamneront, car ils se sont convertis à la prédication de Jonas ; eh bien ! ici il y a plus que Jonas (Mt 12,38 ; 16,4).*

Ce signe, énigmatique pour ses interlocuteurs, est donc double. D'une part, Jésus annonce sa mort et sa résurrection, et d'autre part il laisse entendre qu'offrir le salut à tous les païens est plus important que de conforter les religieux dans leur assurance d'être des privilégiés.

DEUXIÈME PARTIE - LIVRES DES PROPHÈTES

JOËL

Nous ne savons rien du prophète Joël[51]. Nous ne connaissons de cet auteur, ni son origine, ni sa fonction, ni même l'époque de son intervention. Les allusions à des calamités naturelles ou à des tragédies guerrières peuvent renvoyer à différentes époques.

Le livre commence par une terrifiante invasion de sauterelles qui dévorent tout sur leur passage.

La vigne est étiolée, le figuier flétri ; grenadier, palmier, pommier, tous les arbres des champs sont desséchés. La gaieté, confuse, se retire d'entre les humains (Jl 1,12).

Cette dévastation radicale de la terre est associée au jour de Yhwh, thème central du livre[52]. *Grand est le jour de Yhwh, redoutable à l'extrême : qui peut le supporter ? (Jl 2,11)*

Ce jour dévastateur dépouillera l'homme de toutes ses certitudes et de son arrogance. *Déchirez vos cœurs, non vos vêtements et revenez à Yhwh, votre Dieu : il est bienveillant et miséricordieux, lent à la colère et plein d'une bonté fidèle (Jl 2,13).*

Ainsi dépouillé de sa suffisance, l'homme pourra accueillir le don de Yhwh. *Yhwh répond à son peuple : « Eh bien ! Je vais vous envoyer le blé, le moût et l'huile fraîche. Vous en serez rassasiés. Jamais plus je ne ferai de vous un opprobre parmi les nations » (Jl 2,19).*

L'homme recevra l'Esprit qui lui apportera le salut.

Après cela, je répandrai mon Esprit sur toute chair (Jl 3,1).

Alors, quiconque invoquera le nom de Yhwh sera sauvé. En effet, il y aura des rescapés sur la montagne de Sion et à Jérusalem, comme Yhwh l'a dit, parmi les survivants que Yhwh appelle (Jl 3,5).

Ce salut se traduira par la connaissance de Yhwh et l'entrée dans sa demeure. *Alors vous connaîtrez que je suis Yhwh, votre Dieu, qui demeure*

---

51 - *Joël* signifie « Yhwh est Dieu ».
52 - Nous retrouvons cette expression *le jour de Yhwh* dans plusieurs livres de prophètes :
   Es 2,10-21 ; Am 5,18.20 ; So 1,14-15.

à Sion, ma montagne sainte. Jérusalem deviendra un lieu saint (Jl 4,17).
Le jour de Yhwh apparaît ainsi, de façon concomitante, comme le jugement des nations et le salut du peuple qui fait confiance en lui.

AGGÉE

Le message prophétique d'Aggée[53] se situe très exactement entre août et décembre 520, après le décret de Darius en 538 autorisant les juifs déportés à Babylone à rentrer à Jérusalem et à reconstruire le temple.

L'an deux du règne de Darius, le sixième mois, le premier jour du mois, la parole de Yhwh fut adressée par l'intermédiaire d'Aggée, le prophète, à Zorobabel, fils de Shaltiel, le gouverneur de Juda, et à Josué, fils de Yehoçadaq, le grand prêtre : « Ainsi parle Yhwh de l'univers : Ces gens-là déclarent : Il n'est pas venu, le moment de rebâtir la Maison de Yhwh » (Ag 1,1-2).

Les premières tentatives de reconstruction du temple en 537 (cf. Esd 3,7-12), se heurtèrent à l'hostilité de la population samaritaine et au manque de moyens, si bien que les travaux furent arrêtés[54]. Aggée intervient alors pour stimuler la population retombée dans une sorte de léthargie spirituelle. En se remettant au travail, en retrouvant la confiance en Yhwh, les bénédictions tomberont sur eux et le temps du salut viendra. L'ébranlement du cosmos et le renversement des puissances seront le signe du renouveau.

La parole de Yhwh fut adressée une seconde fois à Aggée, le vingt-quatre du mois : « Parle à Zorobabel, le gouverneur de Juda, et dis-lui : Je vais ébranler ciel et terre. Je vais renverser les trônes des royaumes et exterminer la force des royaumes des nations ; je vais renverser chars et conducteurs ;

---

53 - *Aggée* signifie « né un jour de fête ».
54 - Note de la ToB : Le temple de Jérusalem avait été pillé et incendié en 587 av. J.-C. par les Babyloniens (Jr 52.12-23). Les premiers déportés revenus d'exil, parmi lesquels Zorobabel et Josué (Esd 3.1-9), avaient commencé à rebâtir le temple. Mais l'opposition des Samaritains les avait obligés à interrompre les travaux (Esd 4.4-5).

chevaux et cavaliers tomberont, chacun sous l'épée de son frère. (...) Je t'établirai, (...) car c'est toi que j'ai élu - oracle de Yhwh de l'univers » (Ag 2,21-23).

ZACHARIE

Dans la première partie du livre (Za 1-8), le prophète Zacharie[55], contemporain d'Aggée, exhorte aussi à la reconstruction du temple, il exerce son ministère entre 520 et 518, trois ans avant la dédicace du second temple, en 515.

Il rapporte huit visions avec des figures de style qui seront reprises plus tard dans la littérature apocalyptique : des chevaux, des cornes, un cordeau, un livret... pour exprimer que Yhwh n'a pas abandonné les siens, malgré les épreuves de l'exil et les difficultés matérielles présentes. Zorobabel, le chef des exilés de retour à Jérusalem, devenu gouverneur de la province de Judée, porte une mission de renouvellement par l'Esprit.

Alors il reprit et me dit : C'est ici la parole que Yhwh adresse à Zorobabel : Ce n'est ni par la puissance ni par la force, mais c'est par mon esprit, dit Yhwh des armées (Za 4,6).

Renouveau qui se concrétise par la reconstruction du temple.

Qui donc dédaignait le jour des modestes débuts ? Qu'on se réjouisse en voyant la pierre de fondation dans la main de Zorobabel (Za 4,10).

Ce renouveau est conditionné au soin de ses frères les plus démunis.

La parole de Yhwh fut adressée à Zacharie en ces termes : « Ainsi parlait Yhwh : Prononcez des jugements véridiques, et que chacun use de loyauté et de miséricorde à l'égard de son frère. La veuve et l'orphelin, l'émigré et le pauvre, ne les exploitez pas ; que personne de vous ne prémédite de faire du mal à son frère » (Za 7,8).

---

55 - *Zacharie* signifie « Yhwh mémorise ».

La deuxième partie du livre (Za 9-14) ne peut être l'œuvre du même auteur, car il est fait état de la chute de Tyr (Za 9,1-8) par Alexandre le grand en 332 et les Grecs (Yavân) sont désignés comme les ennemis du peuple.

Rentrez dans la place forte, captifs pleins d'espérance. (...) Je vais exciter tes fils, Sion, - contre tes fils, Yavân - et je te brandirai tel un héros son épée. Yhwh au-dessus d'eux apparaîtra et sa flèche jaillira comme l'éclair (Za 9,12-14a).

Les périodes de grandes épreuves ont toujours constitué pour le peuple des moments d'intenses réveils religieux : ainsi l'invasion de Sennakérib au temps d'Esaïe, le renouveau consécutif à l'exil, puis, bien plus tard encore, celui que provoqua la persécution maccabéenne qui inspira le livre de Daniel.

Le livret est tout entier consacré à l'évocation de l'achèvement messianique. Après avoir annoncé l'intervention puissante de Yhwh, le Deutéro-Zacharie donne du messie plusieurs visages :

Celui d'un roi humble qui, par son programme de pacification universelle, est dans la continuité de l'idéal royal de David et Salomon.

Tressaille d'allégresse, fille de Sion ! Pousse des acclamations, fille de Jérusalem ! Voici que ton roi s'avance vers toi ; il est juste et victorieux, humble, monté sur un âne - sur un ânon tout jeune. (...) Il brisera l'arc de guerre et il proclamera la paix pour les nations (Za 9,9-10a).

Celui du bon berger en opposition avec les mauvais bergers qui trafiquent pour tirer des brebis le meilleur prix en les conduisant à l'abattoir.

Je fis donc paître le troupeau que les trafiquants vouaient à l'abattoir. Je pris deux houlettes.

J'appelai la première Faveur et la seconde Entente, et je me mis à paître le troupeau. Puis je supprimai les trois bergers en un seul mois (Za 11,7-8a).

Cette image du bon berger est reprise du chapitre 34 du livre du

prophète Ezéchiel. Le troisième visage du messie, plus énigmatique, est celui du Transpercé :
Ce jour-là, je m'appliquerai à exterminer tous les peuples venus attaquer Jérusalem. Et je répandrai sur la maison de David et sur l'habitant de Jérusalem un esprit de bonne volonté et de supplication. Alors ils regarderont vers moi, celui qu'ils ont transpercé. Ils célébreront le deuil pour lui, comme pour le fils unique. Ils le pleureront amèrement comme on pleure un premier-né (Za 12, 9-10).

Yhwh semble profondément atteint par cette mort comme pour un fils unique. Cette figure mystérieuse rappelle le Serviteur souffrant du livre du prophète Esaïe (Es 53,5). Comme pour le Serviteur, le sacrifice du Transpercé, poignardé ou déshonoré (selon les traductions), est source de transformation des cœurs et de purification.
Ce jour-là, une source jaillira pour la maison de David et les habitants de Jérusalem, en remède au péché et à la souillure (Za 13,1).
Cette mort symbole de dépouillement et d'échec annonce un bouleversement cosmique sur le Mont des Oliviers près de Jérusalem.
En ce jour-là, ses pieds se poseront sur le mont des Oliviers, qui est en face de Jérusalem, à l'orient. Le mont des Oliviers se fendra par le milieu, d'est en ouest, changé en une immense vallée (Za 14,4).
Tel sera le signe paradoxal de la gloire de Yhwh.
Alors Yhwh se montrera le roi de toute la terre. En ce jour-là, Yhwh sera unique et son nom unique (Za 14,9).

Les images de la figure messianique donnée par Zacharie avec l'arrivée sur un ânon (Mt 21,5), le bon berger (Jn 10,11), le transpercé (Jn 19,37), le mont des Oliviers (Lc 22,39), seront pour les évangélistes autant de signes identifiant Jésus, au messie annoncé.

MALACHIE

La prédication du prophète Malachie[56], le dernier dans le recueil des douze « petits » prophètes, se situe entre la fin de la reconstruction du temple puisque le culte y fonctionne, et l'arrivée du prêtre Esdras, soit entre 480 et 460. Après les prophéties d'Aggée et de Zacharie, l'accomplissement de la promesse liée à la reconstruction du temple (515) est espéré. Mais l'attente se prolonge et le scepticisme s'installe dans les esprits. Malachie réagit contre cette démission en particulier celle des prêtres.

Maintenant, à vous, prêtres, cet avertissement : (...) Oui, je maudis vos bénédictions, car aucun de vous ne prend rien à cœur. Me voici, je vais porter la menace contre votre descendance. Je vous jetterai du fumier à la figure, le fumier de vos fêtes ; et on vous enlèvera avec lui (Ml 2, 1-3).

Il rappelle l'alliance de Yhwh avec la tribu de Lévi, à laquelle fut réservée la fonction sacerdotale (Dt 10,8).

Mon alliance avec lui était vie et paix, (...) Sa bouche donnait un enseignement véridique et nulle imposture ne se trouvait sur ses lèvres. Dans l'intégrité et la droiture, il marchait avec moi, détournant beaucoup d'hommes de la perversion. En effet, les lèvres du prêtre gardent la connaissance, et de sa bouche on recherche l'instruction, car il est messager de Yhwh. Vous, au contraire, vous vous êtes écartés du chemin. Vous en avez fait vaciller beaucoup par votre enseignement.(...) A mon tour, je vous rends méprisables et vils à tout le peuple, dans la mesure où vous ne suivez pas mes voies et où vous faites preuve de partialité dans vos décisions (Ml 2, 5-9).

Malachie condamne aussi le comportement des hommes avec leurs femmes. *Que personne ne soit traître envers la femme de sa jeunesse. En effet, répudier par haine, dit Yhwh, le Dieu d'Israël, c'est charger son vêtement de violence, dit Yhwh de l'univers. Respectez votre vie. Ne soyez pas traîtres (Ml 2,15-16).*

---

56 - *Malachie* signifie « messager de Yhwh ».

Il annonce un jugement sur la base d'un ordre spirituel et social. *Je m'approcherai de vous pour le jugement. Je serai un prompt accusateur contre les magiciens et les adultères, contre les parjures, contre ceux qui exploitent l'ouvrier salarié, la veuve et l'orphelin, qui oppriment l'émigré et ne me craignent pas, dit Yhwh de l'univers (Ml 3,5).*
Alors vous verrez à nouveau la différence entre le juste et le méchant, entre celui qui sert Dieu et celui qui ne le sert pas. Car voici que vient le jour, brûlant comme un four. Tous les arrogants et les méchants ne seront que paille (Ml 3,18-19).

Mais en final du livre, avant la venue de ce jour redoutable, Malachie ouvre une perspective lumineuse avec la venue sur terre d'Élie. *Voici que je vais vous envoyer Élie, le prophète, avant que ne vienne le jour de Yhwh, jour grand et redoutable. Il ramènera le cœur des pères vers leurs fils, celui des fils vers leurs pères pour que je ne vienne pas frapper la terre d'interdit (Ml 3,23-24).*
Ce retour d'Élie a été perçu comme réalisé en la personne de Jean-Baptiste (Mt 17,10-13).

Troisième partie

AUTRES ÉCRITS

Pourtant je savais que je n'obtiendrais pas la sagesse autrement que par un don de Dieu - et reconnaître de qui dépend un bienfait, c'était encore une preuve de discernement -, je me tournai donc vers le Seigneur et le priai (...) (Sg 8,21).

Déjà nous avons peine à nous représenter les réalités terrestres, même ce qui est à notre portée, nous le découvrons avec effort. les réalités célestes, qui les a explorées ? (Sg 9,16)

Qui met un frein à ses paroles est plein de savoir ; et qui garde son calme est un homme raisonnable. Même un fou, s'il se tait, peut être pris pour un sage, pour quelqu'un d'intelligent s'il garde les lèvres closes (Pr 17,27-28).

Introduction

Nous avons vu dans le tome 1 que la parole de Yhwh fut adressée initialement à Abraham et ses descendants, puis à Moïse.
Dans les deux premières parties de ce tome 2, la parole de Yhwh est transmise par la voix de prophètes qui mettent en garde le peuple contre les tentations de l'idolâtrie et les comportements injustes envers les plus faibles.
Les dérives de la monarchie sont autant de ruptures de l'alliance avec Yhwh qui ont conduit au désastre de la destruction de Jérusalem.
Si, après cette catastrophe et la déportation à Babylone, les prophètes Aggée, Zacharie et Malachie portent encore la parole de Yhwh pour soutenir le peuple dans les difficultés de son retour à Jérusalem, à partir du milieu du 5è siècle la voix des prophètes s'éteint et le peuple s'en inquiète.
Nous ne voyons plus nos signes, il n'y a plus de prophètes, et parmi nous, nul ne sait jusqu'à quand (Ps 74,9).

Dans cette troisième partie, les Autres Écrits, ou Ketouvim dans la Bible hébraïque, le « retrait » de la parole des prophètes donne naissance à une riche littérature portée par l'étude et la méditation de la parole de Yhwh. Les livres de cette dernière partie contiennent des paroles d'homme, qu'elles soient adressées à Dieu (prières) ou aux autres hommes (poésie, sagesse). La révélation biblique passe d'une parole reçue, extérieure à l'homme, transcendante, à une parole immanente, fruit d'un travail intérieur. Au « Tu » de la parole de Dieu adressée à l'homme, succède le « Je » de la parole de l'homme adressée à Dieu ou aux autres hommes.

Ces écrits de prières, de poésie et de sagesse ne sont jamais déconnectés des réalités sociales au cœur de l'histoire. Aussi pour mieux les appréhender, il est important de connaître les situations historiques concrètes auxquelles sont confrontés les fidèles de Yhwh. Puis étant donnée la place centrale que tiennent les écrits de sagesse dans cette dernière partie, il est utile de remonter aux origines de cette littérature dans l'histoire de l'humanité et de suivre les évolutions de la réflexion sur la sagesse chez le peuple d'Israël pendant cette période.

Histoire d'Israël : de Babylone à Jésus

Les difficultés du retour d'exil

L'arrière-plan historique de ces livres sont les cinq siècles avant Jésus Christ, période couramment appelée postexilique ou période du second Temple. En effet, après le décret en 538 de l'empereur Cyrus permettant aux judéens captifs et déportés à Babylone, ou plutôt à leurs descendants, de retourner à Jérusalem, le temple détruit par Nabuchodonosor en 585 doit être reconstruit. Ce retour se fera pendant plus d'un siècle.

Les livres d'*Esdras et de Néhémie*, même s'ils ne nous donnent pas une chronologie précise de cette période, montrent bien les difficultés du retour à Jérusalem. Les premiers groupes qui reviennent de Babylone se heurtent en arrivant à l'hostilité des populations locales qui n'ont pas vécu la déportation et n'ont pas connu l'effervescence intellectuelle et spirituelle des déportés au sein de la civilisation perse. Les locaux s'opposent au projet des nouveaux arrivants qui, en 537 sous l'impulsion de Zorobabel et du grand prêtre Josué (Esd 1-3), encouragés et même soutenus financièrement par l'empereur perse, veulent reconstruire le temple. Si le culte dans le sanctuaire a été rétabli dès 515 (Esd 6,15), cette opposition (Esd 5-6) en a retardé la reconstruction.

Les conditions d'existence très précaires de ces deux communautés engendrent, chez beaucoup, lassitude et découragement. Le culte de Yhwh et l'application de la Loi s'en ressentaient. Il a fallu outre l'action de deux leaders, Esdras et Néhémie, venus de Babylone, l'intervention de trois derniers « petits prophètes », Aggée, Zacharie et enfin Malachie, pour ranimer la flamme de la confiance en la promesse divine.

ESDRAS

Esdras est un scribe pieux et très respecté à Babylone. Quelques années après le retour à Jérusalem du premier groupe, il a pu collecter beaucoup d'argent pour ramener à son tour quelques milliers d'exilés de Babylone à Jérusalem en 457, avec la mission de sauvegarder l'identité du peuple. Cette mission passait par la poursuite des travaux du Temple et la reconstruction des murailles de la ville de Jérusalem. Les travaux sont finalement achevés en 444 av. J.-C., et pour marquer cet évènement tout le peuple s'est rassemblé sur le parvis de ce nouveau temple, pour écouter, pendant une journée entière, Esdras lire le livre de la Loi (cf. le livre de Néhémie, Ne 8).

Le prêtre Esdras apporta la Loi devant l'assemblée, où se trouvaient les hommes, les femmes et tous ceux qui étaient à même de comprendre ce qu'on entendait (...). Il lut dans le livre, (...) depuis l'aube jusqu'au milieu de la journée (...). Les oreilles de tout le peuple étaient attentives au livre de la Loi. Le scribe Esdras était debout sur une tribune de bois qu'on avait faite pour la circonstance (...). Esdras ouvrit le livre aux yeux de tout le peuple, car il était au-dessus de tout le peuple, et lorsqu'il l'ouvrit tout le peuple se tint debout. Et Esdras bénit Yhwh, le grand Dieu, et tout le peuple répondit : « Amen ! Amen ! » en levant les mains. Puis ils s'inclinèrent et se prosternèrent devant Yhwh, le visage contre terre. (...) Les lévites expliquaient la Loi au peuple, et le peuple restait debout sur place. Ils lisaient dans le livre de la Loi de Dieu, de manière distincte, en en donnant le sens, et ils faisaient comprendre ce qui était lu (Ne 8,1-8).

Désormais dans le Temple, la lecture de la Torah tend à supplanter les sacrifices traditionnels.
La coutume de lire et d'expliquer une partie de la Torah à l'assemblée n'est attestée nulle part avant l'exil à Babylone, elle remonte très probablement à Esdras.

Un autre aspect de l'action d'Esdras, assez déroutant pour nous aujourd'hui, est la condamnation vigoureuse des mariages mixtes. La menace que faisait peser sur l'identité juive la multiplication de ces mariages l'a incité à les condamner (Esd 9-10). C'était sans doute le prix à payer pour que le judaïsme ne disparaisse pas. On retrouve là le problème de l'ambivalence de « l'appartenance ». Appartenance qui doit être entretenue, car c'est par elle que nous est transmise la « nourriture » de la tradition, mais aussi dépassée, élargie, ré-interrogée dans un contexte culturel toujours nouveau.
Pour conforter cette transmission, Esdras ne s'est pas contenté de condamner les mariages mixtes, il a créé une assemblée de sages dont sans doute les prophètes Aggée, Zacharie et Malachie firent partie. Cette assemblée avec le temps sera institutionnalisée, ce sera le Sanhédrin.

NÉHÉMIE

Un autre personnage, Néhémie, joua aussi un grand rôle dans l'établissement du judaïsme à Jérusalem. Petit fils de déportés de

Jérusalem, il tient un poste politique important dans son pays d'émigration. En tant que grand échanson à Suse, capitale de l'empire perse, il côtoie quotidiennement le roi de Perse, Artaxerxès. Alerté par ses congénères des difficultés rencontrées dans leur établissement à Jérusalem, conscient du découragement qui les menace, il décide avec l'appui du roi, de faire un voyage à Jérusalem pour prendre des mesures politiques et instaurer une dynamique. A-t-il croisé Esdras ? Le chapitre 8 du livre de Néhémie le laisse entendre, mais il semble bien qu'il y eut une sorte de chassé-croisé entre ces deux personnages qui ont fait chacun des allers-retours entre Babylone et Jérusalem. Certains auteurs pensent que Néhémie est antérieur à Esdras. Ce qui est certain c'est que Néhémie fut davantage un organisateur et Esdras plus un religieux et comme tel ce dernier gardera une grande place dans la tradition juive en amenant chacun à étudier et enseigner la Torah. Pour avoir restauré la Torah auprès du peuple, sa stature dans la tradition juive égale presque celle de Moïse.

À partir de là, la religion juive vit un essor considérable sur le plan cultuel (création d'une liturgie d'une grande richesse), intellectuel (création du Talmud, édition des livres de Daniel, Esther, Ezéchiel, fixation du canon de la Bible hébraïque) et spirituel (émergence de groupes très pieux, les ancêtres des Hassidim).

L'hellénisation et la traduction de la Bible en grec avec la SEPTANTE

En 333 av. J.-C., Alexandre le Grand s'empare de la Palestine et donc de Jérusalem, avant de s'emparer du trône de Darius III à Babylone en 331. Pour les juifs, cette arrivée d'Alexandre est plutôt perçue comme une libération, car sous Darius III, ils subirent de fréquentes persécutions rapportées dans le livre d'ESTHER, alors qu'Alexandre le Grand se montra assez ouvert au peuple juif dont il autorisa le culte

INTRODUCTION

dans le temple de Jérusalem.

Dix ans plus tard en 323, Alexandre meurt à Babylone et son royaume est partagé entre ses généraux pour former les différents royaumes et dynasties de la période hellénistique : aux Lagides (Ptolémée) l'Egypte et la Palestine, aux Séleucides, la Syrie et la Babylonie.

Sous les Lagides, les juifs garderont une assez grande liberté religieuse. C'est à cette époque (~ 250) que la Bible fût traduite en Grec (la Septante) à Alexandrie. Mais en 200, les rivalités entre Lagides et Séleucides entraînent la victoire du Séleucide Antiochus III sur Ptolémée V. La Palestine passe alors sous domination séleucide. Le rôle politique trouble, joué par les grands prêtres de Jérusalem dans la rivalité entre Lagides et Séleucides, précipite l'hostilité des nouveaux occupants à l'égard de ce peuple rebelle et insoumis.

La révolte des MACCABÉES

La situation était déjà très tendue quand, en 167, un décret du roi séleucide Antiochus IV Épiphane[1], promoteur zélé de la culture hellénique, impose le culte de Zeus dans le temple de Jérusalem ; il met ainsi le feu aux poudres, provoquant une révolte du peuple juif. Cette révolte, rapportée dans les Livres des Maccabées, est emmenée par un certain Mattathias dont un aïeul s'appelait Hasmonée. Des partisans de cette révolte se réfugient au désert, mais attaqués un jour de Sabbat, ils refusent de prendre les armes : « *Mourons tous dans notre droiture, disaient-ils ; le ciel et la terre nous sont témoins que vous nous faites périr injustement.* » *On leur donna l'assaut en plein sabbat, et ils périrent, eux, leurs femmes, leurs enfants et leur bétail, en tout un millier de personnes* (1M 2,37).

C'est dans ces circonstances dramatiques que l'on voit apparaître pour la première fois la notion de martyr qui induira la croyance en une vie

---

[1] - *Épiphane*, provenant du grec, signifie « révélé ».

dans un au-delà. Après la mort de Mattathias, son fils Judas réussira à reprendre par les armes le contrôle de Jérusalem et purifiera le Temple. Judas meurt en 160, mais ses frères reprennent la lutte jusqu'à la déclaration d'indépendance en 142 et la création d'une dynastie royale « les Hasmonéens » avec Jean Hyrcan en 134.

Cette dynastie des Hasmonéens, soutenue par les Sadducéens, c'est-à-dire par le courant religieux institutionnel des grands prêtres, engrange un certain nombre de succès militaires qui permettent à Israël de retrouver son indépendance en élargissant même son territoire traditionnel. Ce succès donne à la dynastie hasmonéenne un caractère de plus en plus politique et de ce fait, elle se heurte à des oppositions de la part des hommes pieux et des spécialistes de la Torah, scribes et pharisiens. Pour ces courants, la lutte armée pour la conquête du territoire est choquante, elle est contraire à la Loi, c'est Yhwh qui donne la terre, elle n'est pas une propriété à conquérir par les armes. Par ailleurs, ils attendent un Messie descendant de David - ce que n'étaient pas les Hasmonéens.

C'est à cette époque que voit le jour un mouvement encore plus exigeant que les pharisiens, les « Esséniens », ancêtre des moines, ce sont des communautés fermées, retirées dans le désert qui prônent le renoncement total aux biens matériels, des règles de puretés très strictes, une ascèse alimentaire rigoureuse, l'interdiction des sacrifices d'animaux et de l'usage des armes. Le clergé du Temple est indigne à leurs yeux, aussi se détournent-ils de la liturgie officielle et, nourris du messianisme juif et d'un certain ésotérisme des spiritualités orientales, ils se considèrent comme les élus d'un nouveau royaume, royaume de lumière, dont la venue est imminente.

INTRODUCTION

L'Occupation Romaine

En 64 av JC, Pompée, général romain, s'empare de la Syrie, puis occupe Jérusalem. Les romains gardent l'institution royale des Hasmonéens[2], tout en la soumettant à un gouverneur romain qui devra collecter les impôts pour le compte de Rome. Cette occupation romaine est mal supportée, les Hasmonéens sont de plus en plus perçus comme des « collabos » des romains et un nouveau courant voit le jour au sein du judaïsme, les « zélotes », sorte de révolutionnaires qui n'hésitent pas à prôner la lutte armée, à l'instar des premiers Hasmonéens pour libérer la terre sainte. C'est dans ce contexte historique, où le judaïsme est traversé par de nombreux courants souvent en conflit que s'achève l'ère que nous appelons « avant Jésus-Christ ». Seul le courant rabbinique subsistera dans le judaïsme, après la destruction de Jérusalem en 70 de notre ère.

Sous l'effet des mouvements de population, le peuple juif a été en contact avec la culture des grandes civilisations, mésopotamiennes puis grecques, et l'acculturation qui en a résulté a fait émerger sinon une opposition, mais du moins certaines dissonances, entre la révélation de la Loi par Moïse et les écrits de sagesse de ces civilisations.

Au sein de ce parcours historique, la question de la sagesse apparaît tout à fait centrale.
À quand remontent les premiers écrits sur la sagesse ? Comment la sagesse s'articule avec la religion ? Quelle est la spécificité de la sagesse dans la Bible ?

---

2 - *Hérode*, roi de Judée à la naissance de Jésus, est un successeur des hasmonéens.

La sagesse

Ses origines

Contrairement à la littérature prophétique, les écrits consacrés à l'étude de la sagesse ne sont pas propres à la Bible, ce type de littérature est bien présent dans toutes les civilisations du proche Orient de l'époque biblique. On peut même dire que jusque-là, dans notre itinéraire biblique, nous n'avons pas souvent rencontré de référence à la sagesse. Certes Joseph, fils de Jacob et Rachel, a été reconnu et loué, en Egypte, pour sa sagesse (Gn 41,39) et plus tard Salomon est présenté comme incarnant le type même du Roi-sage (1R 10,4), mais dès le chapitre suivant, à la fin de sa vie, la sagesse de Salomon est relativisée ! Depuis les découvertes archéologiques du 19é siècle, nous disposons de nombreuses traces des grandes civilisations environnantes (Sumer, Babylone, Egypte) qui illustrent l'importance dans ces civilisations, bien avant l'époque biblique, de l'effort de l'intelligence des hommes pour faire face aux réalités quotidiennes. Ces efforts ont à l'origine un but essentiellement pratique, observer la nature et tenter d'appréhender le mode de fonctionnement des hommes, pour distinguer ce qui avec le temps marche de ce qui ne marche pas. Le bon sens pratique dans toutes les civilisations a développé un savoir-faire empirique. Cette sagesse pratique s'est transmise de générations en générations sous la forme de dictons, de formules imagées, de symboles riches en couleur qui s'impriment ainsi plus facilement dans la mémoire.

On retrouvera plus loin avec *le livre des Proverbes*, cette sagesse enracinée dans la terre, issue d'un vieux fond agricole qu'il faut transmettre aux enfants, ou plus précisément du père au fils.

Qui recueille en été est un homme avisé ;
qui dort à la moisson est méprisable (Pr 10,5).

Une sagesse qui touche aussi à la vie intime et personnelle.

INTRODUCTION

*Mieux vaut un plat de légumes là où il y a de l'amour
qu'un bœuf gras assaisonné de haine (Pr 15,17).*

Ces textes définissent une morale des comportements familiaux, sociaux et politiques. Il faut préciser, pour nous modernes nourris de psychologie, que cette morale porte presque exclusivement sur les actes et leurs conséquences sur le groupe et non sur les intentions subjectives de l'individu.

La similitude des contenus avec ceux parfois plus anciens des civilisations environnantes illustre bien le terreau sur lequel la culture hébraïque s'est développée.
Alors que la religion apparaît diversifiée et assez spécifique d'une civilisation à l'autre, la sagesse présente dès l'origine un caractère commun et universel. Elle est l'ébauche d'un humanisme. Faut-il en conclure que la sagesse fut dès l'origine relativement autonome et indépendante de la religion ?

Sagesse et religion

La distinction entre sagesse et religion nous est familière et considérée par nous comme très bénéfique ; elle permet de distinguer ce qui est du domaine de la raison de ce qui relève des croyances et de la foi. La sagesse dans l'histoire a permis de faire face aux dérives toujours possibles des religions.
Mais la distinction entre sagesse et religion à laquelle fait écho de nos jours la séparation entre le champ de la philosophie et celui de la théologie, même si elle plonge ses racines dans la Grèce antique, est une approche relativement récente (XVIè de notre ère). Dans les temps anciens, la sagesse était perçue comme d'origine divine. L'homme, dans sa quête du bonheur, mesure son incapacité à trouver par lui-même le comportement satisfaisant qui y mènerait. Dans les monarchies,

la sagesse est de ce fait rattachée au roi, médiateur des dieux. Cette perception est aussi partagée en Israël, comme nous l'avons vu du temps de Samuel où le peuple réclame un roi pour le diriger « *Maintenant donc, donne-nous un roi pour nous juger comme toutes les nations* » (1S 8,5).
Le caractère divin de tous ceux qui procèdent du pouvoir royal participe à la stabilité globale de la société.
Par la Sagesse règnent les rois
et les grands fixent de justes décrets
Par la Sagesse les princes gouvernent
et les notables sont tous de justes juges (Pr 8,15).

Contestation du lien de la sagesse avec la royauté.

A la fin de l'époque des Juges, Yhwh était très réticent à satisfaire la demande du peuple d'être dirigé par un roi. Il leur a exposé, en vain, les dangers et les dérives possibles du pouvoir royal. Certes, Salomon fut, dans la tradition d'Israël, le modèle du lien entre royauté et sagesse.
Le roi Salomon devint le plus grand de tous les rois de la terre en richesse et en sagesse. Toute la terre cherchait à voir Salomon afin d'écouter la sagesse que Dieu avait mise dans son cœur (1R 10,23).
Mais par la suite, les prophètes portent un regard très critique sur la sagesse des rois. Ils osent au nom de Yhwh dénoncer leurs gestes.

Développement de la Sagesse en Israël après l'exil.

Le lien entre la sagesse et la royauté remis en question par les prophètes, est définitivement rompu avec l'exil à Babylone. L'intelligence des choses de la vie trouve sa source non plus chez les rois, les grands, mais directement en Yhwh :
Cela aussi vient de Yhwh, seigneur de l'univers,
qui se montre d'un merveilleux conseil et d'un grand savoir-faire
(Es 28,29).

Après le retour de Babylone et la disparition de la parole des prophètes, l'étude tient une place cruciale, elle devient une caractéristique fondamentale du judaïsme naissant à Babylone. L'étude n'est pas réservée à une élite intellectuelle, elle n'est pas facultative, tous doivent s'y adonner car elle est la condition même du développement de la vie. La Loi donnée par Yhwh, à l'instar de la manne donnée au désert après sa libération d'Egypte, conforte l'intelligence des hommes et la nourrit.

Avec cette Loi, l'immanence de la sagesse humaine, commune à tous, est confortée par une transcendance. Cette transcendance n'est pas celle de rois aux désirs arbitraires, mais celle de Yhwh qui donne une loi précise, compréhensible par tous. La Sagesse, avec une majuscule, est alors personnifiée et présentée comme l'intelligence créatrice, ordonnatrice de l'univers.

La Sagesse, au-dehors, va clamant,
le long des avenues elle donne de la voix.
Dominant le tumulte elle appelle ;
à proximité des portes, dans la ville, elle proclame :
« Jusques à quand, niais, aimerez-vous la niaiserie ?
Jusques à quand les moqueurs se plairont-ils à la moquerie
et les sots haïront-ils la connaissance ? (...)
Mais qui m'écoute repose en sécurité,
tranquille, loin de la crainte du malheur » (Pr, 1,20+).

Sagesse divine et sagesse des hommes.

La sagesse humaine avec son savoir expérimental, enrichi par les échanges avec les autres civilisations, atteint une forme d'autonomie qui peut paraître décalée avec la sagesse divine. L'humanisme naissant bute sur certaines énigmes de la révélation divine. Toute la logique de la rétribution des mérites de l'homme semble bien être contredite par l'existence. L'homme pieux ne fait-il pas l'objet de sarcasmes injustes ? Les impies ne vivent-ils pas dans l'opulence ?

Certes, nul n'est parfait et les prophètes ont justifié les malheurs du peuple par l'abandon de la parole de Yhwh, mais, comme nous le verrons avec le livre des Lamentations et dans quelques psaumes, ces malheurs sont perçus comme franchement disproportionnés.

Deux livres de la Bible, du nom d'un homme très pieux *Job* pour l'un, et très sage *Qohelet* pour l'autre, vont se faire l'écho de la colère chez le premier et de la perplexité résignée chez le second, face à une sagesse divine perçue parfois comme injuste, incohérente et sans bénéfice pour l'homme. Ils déstabilisent le bel édifice traditionnel de la sagesse, donné par le livre des *Proverbes*. L'écho de ces deux œuvres littéraires majeures, *Job* et *Qohélet*, est encore très perceptible de nos jours, tant de grands noms de la littérature universelle classique ou moderne les ont cités ou s'en sont inspirés.

Sagesse et métaphysique.

Parallèlement, la sagesse antique initialement très pratico-pratique devient avec la philosophie grecque plus abstraite et donne naissance à la métaphysique (au-delà du physique). La réflexion de l'intelligence humaine conduit l'homme à se penser au-delà des contingences biologiques et historiques. Elle cherche à répondre à la question du mal, de la liberté et de leur articulation avec les croyances religieuses. La philosophie peut-elle remettre en question les fondements mêmes du judaïsme ?

Deux livres, *le Siracide et Le livre de la Sagesse* qui furent rattachés à la Bible dans un deuxième temps par les chrétiens (livres deutérocanoniques) illustrent l'effort des scribes juifs, de transmettre l'enseignement de la Torah dans le cadre de la culture grecque.

INTRODUCTION

Livres abordés dans cette troisième partie

Outre les livres d'Esdras et Néhémie, et des Maccabées, rapidement évoqués plus haut, nous ne pourrons pas, dans le cadre de ce tome, parcourir de façon exhaustive l'ensemble des livres et nous laisserons au lecteur la joie de découvrir la beauté des petits livres de fictions historiques *de Ruth, d'Esther, de Judith*, le roman populaire de *Tobit* ou le poème d'amour du *Cantique des cantiques*, ne retenant que les livres incontournables pour suivre la trajectoire de la révélation.

Nous aborderons successivement :

- un recueil de chants funèbres, *Les Lamentations*, suite à l'exil à Babylone.
- un recueil de prières, *Les Psaumes*.
- un recueil de réflexions sur la nature et la morale avec *les Proverbes*.
- un livre un peu inclassable, le livre *de Job*, à la fois conte philosophique, poème, pièce de tragédie.
- un livre de réflexion sur le bien-fondé de la sagesse, *Qohélet* (aussi appelé *Ecclésiaste*).
- un récit d'un genre littéraire nouveau, apocalyptique, sous la forme d'une hagiographique d'un personnage mythique, *Daniel*.
- enfin, deux livres sur la sagesse plus tardifs, à l'aube du christianisme, *la Sagesse et le Siracide* (aussi appelé *Ecclésiastique*).

LES LAMENTATIONS

Le livre des Lamentations est l'écho des terribles souffrances du peuple, vécues lors des déportations à Babylone en 597, puis en 587 après la destruction totale de la ville de Jérusalem et du Temple. L'élite du peuple doit traverser à pied, enchaînée, tout le désert de Syrie pour rejoindre Babylone. Nombreux sont ceux qui n'atteindront pas cette cité ; épuisés, ils seront abandonnés dans le désert à la merci des lions. Le sort de ceux qui restent à Jérusalem n'est guère plus enviable, ils sont réduits sur leur propre territoire à l'état d'esclaves persécutés et affamés.

Ce livre est composé de cinq chants funèbres.
Ces chants, cris de douleur endurée par le peuple, sont un appel désespéré, adressé à qui peut l'entendre, mais Yhwh veut-il encore l'entendre ? Quel peut être le sens de cette immense tragédie ?
Dans la Bible hébraïque ce petit livre porte le titre de *Eikha* que l'on peut traduire par « Comment ! » qu'il faudrait faire suivre à la fois d'un point d'exclamation et d'un point d'interrogation. C'est en effet le premier mot du livre et cette exclamation/interrogation est reprise au début des chapitres 1, 2 et 4. Il traduit bien, simultanément, la stupéfaction et le questionnement face aux horreurs subies alors que Yhwh est censé défendre son peuple.

Comment Yhwh a-t-il pu abandonner son peuple et se mettre ainsi en totale contradiction avec ses promesses ?

Les deux premières lamentations ont une connotation nettement collective et politique. Pour pleurer Jérusalem, elles mettent en scène une femme pleine de charmes, une princesse, *la Belle Sion*. Autrefois glorifiée, elle est maintenant mise à nue, humiliée, souillée par ses amants. Réduite à l'état d'esclave, elle en est réduite à vendre ses charmes pour de la nourriture, elle crie « *regardez et voyez s'il est douleur comme ma douleur* » *(1,12)* ; même ses cris font jouir ses ennemis ! Certes elle a désobéi, mais là c'en est trop, elle implore Yhwh pour qu'au moins, en toute justice, ses ennemis ne soient pas mieux traités qu'elle. Elle implore, mais tout espoir semble perdu, *Il n'existe au jour de la colère de Yhwh, ni rescapé, ni survivant (Lm 2,22)*.

La troisième lamentation a un caractère plus individuel, plus personnel. Le poète identifie Jérusalem à un homme martyrisé, *il ronge ma chair et mes os (Lm 3,4)*, emmuré dans les ténèbres, rongé par le désespoir, disant *c'en est fini de mon espoir qui venait de Yhwh (Lm 3,18)*.

Puis du fond des ténèbres jaillit pour un moment un rayon de lumière, une incompréhensible espérance :

Ma part, c'est Yhwh, me dis-je : c'est pourquoi j'espérerai en lui
Il est bon, Yhwh, pour qui l'attend, pour celui qui le cherche
il est bon d'espérer en silence le salut de Yhwh ; (...)
il est bon pour l'homme de porter le joug dans sa jeunesse.
il doit s'asseoir à l'écart et se taire (...). - il y a peut-être de l'espoir -
tendre la joue à qui le frappe, être saturé d'insultes (Lm 3,24-30).

Puis il retombe dans la description de tous ses malheurs pour enfin, comme la femme de la première lamentation, supplier Yhwh que ses ennemis connaissent les mêmes malheurs que lui.

Le quatrième chant est une nouvelle complainte sur la déchéance de Sion, mais s'achève comme la précédente sur une lueur d'espoir.

C'en est fini de ta perversité, Belle Sion : il ne te déportera plus (Lm 4,22).
Le dernier chant, plus qu'une lamentation, est une ardente prière. Après avoir reconnu les égarements du peuple, le poète implore l'aide de Yhwh.
Fais-nous revenir vers toi, Yhwh, et nous reviendrons ;
renouvelle nos jours comme dans l'ancien temps.
À moins que tu nous mettes vraiment au rebut,
tu t'irrites contre nous beaucoup trop ! (Lm 5,21-22).

Cette succession de sentiments contradictoires, l'incompréhension de voir Yhwh se comporter avec lui comme un ennemi et cet amour pour Yhwh qui semble malgré tout subsister, n'en pose pas moins une question fondamentale :
Yhwh veut-il vraiment la destruction du peuple qu'il a aimé, éduqué, choyé ?
Un dilemme apparemment insoluble se pose, comment concilier la destruction de Jérusalem et la fidélité de Yhwh à son peuple ?
Comment supporter l'humiliation de la dynastie de David ?
On retrouvera l'écho de ce questionnement tragique dans de nombreux psaumes.
Yhwh, jusqu'à quand ? Te cacheras-tu constamment ? (Ps 89,47)
Seigneur ! Où sont tes bontés d'autrefois ?
Tu avais juré à David sur ta fidélité !
Seigneur ! Pense à tes serviteurs outragés (Ps 89,50-51a).

Face à une situation aussi désespérée, on pourrait s'attendre de la part du peuple, soit à un abandon pur et simple de la confiance en Yhwh, l'alliance avec lui ne s'avérant qu'un rêve illusoire, soit à une descente aux enfers avec un effondrement psychique dans un sentiment extrême de culpabilité.

Or là, ni rejet, ni dépression, le poète animé d'une puissante énergie interpelle Yhwh et le prend à partie. Il ne nie pas ses propres fautes, mais il trouve le châtiment très excessif, il relève la tête et demande de l'aide. C'est dans la parole même qu'il ose adresser à Yhwh, exprimant son désarroi et demandant des explications, qu'émerge mystérieusement l'espérance.
Écrits dans un langage poétique d'une grande beauté, ces chants, à l'instar de celui du prophète Jérémie et des psaumes, sont très émouvants. Le judaïsme, porté essentiellement jusque-là par l'exigence d'une éthique ainsi que par des signes religieux et politiques d'appartenance, répond à l'aspiration personnelle spirituelle de ses membres.

Les lamentations incarnent la voie étroite clamée haut et fort par les prophètes, où seul un petit reste transformé dans sa chair par la traversée de ces épreuves, soutenu par l'espérance, connaîtra un royaume nouveau, où le culte des idoles et la violence de l'injustice auront disparu.

LES PSAUMES

Introduction

Le livre des Psaumes n'est pas à proprement parler un livre, mais un ensemble de cent cinquante cantiques qualifiés de prières et dont nous n'avons plus la musique originelle. Le terme de prière englobe toute parole de l'homme adressée à Dieu, paroles qui expriment les sentiments éprouvés sur son chemin personnel ou collectif : sentiments d'abandon, de souffrance, de plainte, d'humiliation, d'incompréhension, de doute, mais aussi de joie, d'émerveillement, de remerciement, de reconnaissance, de louange, avec parfois un rappel historique des bienfaits du passé qui confortent le psalmiste dans sa foi. Les psaumes ne sont pas des prières très « spiritualistes », ce ne sont pas toujours de belles paroles pieuses qui nous élèvent dans un monde sublimé. Les images utilisées sont celles de la nourriture, du corps, de la maladie, de la terre, de la guerre plus que celles éthérées venant du ciel. S'il y a bien des psaumes de contemplation des merveilles de la création ou des remerciements pour les bienfaits reçus, ils expriment aussi des sentiments a priori moins nobles, peurs, colères, désirs de vengeance, que le psalmiste confie à Dieu.

Le psalmiste ne cache pas ses sentiments, il les exprime avec confiance. Et ses paroles opèrent dans son cœur des transformations mystérieuses. Comment comprendre dans de nombreux psaumes, le passage brutal sans motif apparent, de la récrimination à la louange, du doute à la confiance ?

Les paroles de l'homme à Dieu deviennent le canal par lequel l'esprit de Dieu pénètre le cœur de l'homme et lui transmet sa force, sa promesse de vie : elles le métamorphosent.

De *la crainte de Yhwh* naît un sentiment de sécurité, au cœur de la souffrance émerge la joie, du fond des épreuves jaillit la lumière.

Quelles sont les origines de ces psaumes ?

Plusieurs psaumes portent un en-tête : « Psaume de David. » Cet en-tête a contribué à la légende selon laquelle le roi David était l'auteur de tous les psaumes ; telle était la croyance à l'époque de Jésus. C'est pourquoi les auteurs du Nouveau Testament, lorsqu'ils citent un psaume, disent souvent : « *Comme David l'a dit...* » *(Mt 23,43)*. Mais l'affectation de tous les psaumes à David est impossible, car plusieurs psaumes parlent du Temple de Jérusalem qui ne fût construit qu'après la mort de David. De même, d'autres psaumes parlent de l'exil, un événement postérieur de quatre siècles au temps de David. Cette affectation de psaumes à David est symbolique et s'explique. Ses qualités de poète et musicien, son histoire personnelle, de juste persécuté, de pécheur repenti, porteur de l'espérance messianique ont fait de lui le prototype du psalmiste.

Si certains psaumes peuvent remonter effectivement à l'époque de David, ils furent plus probablement composés en Palestine au fil des siècles qui ont suivi. Ce sont des textes très vivants qui ont été repris, retravaillés en fonction d'un vécu spécifique à chaque époque. Les droits d'auteur n'existaient pas, aussi l'origine de chacun de ces psaumes est perdue.

Ils ont été rassemblés en plusieurs recueils plus ou moins longs environ trois cents ans avant Jésus-Christ. Puis ces recueils ont été colligés en un seul volume appelé « Livre des Louanges » dans sa version hébraïque et « Livre des Psaumes » dans la version grecque de la Septante. Si ces deux versions partent des mêmes recueils, l'assemblage de chacun de ces textes diffère, ce qui explique la double numérotation, hébraïque et grecque, dans nos Bibles. Un tableau de correspondance entre ces deux numérotations est donné en annexe.

Types de psaumes

On peut tenter un peu arbitrairement de les classer par type, selon le thème le plus central de chacun d'eux, sachant que beaucoup de psaumes peuvent relever de plusieurs types différents.

1. Les supplications individuelles

Ce sont les psaumes les plus nombreux[3], psaumes de plainte, de lamentation, d'appel à l'aide de la part de celui qui subit des paroles malveillantes, des calomnies, des médisances, des menaces de mort, émanant de plus puissants qu'elle. Le psalmiste en appelle à la justice de Dieu.

Yhwh, tends l'oreille, réponds-moi,
car je suis un malheureux et un pauvre.
Garde-moi en vie, car je suis fidèle.
Toi mon Dieu, sauve ton serviteur
qui compte sur toi (Ps 86,1-2).

La souffrance est encore plus douloureuse quand les attaques viennent de proches.

Tu as éloigné de moi mes intimes ;
à leurs yeux, tu as fait de moi une horreur.

---

3 - Supplications individuelles : Ps 5 ; 6 ; 7 ; 13 ; 17 ; 22 ; 25 ; 26 ; 28 ; 31 ; 35 ; 36 ; 38 ; 39 ; 42 ; 43 ; 51 ; 54-57 ; 59 ; 61 ; 63 ; 64 ; 69 ; 70 ; 71 ; 86 ; 88 ; 102 ; 109 ; 120 ; 130 ; 140-143.

Enfermé, je n'ai pas d'issue (Ps 88,9).

Ces malheurs sont parfois associés chez le psalmiste à la reconnaissance de fautes personnelles, ses appels à l'aide sont alors couplés à une demande de pardon.
Des profondeurs je t'appelle, Yhwh :
Seigneur, entends ma voix ;
que tes oreilles soient attentives
à ma voix suppliante !
Si tu retiens les fautes, Yhwh !
Seigneur, qui subsistera ?
Mais tu disposes du pardon
et l'on te craindra (Ps 130,1-4).

Mais souvent le psalmiste revendique son innocence et en appelle directement à la justice[4].
Juge-moi, Yhwh,
selon ma justice et mon innocence (Ps 7,9).
Rends-moi justice, Yhwh,
car ma conduite est intègre (Ps 26).
Il manifeste alors son incompréhension.
Yhwh, Pourquoi rester éloigné
et te cacher dans les temps de détresse ?
L'arrogance de l'impie consume les malheureux...
Aussi l'impie se loue d'avoir atteint son but ;
ayant gagné, il bénit - non, il nargue - Yhwh (Ps 10,1-3).

Cette incompréhension peut porter le psalmiste jusqu'à prendre Yhwh à partie.
C'est à cause de toi qu'on nous tue tous les jours,
qu'on nous traite en agneaux d'abattoir !

---

4 - Appel à la justice : Ps 7 ; 17 ; 25 ; 26 ; 28 ; 31 ; 35 ; 54 ; 70 ; 71.

Réveille-toi, pourquoi dors-tu, Seigneur ?
Sors de ton sommeil, ne rejette pas sans fin !
Pourquoi caches-tu ta face
et oublies-tu notre malheur et notre oppression ?
Car notre gorge traîne dans la poussière,
notre ventre est cloué au sol.
Lève-toi ! À l'aide !
Rachète-nous au nom de ta fidélité (Ps 44,23-27).
Ou alors il exprime un sentiment de résignation face à la vanité de la vie.
Voici, tu as donné à mes jours une largeur de main,
et ma durée n'est presque rien devant toi.
Oui, tout homme solide n'est que du vent !
Oui, l'homme va et vient comme un reflet !
Oui, son agitation, c'est du vent (Ps 39,6-7).

Mais le plus souvent, il exprime une grande impatience.
Jusqu'à quand, Yhwh ? M'oublieras-tu toujours ?
Jusqu'à quand me cacheras-tu ta face ?
Jusqu'à quand me mettrai-je en souci,
le chagrin au cœur tout le jour ?
Jusqu'à quand mon ennemi aura-t-il le dessus ? (Ps 13,2-3)

Suivent parfois des appels à la vengeance contre ceux qui s'attaquent aux pauvres.
Que ta main, Yhwh, les chasse de l'humanité,
hors de l'humanité et du monde (Ps 17,14).
Qu'ils aillent à la ruine ceux qui en veulent à ma vie !
Qu'ils rentrent dans les profondeurs de la terre !
Qu'on les passe au fil de l'épée !
Qu'ils soient la part des chacals ! (Ps 63,10-11)

Pour finalement se tourner vers Dieu dans une folle espérance.
Pourquoi te replier, mon âme,
et gémir sur moi ?
Espère en Dieu !
Oui, je le célébrerai encore,
lui et sa face qui sauve (Ps 42,6).

Dans certains psaumes, le passage brutal, sans transition apparente, de la plainte à la louange témoigne de la métamorphose intérieure du psalmiste.
Tu as changé mon deuil en une danse,
et remplacé mon sac par des habits de fête.
Aussi, l'âme te chante sans répit.
Yhwh mon Dieu, je te rendrai grâce toujours (Ps 30,12-13).
Cette mutation personnelle est perçue par le psalmiste comme un miracle de l'action divine.
Pitié, Yhwh ! Je suis en détresse :
le chagrin me ronge les yeux,
la gorge et le ventre.
Ma vie s'achève dans la tristesse,
mes années dans les gémissements. (...)
On m'oublie, tel un mort effacé des mémoires,
je ne suis plus qu'un débris (Ps 31,10-13).
Puis un peu plus loin :
Béni soit Yhwh,
car sa fidélité a fait pour moi un miracle
dans une ville retranchée.
Et moi, désemparé, je disais :
« Je suis exclu de ta vue. »

Mais tu as entendu ma voix suppliante
quand j'ai crié vers toi. (...)
Soyez forts et prenez courage,
vous tous qui espérez dans Yhwh (Ps 31,22-25).

Mais c'est peut-être le psaume 22, qui synthétise le plus fortement le renversement mystérieux de la plainte en la louange. Le premier verset de ce psaume est connu car il fut repris par Jésus sur la croix.
Mon Dieu, mon Dieu, pourquoi m'as-tu abandonné ?
On peut penser que Jésus avait à l'esprit le psaume en entier (Mt 27,46).
J'ai beau rugir, mon salut reste loin.
Le jour, j'appelle, et tu ne réponds pas, mon Dieu ;
la nuit, et je ne trouve pas le repos (Ps 22,2-3).
Des chiens me cernent ;
une bande de malfaiteurs m'entoure :
ils m'ont percé les mains et les pieds.
Je peux compter tous mes os ;
des gens me voient, ils me regardent.
Ils se partagent mes vêtements
et tirent au sort mes habits.
Mais toi, Yhwh, ne reste pas si loin !
O ma force, à l'aide ! Fais vite ! (Ps 22,17-20)
Jusqu'à la finale.
Tu m'as répondu !
Je vais redire ton nom à mes frères
et te louer en pleine assemblée :
Vous qui craignez Yhwh, louez-le ! (...)
Il n'a pas rejeté ni réprouvé un malheureux dans la misère ;
il ne lui a pas caché sa face ;
il a écouté quand il criait vers lui (Ps 22,22b-25).

2. Les supplications collectives[5]

La prière n'est pas qu'une affaire personnelle, tout le peuple d'Israël est touché par les malheurs et au-delà c'est l'humanité entière qui est en danger face au mal.
Dans ces psaumes, c'est tout un peuple, attaqué, exilé, démembré qui s'adresse à Dieu. On retrouve dans ces prières collectives les mêmes composantes que dans la prière individuelle.
Les plaintes.
C'est à cause de toi qu'on nous tue tous les jours,
qu'on nous traite en agneaux d'abattoir !
Réveille-toi, pourquoi dors-tu, Seigneur ?
Sors de ton sommeil, ne rejette pas sans fin !
Pourquoi caches-tu ta face
et oublies-tu notre malheur et notre oppression ? (Ps 44,23-25)

Des sentiments d'incompréhension et d'inquiétude.
Yhwh, Dieu de l'univers,
Tu fais de nous la querelle de nos voisins,
et nos ennemis ont de quoi rire (Ps 80, 5-7).

Des appels à une intervention divine.
Lève-toi, juge de la terre,
rends leur dû aux orgueilleux.
Pour combien de temps, Yhwh, ces impies ?
Combien de temps les impies vont-ils triompher ? (Ps 94,2-4)

Ainsi que des appels à la vengeance.
À peine conçus, les méchants sont dévoyés,
les menteurs divaguent dès leur naissance.
Ils ont un venin pareil au venin du serpent ; (...)
Dieu ! casse-leur les dents dans la gueule ;
Yhwh, démolis les crocs de ces lions (Ps 58,4-7).

---

5 - Supplications collectives : Ps 12 ; 44 ; 58 ; 60 ; 74 ; 79 ; 80 ; 83 ; 90 ; 94 ; 108 ; 123 ; 137.

On trouve aussi des psaumes emprunts de la nostalgie de Jérusalem.
Là-bas, au bord des fleuves de Babylone,
nous restions assis tout éplorés
en pensant à Sion. (...)
Comment chanter un chant de Yhwh
en terre étrangère ?
Si je t'oublie, Jérusalem,
que ma droite oublie... !
Que ma langue colle à mon palais
si je ne pense plus à toi,
si je ne fais passer Jérusalem
avant toute autre joie (Ps 137,1-6).
Avec pour final un terrible appel à la vengeance !
Fille de Babylone, promise au ravage,
heureux qui te traitera
comme tu nous as traités !
Heureux qui saisira tes nourrissons
pour les broyer sur le roc (Ps 137,8-9).

3. Les chants de confiance[6]

Je garde sans cesse Yhwh devant moi,
comme il est à ma droite, je suis inébranlable (Ps 16,8).
Cette confiance le psalmiste l'illustre souvent en utilisant l'image du sommeil.
Pareillement comblé, je me couche et m'endors,
car toi seul, Yhwh, me fais demeurer en sécurité (Ps 4,9).
Si Yhwh ne bâtit la maison,
ses bâtisseurs travaillent pour rien.
Si Yhwh ne garde la ville,
la garde veille pour rien.

---

6 - Chants de confiance : Ps 3 ; 4 ; 16 ; 23 ; 27 ; 62 ; 121 ; 131.

Rien ne sert de vous lever tôt,
de retarder votre repos,
de manger un pain pétri de peines !
À son ami qui dort, il donnera tout autant (Ps 127,1-2).

4. Les chants de reconnaissance et d'action de grâce[7]

Que ce soit pour des bienfaits personnels
Je t'exalte, Yhwh, car tu m'as repêché ;
tu n'as pas réjoui mes ennemis à mes dépens.
Yhwh mon Dieu,
j'ai crié vers toi, et tu m'as guéri ;
Yhwh, tu m'as fait remonter des enfers,
tu m'as fait revivre quand je tombais dans la fosse (Ps 30,2-4).
Ou collectifs
Yhwh, tu as exaucé le désir des humbles,
tu rassures leur cœur, tu prêtes une oreille attentive,
pour faire droit à l'orphelin et à l'opprimé
et plus un mortel sur terre ne se fera tyran (Ps 10,17-18).

5. Les chants d'instruction ou de sagesse

Certains psaumes sont tournés vers l'enseignement et l'exhortation morale, ils se rapprochent des écrits de sagesse.
Heureux l'homme qui ne prend pas le parti des méchants,
ne s'arrête pas sur le chemin des pécheurs
et ne s'assied pas au banc des moqueurs,
mais qui se plaît à la loi de Yhwh
la méditant jour et nuit (Ps 1,1-2).

Le psaume 8 aborde une question anthropologique fondamentale : qu'est-ce que l'homme ? Quelle est sa place dans la création ?
Quand je vois tes cieux, œuvre de tes doigts,

---

7 - Actions de grâce : Ps 9 ; 10 ; 30 ; 34 ; 40 ; 41 ; 92 ; 116 ; 138.

*la lune et les étoiles que tu as fixées,
qu'est donc l'homme pour que tu penses à lui,
l'être humain pour que tu t'en soucies ?
Tu en as presque fait un dieu :
tu le couronnes de gloire et d'éclat ;
tu le fais régner sur les œuvres de tes mains (Ps 8,4-7a).*

*Oui, l'homme va et vient comme un reflet !
Oui, son agitation, c'est du vent.
Il entasse, et ne sait qui ramassera (Ps 39,7).
Oui, devant ta fureur s'effacent tous nos jours ;
le temps d'un soupir, nous avons achevé nos années :
Soixante-dix ans, c'est parfois la durée de notre vie,
quatre-vingt, si elle est vigoureuse,
et son agitation n'est que peine et misère ;
c'est vite passé, et nous nous envolons (Ps 90,9-10).*

D'autres psaumes tirent les leçons de l'histoire d'Israël[8].
*O mon peuple, écoute ma loi,
tends l'oreille aux paroles de ma bouche.
Je vais ouvrir la bouche pour une parabole
et dégager les leçons du passé (Ps 78,1-2).
Rappelez-vous les miracles qu'il a faits,
ses prodiges et les jugements sortis de sa bouche,
vous, race d'Abraham son serviteur,
vous, fils de Jacob, ses élus (Ps 105,5-6).*

Face à la réussite des riches qui oppressent les plus faibles, se pose avec angoisse la question de la rétribution promise pour le juste. Les faits ne semblent pas confirmer l'enseignement traditionnel.
*Pourtant, j'avais presque perdu pied,
un rien, et je faisais un faux pas,*

---

8 - Histoire d'Israël : Ps 78 ; 105 ; 106.

car j'étais jaloux des parvenus,
je voyais la chance des impies.
Ils ne se privent de rien jusqu'à leur mort,
ils ont la panse bien grasse.
Ils ne partagent pas la peine des gens,
ils ne sont pas frappés avec les autres.
Alors, ils plastronnent avec orgueil,
drapés dans leur violence (Ps 73,2-6).

Puis finalement, au regard du psalmiste qui vit dans l'intimité de Yhwh, la réussite des riches paraît futile et éphémère.
J'ai réfléchi pour comprendre
ce qui m'était pénible à voir,
jusqu'à ce que j'entre dans le sanctuaire de Dieu,
et discerne quel serait leur avenir (Ps 73,16-17).
Ne crains plus quand un homme s'enrichit
et quand la gloire de sa maison grandit.
Car en mourant, il n'emporte rien,
et sa gloire ne descend pas avec lui (Ps 49,17-18).

Le psaume 119, le plus long du psautier, est un hymne à la Loi. La Loi, étudiée, méditée avec amour apparaît comme la source de tous les bienfaits, joie, intelligence, réussite, alors même que l'homme traverse de nombreuses épreuves.
À suivre tes exigences, j'ai trouvé la joie
comme au comble de la fortune (Ps 119,14).
Aussi j'aime tes commandements
plus que l'or, même le plus fin. (...)
Tes exigences sont des merveilles,
aussi je m'y conforme.
La découverte de tes paroles illumine,

elle donne du discernement aux simples.
La bouche grande ouverte, j'aspire,
avide de tes commandements (Ps 119,127-131).

6. Psaumes du jugement de Dieu

Le jugement de Dieu est réclamé par ceux qui souffrent afin que les arrogants, les menteurs et les violents soient dénoncés et châtiés.
Dans sa suffisance, l'impie ne cherche plus :
« Il n'y a pas de Dieu », voilà toute son astuce. (...)
il crache sur tous ses adversaires.
Il se dit : « Je suis inébranlable,
il ne m'arrivera jamais malheur. »
Sa bouche est pleine de malédiction,
de tromperie et de violence ;
il a sous la langue forfait et méfait (Ps 10,4-7).
Leur suffisance les rend aveugles sur eux-mêmes.
L'oracle impie de l'infidèle me vient à l'esprit ;
à ses yeux, il n'y a pas à trembler devant Dieu.
Car il se voit d'un œil trop flatteur
pour trouver sa faute et la détester (Ps 36,2-3).

En pervertissant la justice, c'est tous les fondamentaux de l'humanité qu'ils minent.
Jusqu'à quand jugerez-vous de travers
en favorisant les coupables ?
Soyez des juges pour le faible et l'orphelin,
rendez justice au malheureux et à l'indigent ;
libérez le faible et le pauvre,
délivrez-les de la main des coupables.
Mais ils ne savent pas, ils ne comprennent pas,
ils se meuvent dans les ténèbres,

et toutes les assises de la terre sont ébranlées (Ps 82,2-5).
Finalement, le jugement de Dieu est perçu comme une libération pour tous les pauvres de la terre.
Des cieux, tu énonces le verdict ;
terrifiée, la terre se calme,
quand Dieu se lève pour le jugement,
pour sauver tous les humbles de la terre (Ps 76,9-10).

7. Les hymnes de louange[9]

Les psaumes qui appartiennent à la famille des louanges ont une dimension liturgique prononcée par la présence d'acclamations (Amen ! Alléluia !), de refrains et de dialogues. Une courte introduction festive invite à la joie ; on élabore ensuite les motifs d'action de grâces.
Acclamez Yhwh, terre entière ;
servez Yhwh avec joie ;
entrez devant lui avec allégresse (Ps 100,1-2).
Bénis Yhwh, ô mon âme,
et n'oublie aucune de ses largesses !
C'est lui qui pardonne entièrement ta faute
et guérit tous tes maux (Ps 103,2-3).
La louange est nourrie à la fois de la contemplation de la création et du souvenir des faits du passé.
Alleluia ! Louez le nom de Yhwh (Ps 135,1).
Du bout de la terre, soulevant les nuées,
il a fait les éclairs pour qu'il pleuve ;
il tire le vent de ses réservoirs.
C'est lui qui frappa les aînés d'Egypte (Ps 135,7).
C'est lui qui frappa des nations nombreuses,
et tua des rois puissants (Ps 135,10).

---

9 - Hymnes de louange : Ps 8 ; 9 ; 33 ; 89 ; 100 ; 103 ; 104 ; 111 ; 113 ; 117 ; 135 ; 136 ; 145-150.

8. Les psaumes royaux, messianiques[10]

Ces psaumes illustrent l'amorce de la métamorphose de la représentation de la royauté.

On sait que dans les cultures entourant Israël, la dignité royale était associée aux dieux. On a vu dans le livre des Juges et de Samuel le désir du peuple de se doter d'un roi comme les autres nations, puis comment certains dénoncent ce désir, y voyant le risque pour le peuple de retomber en esclavage sous la coupe d'un roi qui ne manquera pas d'abuser de son pouvoir et d'aliéner ses sujets. Pourtant l'idée de salut, de victoire restait organiquement liée à la puissance d'un roi alors même que l'histoire des rois d'Israël, qui pour la plupart « *ont fait ce qui est mal aux yeux de Yhwh* », a conduit le peuple à la catastrophe. Mais les prophètes ont laissé entrevoir une issue avec l'avènement d'un nouveau type de roi, un messie qui apportera la victoire au peuple.

Maintenant je le sais :
Yhwh donne la victoire à son messie ;
il lui répond de son sanctuaire céleste,
par les prouesses victorieuses de sa droite (Ps 20,7).

Ce messie défendra le pauvre et l'orphelin contre les exploiteurs.
Dieu, confie tes jugements au roi,
ta justice à ce fils de roi.
Qu'il gouverne ton peuple avec justice,
et tes humbles selon le droit.
Grâce à la justice, que montagnes et collines
portent la prospérité pour le peuple !
Qu'il fasse droit aux humbles du peuple,
qu'il soit le salut des pauvres,
qu'il écrase l'exploiteur (Ps 72,1-4).

---

10 - Psaumes messianiques : Ps 18 ; 20 ; 21 ; 45 ; 72 ; 89 ; 101 ; 110 ; 132 ; 144.

Cette royauté divine qui s'exerce à la fois sur le cosmos et sur tous les habitants de la terre est célébrée par un « chant nouveau » (Ps 96, 97, 98, 99).

Chantez à Yhwh un chant nouveau,
chantez à Yhwh, terre entière ;
chantez à Yhwh, bénissez son nom ! (Ps 96,1-2).
Que les cieux se réjouissent, que la terre exulte,
et que grondent la mer et ses richesses !
Que la campagne tout entière soit en fête,
que tous les arbres des forêts crient alors de joie,
devant Yhwh, car il vient,
car il vient pour gouverner la terre.
Il gouvernera le monde avec justice
et les peuples selon sa loyauté (Ps 96,11-13).

La célébration de la royauté dans des psaumes annonce l'expression « Royaume des cieux » qui sera développé dans les évangiles, tout particulièrement dans celui de Matthieu (Mt 5).

À côté de l'idée de royauté, l'autre pilier d'Israël est le Temple, la demeure de Dieu.

Le psalmiste manifeste son désir d'entrer dans le Temple en utilisant l'image de la montagne de Sion, qui symbolise la cité céleste, la nouvelle Jérusalem. Cette aspiration à monter et à demeurer dans le Temple est l'objet des psaumes regroupés sous le nom de *Cantiques de Sion*[11].

Rappelle-toi la communauté que tu acquis dès l'origine,
la tribu que tu revendiquas pour patrimoine,
la montagne de Sion où tu fis ta demeure (Ps 74,2).

---

11 - Les cantiques de Sion (46; 48; 74; 76; 87; 122) exaltent Jérusalem et son temple. Capitale de la dynastie davidique, métropole religieuse, Sion a été choisie par Dieu comme son lieu de repos. Sion devient le lieu où chaque homme finira par se reconnaître chez soi (Extrait de la note de la TOB).

Le psalmiste aspire à demeurer dans la maison de Dieu, lieu de rassemblement de tout le peuple, pour y trouver repos et sécurité.
Comme elles sont aimées, tes demeures,
Yhwh de l'univers !
Je languis à rendre l'âme
après les parvis de Yhwh. (...)
Le moineau lui-même trouve une maison,
et l'hirondelle un nid pour mettre sa couvée,
près de tes autels, Yhwh de l'univers,
mon roi et mon Dieu.
Heureux les habitants de ta maison :
ils te louent sans cesse (Ps 84,2-5).

Place des psaumes dans l'histoire du judaïsme et du christianisme

Les psaumes tiennent naturellement une grande place dans le judaïsme et sa liturgie. Son importance dans le christianisme n'est pas moindre, ils sont souvent associés dans la liturgie à la lecture des Évangiles.
Dès la naissance du christianisme, on voit, dans les actes des Apôtres, les disciples s'appuyer sur la dimension prophétique des psaumes pour orienter leur choix (Ac 1,20 ; 13,32) et l'apôtre Paul exhortera les premières communautés chrétiennes à prier avec les psaumes.
Dites ensemble des psaumes, des hymnes et des chants inspirés ; chantez et célébrez le Seigneur de tout votre cœur (Eph 5,19).
Chantez à Dieu, dans vos cœurs, votre reconnaissance, par des psaumes, des hymnes et des chants inspirés par l'Esprit (Col 3,16).

Au 6ᵉ siècle ap. J.-C., Benoit de Nursie, Saint Benoît, fondateur de l'ordre des bénédictins, institue dans sa règle pour les monastères, la

liturgie des heures où, sept fois par jour (Ps 119,164), les moines se rassemblent pour prier. Le chant des psaumes constitue le cœur des sept offices. Les 150 psaumes sont traditionnellement répartis sur une semaine dans un livre liturgique appelé « antiphonaire », qui outre les psaumes comprenait les hymnes[12] et des antiennes chantées par toute la communauté. Avec la création des ordres mendiants itinérants, au 13ᵉ siècle, les psaumes ne pouvaient plus être toujours chantés en communauté, ainsi naquirent petit à petit des éditions plus légères plus adaptées que les antiphonaires à la prière individuelle non chantée, les « bréviaires ».
Chez les protestants, pour rendre ces prières accessibles à tous, de nombreuses éditions associaient dans un même petit livret, les psaumes et les Évangiles.
On peut juger de la puissance poétique et spirituelle de ces textes et de leur dimension universelle par le fait qu'ils ont été sources d'inspiration pour de nombreux artistes-compositeurs de toutes les cultures et de toutes les époques (par exemple le groupe musical formé en 2015, MIQUEDEM, qui chante en hébreu tous les psaumes).

Importance des psaumes dans l'évolution de la perception du sacré.

Dans le sacré « primitif », la prière est fondamentalement collective, elle est associée aux sacrifices dont on a vu que la fonction inconsciente était de canaliser la violence du groupe et la fonction consciente, d'attirer la bienveillance des dieux.
Dans la Bible, à partir du moment où Yhwh fait alliance, qu'il se manifeste à des individus particuliers, la prière devient progressivement beaucoup plus personnelle et surtout elle rend Dieu questionnable.

---

12 - L'hymne est à la fois un chant et une louange pour Dieu accompagnant la méditation.

L'écoute de la Parole au travers de la Loi ou des Prophètes, se prolonge dans les psaumes par un dialogue avec Dieu, où l'homme peut exprimer librement, sans honte, tous ses sentiments. C'est désormais la prière nourrie par l'étude de la Parole et la quête d'intelligence des choses et des évènements qui reliera les hommes (religion = relier) entre eux et se substituera à terme au sacrifice qui jusqu'alors avait l'exclusivité de l'expression religieuse (sacrifice = sacer fecit, faire du sacré). On entre par-là dans une ère tout à fait nouvelle de la notion même de sacré.

Des psaumes condamnent la croyance populaire dans l'efficacité automatique des sacrifices et prônent un type d'offrande à Dieu bien différent.
Tu n'aimerais pas que j'offre un sacrifice,
tu n'accepterais pas d'holocauste.
Le sacrifice voulu par Dieu, c'est un esprit brisé ;
Dieu, tu ne rejettes pas un cœur brisé et broyé (Ps 51,18-19).

Renversement de la perception de la puissance du divin

Une autre évolution émerge de toutes ces prières.
Dans la représentation courante, Dieu est le « Tout-Puissant » qui impose le bien et punit le mal. Dieu est en quelque sorte l'accusateur de l'homme pécheur.
Dans le livre de la Genèse, au jardin d'Eden, le serpent veut apparaître comme le défenseur de l'homme et de ses désirs pour contrer la toute-puissance de Dieu qui s'impose à l'homme.
Or dans les psaumes, à la suite des prophètes, Yhwh apparaît, non comme un accusateur, mais comme le défenseur des pauvres et des opprimés. L'accusateur de l'homme est plutôt celui qui, en se drapant dans le droit, n'hésite pas à manipuler la justice pour écraser les plus faibles. Dans le livre de Job, « Accusateur » est le nom propre de Satan. La perception des belligérants du combat du bien contre le mal,

accusateur vs défenseur, tend alors à s'inverser, c'est l'accusateur de l'homme qui incarne le mal, et Dieu en est son défenseur. L'accusateur cherche le jugement, la condamnation et finalement la mort de l'accusé, alors que le défenseur cherche à ce que le pécheur échappe au jugement et garde la vie.

Il y a là une vérité anthropologique universelle qui se cache derrière les situations personnelles du psalmiste. Se positionner en accusateur revient à s'approprier le droit de juger, c'est ignorer son propre péché et c'est ignorer la possibilité du pardon divin. L'accusateur s'habille du bien et sous couvert de la défense de la morale, de la vertu et même parfois de la parole de Dieu, a pour objectif inavoué la mort de son adversaire.

Le défenseur lui, malgré les fautes potentielles de l'accusé, le soutient, lui pardonne et projette la lumière sur les réels motifs de l'accusateur.

Dans les psaumes, Yhwh apparaît comme le défenseur par excellence, car *en lui est la vie (Jn 1,4)*. Un nouvel espace s'ouvre à l'homme par la défense du plus faible, par le pardon, alors que la simple quête de perfection morale enferme l'homme dans ses certitudes.

Certes l'homme doit apprendre à reconnaître le bien du mal, mais l'enseignement biblique dissocie les dénonciations vigoureuses et justifiées de l'injustice, des accusations « ad hominem » qui cherchent en fait la défaite et la mort de l'accusé. L'homme doit dissocier « le péché » et « le pécheur » et laisser à Dieu seul le jugement final.

Le basculement de la représentation de Dieu d'accusateur en défenseur de l'homme, sera définitivement accompli après les psaumes quand Jésus pour sauver le monde du mal et de la violence, ira jusqu'à prendre la place de l'accusé, du pécheur, face à des accusateurs qui se présentent comme détenteurs de la vérité religieuse. Tout en condamnant le péché, Jésus vient pour sauver le pécheur. Il dira lui-même qu'il n'est pas venu pour accuser, *car je ne suis pas venu juger le monde, je suis venu sauver le monde (Jn 12,47)*.

Il n'y aura pas de jugement pour qui écoute sa Parole.
En vérité, en vérité, je vous le dis, celui qui écoute ma parole et croit en celui qui m'a envoyé, a la vie éternelle; il ne vient pas en jugement, mais il est passé de la mort à la vie (Jn 5,24).

C'est ainsi que Jésus en récitant sur la croix le psaume 22, qui débute par la plainte de l'accusé et se termine dans la joie de la victoire sur l'accusateur, accomplit définitivement, par sa mort et sa résurrection, le renversement de la perception de la puissance du divin, puissance qui est celle du pardon, désormais intrinsèquement associé au don de la vie. En demandant sur la croix le pardon pour ses accusateurs, Jésus ne devient pas lui-même accusateur de ses accusateurs, il rompt ainsi le cycle infernal du mal.

LES PROVERBES

Introduction

Le livre des Proverbes est un ensemble de livrets d'origines différentes, non exclusivement israélites. Il rassemble des matériaux très proches de la sagesse égyptienne. Il est le premier livre biblique à avoir consigné la morale expérimentale des anciens à transmettre aux enfants, ou plus précisément du père au fils. Ces recueils en viennent ainsi à définir une morale dans les comportements familiaux, sociaux et politiques.

Mon fils, observe la discipline que t'impose ton père
et ne néglige pas l'enseignement de ta mère (Pr 1,8).

Le livre débute par une courte introduction qui attribue cet ensemble à Salomon, selon une pratique courante à l'époque, où l'auteur se cache sous le patronage d'une autorité reconnue.

Proverbes de Salomon, fils de David, roi d'Israël, destinés à faire connaître la sagesse, à donner l'éducation et l'intelligence des sentences pleines de sens, à faire acquérir une éducation éclairée: justice, équité, droiture; à donner aux naïfs la prudence, aux jeunes, connaissance et discernement; (...) destinés à donner l'intelligence des proverbes et énigmes, des propos des sages et de leurs charades (Pr 1,1-6).

Après cet éloge de l'intelligence et des bienfaits de la transmission par l'éducation, l'auteur souligne d'emblée la spécificité de la sagesse d'Israël.
La crainte de Yhwh est le principe du savoir ;
sagesse et éducation, seuls les fous s'en moquent (Pr 1,7).

Livret I

Le premier livret (1,8-9,18) est un recueil de poèmes plus ou moins longs, qui sont des exhortations chaleureuses à écouter la sagesse.
Cet effort intellectuel débouche sur la compréhension de ce qu'est la crainte de Yhwh :
Si, prêtant une oreille attentive à la sagesse, tu soumets ton cœur à la raison ; oui, si tu fais appel à l'intelligence, si tu invoques la raison, si tu la cherches comme l'argent, si tu la déterres comme un trésor, alors tu comprendras ce qu'est la crainte de Yhwh, tu trouveras la connaissance de Dieu. Car c'est Yhwh qui donne la sagesse, et de sa bouche viennent connaissance et raison (Pr 2,2-6).

Le lien entre sagesse et *crainte de Yhwh* est repris tout au long du livre des proverbes.
La crainte de Yhwh est le commencement de la sagesse et l'intelligence est la science des saints (Pr 9,10).
La crainte de Yhwh est fontaine de vie ! Elle détourne des pièges de la mort (Pr 14,27).
La crainte de Yhwh est une discipline de sagesse ; avant la gloire : l'humilité (Pr 15,33).
Le *livre des Proverbes* en associant l'intelligence à *la crainte de Yhwh*, enrichit encore cette expression qui exprimait le sentiment de la présence et de la confiance en Yhwh[13].

---

13 - Sur l'expression *crainte de Yhwh*, cf. Tome 1 p 313-319.

La sagesse est associée à l'humilité, car s'il faut faire preuve d'intelligence, il faut se méfier de la prétention de l'intelligence et de la sagesse.
Fie-toi à Yhwh de tout ton cœur et ne t'appuie pas sur ton intelligence.
Dans toute ta conduite sache le reconnaître, et lui dirigera tes démarches.
Ne sois pas sage à tes propres yeux, crains plutôt Yhwh et détourne-toi du mal (Pr 3,5-7).
Si Yhwh se moque des moqueurs, il accorde sa faveur aux humbles (Pr 3,34).
La sagesse ne manquera pas de produire des fruits chez le sage.
Qui m'écoute repose en sécurité, tranquille, loin de la crainte du malheur (Pr 1,33).
Ainsi, ta conduite sera celle des braves gens, tu observeras celle des justes. Les hommes droits habiteront la terre, les hommes intègres y resteront, tandis que les méchants seront retranchés de la terre et que les perfides en seront arrachés (Pr 2,20-22).

La sagesse ouvre un champ de liberté où les compétences et les goûts de chacun pourront s'exprimer, elle est la source pour l'homme de plénitude et de jouissance. La sagesse est rattachée au bonheur et aux délices de la création.
Les voies de la sagesse sont des voies délicieuses et ses sentiers sont paisibles. L'arbre de vie c'est elle pour ceux qui la saisissent, et bienheureux ceux qui la tiennent (Pr 3,17-18) !
L'origine de la sagesse est en Yhwh.
Yhwh a fondé la terre par la sagesse, affermissant les cieux par la raison. C'est par sa science que se sont ouverts les abîmes et que les nuages ont distillé la pluie (Pr 3,19-20).

Cette sagesse hébraïque n'a pas le caractère contraignant et ennuyeux d'actes qu'il faut accomplir contre son gré, pour se soumettre à un dieu

et lui plaire. Paradoxalement, *la crainte de Yhwh délivre de toute peur.*
Si tu te couches, ce sera sans terreur ; une fois couché, ton sommeil sera agréable.
Ne crains pas une terreur soudaine, ni l'irruption des méchants, quand elle viendra ;
car Yhwh sera ton assurance et du piège il gardera tes pas (Pr 3,24-26).

La sagesse est associée à la générosité.
Ne refuse pas de faire du bien à qui en a besoin quand tu peux le faire (Pr 3,27).

L'auteur établit alors clairement l'équation à la base de la morale : faire le mal entraîne le malheur et faire le bien entraîne le bonheur.
La malédiction de Yhwh est sur la maison du méchant,
mais il bénit la demeure des justes (Pr 3,33).

Face à l'obscurité dans laquelle vivent les corrompus, la lumière de la sagesse apporte santé et vie :
Le chemin des méchants c'est l'obscurité, ils ne savent pas sur quoi ils vont trébucher.
Mon fils, prête attention à mes paroles, tends l'oreille à mes propos.
Qu'ils ne s'éloignent pas de tes yeux ; garde-les au fond de ton cœur.
Car ils sont vie pour qui les recueille et santé pour tout son être.
Garde ton cœur en toute vigilance car de lui dépendent les limites de la vie (Pr 4,18-23).

Dans le domaine de la vie sexuelle, la sagesse fait l'éloge de l'homme fidèle à la femme de sa jeunesse.
Qu'elles soient pour toi seul et pas pour des étrangers avec toi.
Que ta fontaine soit bénie et jouis de la femme de ta jeunesse, biche amoureuse et gracieuse gazelle. Que ses seins te comblent en tout temps.
Enivre-toi toujours de son amour.

Pourquoi t'enivrerais-tu, mon fils, d'une dévergondée et embrasserais-tu le sein d'une étrangère ? (Pr 5,17-20)

La Sagesse n'est pas un simple code moral ; en tant qu'émanation divine personnifiée (Pr 1,20 ; 8,1 – 9,6), elle s'écrit avec une majuscule.
Yhwh m'a engendrée, prémice de son activité, prélude à ses œuvres anciennes.
J'ai été sacrée depuis toujours, dès les origines, dès les premiers temps de la terre.
Quand les abîmes n'étaient pas, j'ai été enfantée (Pr 8,22-24a).
Elle est associée à la parole de Yhwh, source du bonheur.
Heureux qui écoute la Sagesse. Et maintenant, fils, écoutez-moi. Heureux ceux qui gardent mes voies ! Écoutez la leçon pour être sage et ne la négligez pas. Heureux l'homme qui m'écoute, veillant tous les jours à ma porte, montant la garde à mon seuil ! (Pr 8,32).
La quête de la Sagesse apparaît ainsi vitale.
Car celui qui me trouve a trouvé la vie et il a rencontré la faveur de Yhwh (Pr 8,35).
Elle est perçue comme une mère nourricière.
« Y a-t-il un homme simple ? Qu'il vienne par ici ! » A qui est dénué de sens elle dit : « Allez, mangez de mon pain, buvez du vin que j'ai mêlé. Abandonnez la niaiserie et vous vivrez ! Puis, marchez dans la voie de l'intelligence » (Pr 9,4-6).

Livret II

Ce recueil toujours attribué à Salomon est le plus long du livre (Pr 10,1-22,16), c'est un ensemble de maximes sous forme de deux vers (distiques).
Où abondent les paroles le péché ne manque pas,
mais qui refrène son langage est un homme avisé (Pr 10,17).
Que vienne l'orgueil, viendra le mépris,
mais la sagesse est avec les humbles (Pr 11,2).

L'éloge qui est fait de la politique laisse à penser que certains proverbes viennent d'intellectuels qui gravitent dans l'administration autour du roi.
Faute de politique un peuple tombe ;
le salut est dans le nombre des conseillers (Pr 11,14).

La générosité, la circulation des biens, favorisent l'économie
Tel fait des largesses et s'enrichit encore,
tel autre épargne plus qu'il ne faut et connaît l'indigence.
Une personne généreuse sera comblée,
et qui donne à boire sera lui-même désaltéré.
Le peuple maudit l'accapareur de blés
mais bénit celui qui le met sur le marché (Pr 11, 24-26).

Le contrôle de soi est recommandé.
Le fou laisse éclater sur l'heure sa colère,
mais l'homme prudent avale l'injure (Pr 12, 16).

La sagesse dénonce l'arrogance.
Qui méprise son prochain pèche,
mais qui a pitié des humbles est heureux (Pr 14,21).
Elle appelle à la sobriété.
Mieux vaut peu de biens avec la crainte de Yhwh
qu'un grand trésor avec du tracas (Pr 15, 16).
Mieux vaut un morceau de pain sec et la tranquillité
qu'une maison pleine de festins à disputes (Pr 17, 1).
Elle incite au pardon.
Qui recherche l'amitié oublie les torts ;
y revenir sépare de l'ami (Pr 17, 9).
Elle fait l'éloge de l'humilité qui est la base de la sagesse.
Avant la ruine, l'esprit humain est plein d'orgueil ;
mais avant la gloire, il y a l'humilité (Pr 18,12).

Elle appelle à maîtriser son langage
La mort et la vie dépendent du langage,
qui l'affectionne pourra manger de son fruit (Pr 18,21).
Et à ne pas évoquer le sacré trop facilement.
C'est un piège pour l'homme de dire étourdiment : C'est sacré ! (Pr 20,25)
Car le sacré réside dans le fond de l'homme connu de Yhwh.
Le souffle de l'homme est une lampe de Yhwh qui explore les tréfonds de l'être (Pr 20,27).

La « connaissance de Yhwh », nourrie par l'étude des textes, la méditation et la prière, est la source et le moteur de la sagesse de l'homme. La prière intimement associée à l'étude devient plus importante que les sacrifices rituels.
Le sacrifice des méchants est en horreur à Yhwh,
il se complaît à la prière des hommes droits (Pr 15,8).
La pratique de la justice passe avant le culte.
Pratiquer la justice et le droit
est préféré par Yhwh au sacrifice (Pr 21,3).

Autres livrets

La suite du livre est composée d'une série de petites collections (22,17-24,22 ; 24,23-34 ; 25-29 ; 30,1-14 ; 30,15-33 ; 31,1-9 ; 31,10-31) qui présentent de grandes parentés avec les écrits de la sagesse égyptienne et ses conseils moraux.
Telles ces incitations à la prudence dans les relations :
Ne mange pas le pain de l'homme au regard mauvais et ne convoite pas ses bons plats ; car il est comme quelqu'un qui a déjà pris sa décision ; « Mange et bois », te dit-il, mais son cœur n'est pas avec toi ! La bouchée que tu viens d'avaler, tu la vomiras et toute ton amabilité aura été en pure perte (Pr 23,6-8).
Mieux vaut un franc avertissement qu'une amitié trop réservée (Pr 7,5).

L'inspiration royale de ces maximes est manifeste.
La gloire de Dieu, c'est d'agir dans le mystère
et la gloire des rois, c'est d'agir après examen.
Les cieux en leur hauteur, la terre en sa profondeur
et le cœur des rois sont impénétrables (Pr 25,2-3).

Au milieu d'un grand nombre d'adages repris de recueils étrangers, l'auteur ne manque pas de glisser la référence à la crainte de Yhwh.
Ne jalouse pas intérieurement les pécheurs, mais toute la journée aie la crainte de Yhwh (Pr 23,17).
Mon fils, crains Yhwh et le roi. Ne te mêle pas aux novateurs ! (Pr 24,21)

Le livre se termine par un long poème sur la femme de valeur :
Une femme de valeur, qui la trouvera ?
Elle a bien plus de prix que le corail (Pr 31,10-31),
Épouse idéale, diligente, courageuse, soignée et conseillère avisée. Dans cette culture patriarcale, la femme de valeur symbolise en ce monde le bonheur dans la demeure céleste.

Conclusion

Au milieu de ces grandes et belles considérations sur la sagesse d'origine divine, certaines maximes semblent contredites par l'expérience au quotidien.

La malédiction de Yhwh est sur la maison du méchant,
mais il bénit la demeure des justes (Pr 3,33).
Aucune misère n'atteint le juste,
mais les méchants sont remplis de maux (Pr 12, 21).

Ces équations posent tout de même quelques petites difficultés !
Reste sans réponse le problème de la rétribution.

JOB

Introduction

La lecture du livre de Job n'est pas d'un abord facile, l'auteur entraîne le lecteur déconcerté dans des réactions contradictoires qui vont de l'émerveillement à l'incompréhension, de la colère à la révolte contre Dieu, pour le laisser à la fin du livre complètement pantois, sidéré et interrogatif.

L'impasse dans laquelle semble se heurter l'intelligence humaine dans son effort de compréhension de l'action des hommes et de Dieu, trouve une de ses plus éminentes expressions dans le Livre de Job.

Ce livre étonnant au sens fort du terme (tonnerre), déroutant et paradoxal, a inspiré et nourri depuis 2500 ans et continue d'alimenter, peintres, écrivains, philosophes et poètes.

Les grands noms de la littérature française, de Blaise Pascal à Victor Hugo en passant par Racine, Bossuet et Voltaire, virent dans le personnage de Job une illustration de leur propre questionnement. Est-il un modèle de patience et d'abandon au Créateur ou un modèle de stoïcisme, avant d'être la figure tragique de la souffrance imméritée ? Est-il le paradigme de l'homme courageux qui a perdu toutes ses illusions sur un Dieu théoriquement bienveillant. Est-ce l'angoisse et la nostalgie de l'homme brutalement plongé dans le malheur, incompris et persécuté par tous, mis au banc de la société alors même que précédemment, riche et heureux, il bénéficiait de la vénération de tous ? Est-il l'incarnation de l'humanité vraie dans son combat contre l'absurdité du monde, qui légitime la révolte contre Dieu ? Est-il le croyant qui traverse les ténèbres ? Ou lui trouvons-nous le mérite insigne d'avoir cassé les mots, le langage, sapé l'assurance des pseudo-certitudes des sages pour nous faire pénétrer dans le tragique ?

Plus près de nous, C.G. Jung[14] dans « Réponse à Job » (Paris, Buchel Chastel, 1952), utilise ce personnage pour illustrer les difficultés du monothéisme à expliquer le mal ; il n'y a pas, comme dans les religions dualistes, un dieu de lumière face à un dieu des ténèbres. Il nous invite à une lecture symbolique de ce livre pour avancer dans la connaissance du Dieu Un. Il sera suivi dans cette voie par A. de Souzenelle[15] avec son « Job sur le chemin de la lumière » (Albin Michel, 1994).
Elie Wiesel[16] relit le livre de Job à la lumière de la Shoah dans « Job ou Dieu dans la tempête » (avec josy Eisenberg, essai, éditions Fayard-Verdier - 1986).
René Girard, dans son essai consacré à Job dont le titre est une citation dans Jb 22,15 : « La route antique des hommes pervers » (Grasset, 1985), verra dans ce personnage le type même du bouc émissaire préfigurant la mort sacrificielle de Jésus, passage (pâque) pour l'humanité d'un sacré antique et pervers vers la sainteté. Plus récemment, l'écrivain et critique littéraire, Pierre Assouline a publié « Vies de Job » (Gallimard, 2010), sorte de quête biographique du personnage de Job à travers laquelle se dessine sa propre quête intérieure.
Sur un plan plus scientifique, J.M. Maldamé, dominicain, dans son étude sur le problème du mal « Le scandale du mal, une question

---

14 - Carl Gustav Jung, psychiatre suisse (1875-1961).
15 - Annick de Souzenelle, théologienne orthodoxe (1922-2024).
16 - Elie Wiesel, écrivain et philosophe (1928-2016).

posée à Dieu » (Cerf, 2001), nous livre de précieuses grilles de lecture pour aborder ce livre de *Job*. Il nous décrit la genèse des apparentes contradictions qui peuvent perturber et rendre difficile sa compréhension.

La structure du Livre

Les nombreuses études exégétiques et littéraires de ces dernières années, nous permettent de mieux saisir l'histoire de sa composition ; ce travail « d'archéologie littéraire » dégage les différentes strates qui se sont superposées, strates qui expliquent les lectures riches et contrastées que l'on peut faire de ce livre.
A l'origine, ce texte était très certainement une reprise d'un conte moral en prose dont le thème « la souffrance de l'homme pieux », était bien connu dans tout l'Orient de cette époque. L'intention du premier auteur, appelons-le ainsi, semble bien être de montrer comment l'homme juste peut faire face au malheur, de façon sublime, et ressortir de cette épreuve grandi et récompensé. La justice divine, qui récompense les bons et punit les méchants, un moment ébranlée par l'expérience du malheur chez un homme juste, s'en trouve finalement confortée.

Le conte en prose où Satan dialogue avec Dieu

L'auteur du conte met en scène (Jb 1,1 à 2,10) un dialogue entre Dieu et Satan[17]. Il est important de noter la première apparition dans la Bible de ce personnage de Satan, où l'on voit qu'il ne s'agit pas du tout d'un ange mauvais. L'auteur prend bien soin d'éviter le dualisme ambiant de la religion perse où les dieux se partagent les rôles l'un pour le bien, et l'autre pour le mal. Simplement cet ange (il faudrait étudier de plus près la genèse qui remonte à cette époque précisément,

---

17 - Le mot *Satan* désigne « l'adversaire », plus spécialement celui qui exerce au tribunal le rôle d'accusateur.

de l'angélologie dans la Bible sous l'influence de la culture perse) fait partie de la cour céleste et discute avec Dieu d'un homme tout à fait remarquable du nom de Job. Satan met en doute les ressorts profonds de la piété de cet homme ; pour lui sa piété est liée à la réussite dont il a bénéficié toute sa vie sur tous les plans : famille nombreuse et heureuse, richesses, honneurs. Retirons lui tout ça et l'on verra ce que l'on verra... il ne restera pas grand-chose de sa piété ! Le rôle de cet ange est de se faire « l'avocat du diable », expression qui trouve son origine dans ce livre. Mis au défi, Dieu accepte que Satan mette à l'épreuve Job : des catastrophes s'abattent alors sur tous ses biens et tous ses enfants meurent brutalement.

Job a alors cette phrase admirable :
« *Sorti nu du ventre de ma mère, nu j'y retournerai.*
Yhwh a donné, Yhwh a ôté
Que le nom de Yhwh soit béni » *(Jb 1,20).*

Satan ne s'avoue pas vaincu pour autant : toucher aux biens d'une personne n'est pas l'épreuve la plus grave, mais si l'on touchait à l'intégrité de son être de son corps, alors là... ?
Dieu accepte de pousser l'expérience jusqu'au bout : Job est alors atteint par la lèpre et en est réduit à se gratter avec un tesson sur un tas de cendres. Sa femme profondément irritée par le stoïcisme de son mari, le supplie de maudire Dieu, mais lui plongé dans les affres de sa maladie, malgré l'incompréhension de son épouse, répond :
« *Tu parles comme une folle. Nous acceptons le bonheur comme un don de Dieu.*
Et le malheur, pourquoi ne l'accepterions-nous pas aussi ? » *(Jb 2,10)*
L'épilogue de cette belle et courte histoire pieuse se trouve tout à fait à la fin du livre au chapitre 42 à partir du verset 10. Job, resté intègre et juste dans l'épreuve, est récompensé par Dieu qui multiplie ses biens et lui

redonne encore plus d'enfants qu'auparavant ! La sagesse des hommes trouve en Job un modèle et les fondements de la morale qui doit voir le méchant puni et le juste récompensé, sont un moment ébranlés mais sortent finalement confortés.

Ce conte édifiant en prose n'a pas un caractère spécifiquement hébraïque, d'une part le nom de Job n'est pas juif, d'autre part l'anthropomorphisme de la scène de Dieu discutant avec sa cour céleste dénote franchement avec les autres récits bibliques. Il est pourtant repris par un auteur juif (suivi sans doute par deux ou trois autres), qui l'utilisera comme un bel écrin lisse, pour y insérer une puissante œuvre littéraire en vers d'un tout autre genre. Le conte, éloge d'un homme qui supporte stoïquement le malheur, fait place à une tragédie avec la rébellion d'un juste qui ne comprend pas ce qui lui arrive, se rebelle contre les pieuses explications données par des amis, s'en prend à Dieu et exige de sa part des explications.

Les dialogues en vers avec Élifaz, Bildad et Çofar

L'auteur fait intervenir trois personnages, Élifaz, Bildad et Çofar, réputés pour leur sagesse. Chacun à leur tour, dans un dialogue en vers, essaye d'expliquer à Job les origines de son malheur et ce faisant, ils veulent défendre l'idée de la « justice divine ». Job plaide vivement son innocence puis dénonce la sagesse bien-pensante de ses amis. La puissance et la hardiesse du ton de Job, à la hauteur de ses malheurs, frisent le scandale, tant elles bousculent les clichés de la pensée traditionnelle et le dogme de la rétribution individuelle.
Le corps du livre, en vers, contraste aussi bien dans la forme que dans le fond avec le conte en prose qui l'enveloppe. Cette œuvre d'un auteur inconnu, beaucoup plus personnelle et originale que le conte folklorique en prose, déstabilise les certitudes des sages et remet en

cause les fondements de la piété des bien-pensants. Tant et si bien que parfois on s'est demandé comment une œuvre aussi audacieuse avait pu être retenue dans la transmission des œuvres religieuses du judaïsme. « On peut même supposer que ce fut précisément la conclusion pieuse de l'histoire en prose qui facilita la survivance du poème, où la hardiesse de la révolte jobienne et l'ironie de la réponse divine mettent en question la justice de Dieu, ou tout au moins la placent en dehors de la justice des hommes » (Intro de la TOB).

Donc des amis arrivent auprès de Job dans un esprit bienveillant. Ils font preuve au départ d'une grande délicatesse et d'un grand respect face aux malheurs de leur ami, restant sept jours sans parler (en présence d'une personne frappée par le malheur, on ne prend pas la parole avant que celle-ci n'ouvre la bouche).
Puis finalement Job prend la parole (Jb 3) pour hurler sa douleur, maudire sa naissance et appeler la mort qui plonge tout le monde, justes et méchants, à égalité dans le néant (il n'y avait pas à l'époque en Israël de croyance en une vie après la mort).
L'œuvre, alors, s'articule sous la forme de trois séries de dialogues en vers entre Job et ses amis. Après chacune des interventions d'un de ses amis, Job répond.

Première série (Jb 4-14) : Dieu espion ?

1-1 Après que Job eut ouvert la bouche, Élifaz, le premier, prend la parole (Jb 4 et 5). Sur un ton onctueux de prédicateur, il essaye de faire comprendre à Job : certes tu es un homme juste, mais il faut savoir accepter les épreuves. D'ailleurs, tu n'es certainement pas totalement innocent. L'innocence totale ne fait pas partie de la condition humaine.
Le mortel serait-il plus juste que Dieu,
l'homme serait-il plus pur que son auteur (Jb 4,17).
Les épreuves sont là pour nous corriger, sois heureux d'être repris par

Dieu car à terme tu en tireras de grands profits :
Vois : Heureux l'homme que Dieu réprimande !
Ne dédaigne donc pas la semonce de Shaddaï[18].
C'est lui qui, en faisant souffrir, répare,
lui dont les mains, en brisant, guérissent (Jb 5,17-18).

1-2 Ce type de pieux discours irrite Job, il accuse ses amis de chercher à se protéger du désastre qui l'accable, par des belles paroles qui ne sont au fond que des paroles lâches et sans poids :
On a honte d'avoir eu confiance : quand on y arrive, on est confondu.
Ainsi donc, existez-vous ? Non ! À la vue du désastre, vous avez pris peur (Jb 6,20-21).
D'ailleurs, une critique venant de vous, que critique-t-elle ?
Serait-ce des mots que vous prétendez critiquer ? (Jb 6,25b-26a).
Il ne leur demande rien ; simplement, il veut être entendu et que ses amis aient au moins le courage de le regarder en face.
Eh bien ! daignez me regarder : vous mentirais-je en face ? (Jb 6,28)
Dans sa fierté, il n'hésite pas à se dresser face à Dieu et de le prendre à partie. Pourquoi s'acharne-t-il contre lui ?
Quand cesseras-tu de m'épier ?
Me laisseras-tu avaler ma salive ?
Ai-je péché ? Qu'est-ce que cela te fait, espion de l'homme ?
Pourquoi m'avoir pris pour cible ? En quoi te suis-je à charge ?
Ne peux-tu supporter ma révolte, laisser passer ma faute ?
Car déjà me voici gisant en poussière.
Tu me chercheras à tâtons : j'aurai cessé d'être (Jb 7,19-21).

1-3 Bildad, choqué par ces propos de Job, défend Dieu et insinue qu'il faut peut-être aller chercher l'origine de ses malheurs dans le comportement de ses enfants :

---

18 - *El shaddai*, traditionnellement « Dieu tout-puissant ». Note de la TOB : Le sens de cette appellation archaïque reste inconnu. On la retrouve 33 fois dans le livre de Job et six fois dans le livre de la Genèse (première occurrence en Gn 17,1).

Dieu fausse-t-il le droit ? Shaddaï fausse-t-il la justice ?
Si tes fils ont péché contre lui, il les a livrés au pouvoir de leur crime
(Jb 8,3-4).
Puis il exhorte Job à reconnaître ses torts, à se tourner vers Dieu qui ne manquera pas de lui restituer un *avenir florissant (Jb 8,7).*

1-4 Job connaît la toute-puissance de Dieu (Jb 9), mais cette toute-puissance le laisse seul, meurtri, aigri et écœuré :
Certes, je sais qu'il en est ainsi. Comment l'homme sera-t-il juste contre Dieu ? (Jb 9,2)
Je suis seul avec moi (Jb 9,35).
La vie m'écœure. Je ne retiendrai plus mes plaintes ; d'un cœur aigre je parlerai (Jb 10,1).
Job poursuit sa plainte et ses proclamations d'innocence. Il veut mettre Dieu face à ses contradictions. C'est Lui, Shaddaï, qui l'a façonné, nourri, vêtu, choyé et qui maintenant le poursuit de sa colère pour le détruire. Dieu est-il sadique ? Job ne demande plus qu'une chose, que Dieu le laisse tranquille.
Qu'il cesse, qu'il me lâche, que je m'amuse un peu,
avant de m'en aller sans retour au pays des ténèbres et d'ombre de mort
(Jb 10,20b-21).

1-5 Pour Çofar, ces paroles bien prétentieuses de Job sont insupportables. Il l'exhorte à se repentir pour retrouver la paix :
Tu seras sûr qu'il existe une espérance ;
même si tu as perdu la face, tu dormiras en paix (Jb 11,18).

1-6 Job ironise alors sur les arguments de ses amis ; lui aussi sait tenir ce type de discours convenu, mais ces beaux discours ne résistent pas à l'expérience de la réalité, car la vie est bien plus complexe et pleine de paradoxes ; par ailleurs il soupçonne que leur parti pris pour Dieu cache en fait quelque chose de moins avouable, de plus fourbe et mensonger,

alors... qu'ils se taisent et arrêtent de défendre Dieu ! Lui, Job, va risquer sa peau en attaquant Dieu.
Sa majesté ne vous épouvante-t-elle pas, sa terreur ne s'abat-elle pas sur vous ?
Vos rabâchements sont des sentences de cendre,
vos retranchements sont devenus d'argile.
Taisez-vous ! Laissez-moi ! C'est moi qui vais parler, quoi qu'il m'advienne.
Aussi saisirai-je ma chair entre mes dents et risquerai-je mon va-tout » (Jb 13,11-14).
Tout en réaffirmant son innocence, il demande à Dieu deux choses :
Ne m'épouvante plus par ta terreur.
Puis appelle, et moi je répliquerai, ou bien si je parle, réponds-moi » (Jb 13, 21b-22).
Suit une méditation à l'issue de laquelle Job entrevoit la possibilité d'une vie après la mort. Il est intéressant de noter que « c'est le combat avec Dieu » et non la réflexion des sages qui force pour la première fois la question de la résurrection :
- mais l'homme qui meurt va-t-il revivre ? -
tout le temps de ma corvée, j'attendrai, jusqu'à ce que vienne pour moi la relève (Jb 14,14).

Deuxième série (Jb 15-21) : Dieu rédempteur ?

2-1 A partir de là, la tension entre Job et ses amis montent encore d'un cran. Elifaz devient très agressif contre Job qui lui casse la baraque :
Tu en viens à saper la piété, et tu ruines la méditation devant Dieu (Jb 15,4).
Il ne supporte plus les prétentions de Job :
Es-tu Adam, né le premier ? (Jb 15,7)
Qu'il se taise et écoute l'expérience des générations antérieures !

2-2 Job voit le fossé se creuser entre lui et ses amis, il ne peut plus compter sur eux pour le soutenir dans son malheur, au contraire le comportement de ses amis l'enfonce un peu plus. Il se tourne alors vers le ciel et étrangement il entrevoit la possibilité d'un témoin, d'un défenseur. Un Dieu humain qui intervient contre Dieu ! Sa souffrance lui fait surmonter l'aporie par excellence : Dieu contre Dieu !
Dès maintenant, j'ai dans les cieux un témoin, je possède en haut lieu un garant.
Mes amis se moquent de moi, mais c'est vers Dieu que pleurent mes yeux.
Lui, qu'il défende l'homme contre Dieu, comme un humain intervient pour un autre (Jb 16,19-21).
Puis il retombe dans son enfer.
Où donc est passée mon espérance ? Mon espérance, qui l'entrevoit ?
Au fin fond des enfers elle sombrera,
quand ensemble nous reposerons dans la poussière (Jb 17,15-16).

2-3 Bildad à son tour attaque Job, il ne supporte plus d'être traité par lui comme *un abruti* et *un borné (Jb 18,3)* et décrit le sort réservé aux méchants (sous-entendu, les malheurs qui sont tombés sur Job).

2-4 Job ne comprend pas pourquoi ses amis l'attaquent ainsi, il les supplie de ne pas en rajouter à son malheur. Puis brusquement, dans un passage sans doute le plus célèbre du livre, du fond de l'abîme, il crie sa foi. Comme pour Jérémie, une révélation indicible lui ouvre dans sa chair les portes de l'éternité.
Je sais bien, moi, que mon rédempteur est vivant,
que le dernier, il surgira sur la poussière.
Et après qu'on aura détruit cette peau qui est mienne,
c'est bien dans ma chair que je contemplerai Dieu.
C'est moi qui le contemplerai, oui, moi !
Mes yeux le verront, lui, et il ne sera pas étranger.

Mon cœur en brûle au fond de moi (Jb 19,25-27).
Nous avons là, la première révélation de la résurrection de la chair. Il est remarquable de constater que non seulement cette lumière brutale, comme vu plus haut, apparaît dans un contexte de combat avec Dieu, mais qu'elle est liée à l'assurance d'une action d'un *rédempteur*, le terme hébreu « goël » signifie une sorte d'avocat qui prend fait et cause pour son protégé jusqu'à donner sa propre vie en rançon pour le sauver. Cette idée de l'immortalité n'a rien à voir avec l'idée platonicienne de l'immortalité de l'âme qui se sépare du corps mortel. Ici c'est bien mon corps qui renaît de la poussière, ma peau qui se retisse sous l'effet d'une relation intime avec mon « goël ». Cette immortalité n'est pas le propre de la nature humaine. L'homme, « sui generis », est mortel et destiné à retourner en poussière ; ce n'est que dans le contact, le face-à-face, le corps à corps avec Dieu que l'homme recevra le souffle créateur et renaîtra. Le prophète Ézéchiel en donne une vision saisissante dans sa fresque des ossements desséchés (Ez 37,1-14). Dans le récit d'Ézéchiel, l'idée de la résurrection émerge dans un contexte de la renaissance *du petit reste* du peuple d'Israël, alors que pour Job elle se situe dans un questionnement sur la rétribution individuelle. Cette idée s'affirme progressivement en particulier avec les martyrs de l'époque des Macchabées ; elle est déclinée dans le livre de Daniel avant d'être complètement dévoilée avec le combat de Jésus et sa résurrection.

2-5 Çofar, bien perturbé, tente encore de sauver la morale traditionnelle qui veut que chacun doit être rétribué selon ses actes (Jb 20).

2-6 Job, lui, montre par l'observation réaliste des faits, que cette théologie ne tient pas la route. Job, bien avant Marx[19] et sa célèbre phrase « la religion est l'opium du peuple », avait perçu chez ses sages amis, l'inanité de ces pieuses consolations et leurs perversités cachées :

---

19 - Karl Marx, théoricien de la révolution, socialiste et communiste prussien (1818-1883).

Pourquoi donc vous perdre en consolations ?
De vos réponses, il ne reste que fausseté (Jb 21,34).

Troisième série (Jb 22-31) : Dieu attendu ?

3-1 Pour Élifaz, c'en est trop : Job a sûrement commis tous les méfaits de la terre ; c'est lui qui est foncièrement pervers.
Veux-tu donc suivre la route de jadis, celle que foulèrent les hommes pervers ? (Jb 22,15)

3-2 Job se détourne alors de ses amis pour se tourner entièrement vers Dieu dans l'espoir de s'expliquer avec lui, car il a bon espoir d'être entendu. Mais sa recherche semble vaine :
Ah ! si je savais où le trouver ? (Jb 23,3)
Mais si je vais à l'orient, il n'y est pas, à l'occident, je ne l'aperçois pas.
Est-il occupé au nord, je ne peux l'y découvrir,
se cache-t-il au midi, je ne l'y vois pas (Jb 23,8-9).
Pourtant à ce sentiment d'absence, paradoxalement, se superpose les redoutables effets de sa présence si désirée :
Pourtant il sait quel chemin est le mien, s'il m'éprouve, j'en sortirai pur comme l'or.
Mon pied s'est agrippé à ses traces, j'ai gardé sa voie et n'ai pas dévié (Jb 23,10-11).
Voilà pourquoi sa présence me bouleverse.
Plus je réfléchis, plus j'ai peur de lui.
Dieu a amolli mon courage, Shaddaï m'a bouleversé (Jb 23,15-16).
Job, à l'instar des prophètes, prend la défense « du pauvre, de la veuve et de l'orphelin » ; pour eux, il réclame à Dieu la venue du temps de la justice (Jb 24) dont il se sent bien loin.

3-3 Bildad semble, face à Job, à court d'argument. Il ne peut que réaffirmer la transcendance de Dieu et la vanité pour l'homme d'essayer de comprendre les voies de Dieu. *(...) que dire de l'homme, ce ver, du fils* *d'Adam, cette larve ! (Jb 25,6)*

3-4 Job reprend à son compte et développe au chapitre 26 le thème de la transcendance de Dieu, mais cela ne l'empêche pas pour autant de réaffirmer très énergiquement son innocence :
Tant que je pourrai respirer et que le souffle de Dieu sera dans mes narines, je jure que mes lèvres ne diront rien de perfide et que ma langue ne méditera rien de fourbe.
Quelle abomination, si je vous donnais raison !
Jusqu'à ce que j'expire, je maintiendrai mon innocence.
Je tiens à ma justice et ne la lâcherai pas !
Ma conscience ne me reproche aucun de mes jours (Jb 27,2-6).

3-5 On s'attendrait à trouver, à ce stade de l'œuvre, la dernière intervention du troisième ami, c'est-à-dire de Çofar, mais il a disparu et désormais les trois amis se sont tus. Les trois poèmes qui suivent, mis dans la bouche de Job, ont une couleur bien moins subversive. Les plus anciens manuscrits dont on dispose étant bien endommagés, certains exégètes suggèrent qu'il s'agit de rajout en vue d'adoucir les propos de Job peu digestes comme tels.
Il n'en reste pas moins que l'éloge de la sagesse du chapitre 28 mis dans la bouche de Job, même s'il est plus traditionnel, ne manque pas de souffle, il nous montre cette quête de la sagesse qui échappe aux spécialistes :
Mais la sagesse, d'où vient-elle, où réside l'intelligence ?
Elle se cache aux yeux de tout vivant, elle se dérobe aux oiseaux du ciel (Jb 28,20-21).
Ce poème sur la sagesse se termine par cette sentence traditionnelle reprise du livre des Proverbes (Pr 9,10).
« *La crainte du Seigneur, voilà la sagesse.*
S'écarter du mal, c'est l'intelligence ! » *(Jb 28,28)*

3-6 Après la disparition des trois amis, retombés dans le silence, les trois chapitres suivants sont un soliloque de Job qui, hébété, se rappelle tout son prestige d'antan (Jb 29), qu'il oppose à sa misère d'aujourd'hui (Jb 30). Puis dans un dernier effort, il tente une dernière fois de se justifier, il réaffirme son innocence et sa fidélité au commandement des prophètes par rapport au pauvre, à la veuve et à l'orphelin :
Est-ce que je repoussais la demande des pauvres,
laissais-je languir les yeux de la veuve ? Ma ration, l'ai-je mangée seul,
sans que l'orphelin en ait eu sa part (Jb 31,16-17).
Puis il se tait définitivement, non sans avoir lancé un dernier défi à Dieu :
Qui me donnera quelqu'un qui m'écoute ?
Voilà mon dernier mot. À Shaddaï de me répondre ! (Jb 31,35).

Un nouveau personnage, Elihou, justifie l'action de Dieu

Face au silence pesant qui suit l'abandon des diatribes des « trois amis » et le soliloque de Job, un quatrième personnage, Elihou, jeune et sûr de lui, intervient pour tenter de relever le flambeau des vieux sages, défaillants à contrer les paroles scandaleuses de Job qui persiste dans l'assurance de son innocence et remet en cause la justice divine.
Dieu serait-il méchant, Shaddaï, perfide ? - Pensée abominable !
Car il rend à l'homme selon ses œuvres (Jb 34,10).
Furieux que les vieux sages n'aient pas réussi à rabaisser le caquet de Job, il revendique pour lui la sagesse qui est donnée par Dieu : la sagesse n'a rien à voir avec l'âge.
Ceci étant, ce jeune homme, avec encore un peu plus de mépris et d'agressivité pour Job, va développer à peu près les mêmes arguments que ses prédécesseurs, en insistant peut-être davantage sur la valeur éducative de la souffrance, pour justifier l'action de Dieu. Mais on peut percevoir à travers sa colère que sa volonté de défendre

Dieu et son indignation vertueuse, face aux propos de Job, trahissent son angoisse d'être déstabilisé par les questions audacieuses et révolutionnaires de Job.
Je veux qu'on soumette Job à la question, jusqu'à ce qu'il cède,
sur ses propos dignes d'un mécréant ; car à sa faute il ajoute la révolte,
il sème le doute parmi nous et accumule ses remontrances contre Dieu
(Jb 34,36-37).
De fait, il supplie Job de revenir sur les rails traditionnels : mieux vaut subir et rester dans l'ordre que se révolter, plonger dans l'inconnu et le désordre.
Garde-toi de te tourner vers le désordre que tu préférerais à l'oppression
(Jb 36,21).

La réponse de Dieu

Passant par-dessus ce « beau discours » d'Élihou dont il ne tient pas compte, Dieu interpellé par Job se manifeste à lui *du sein de l'ouragan (Jb 38,1)*. Cette mention de l'ouragan est très importante, car elle fait référence à la montée au ciel d'Élie au milieu de la tempête (2R 2,1) ; l'auteur veut nous faire comprendre que Job vit une rencontre exceptionnelle avec Dieu.
Dieu accepte avec une chaleureuse ironie de relever son défi courageux mais imprudent.
Ceins donc tes reins, comme un brave : je vais t'interroger et tu m'instruiras.
Où est-ce que tu étais quand je fondai la terre ? Dis-le-moi puisque tu es si savant (Jb 38,3-4).
Job est alors invité à pénétrer dans une sorte d'épiphanie dont il ne sortira pas indemne, tel Jacob dans son combat avec l'ange (Gn 32,25). Dieu l'invite à parcourir avec lui l'abîme de la terre et de la mer, à rechercher les sources de la lumière, de l'eau et du vent, à tenter de comprendre le mécanisme des planètes célestes (Jb 38), à observer

l'incroyable richesse de la diversité du monde animal (Jb 39).
Après ce long parcours, devant tant de merveilles et de puissance, Job s'avoue vaincu par Dieu :
Je ne fais pas le poids, que te répliquerai-je ? Je mets la main sur ma bouche. J'ai parlé une fois, je ne répondrai plus, deux fois, je n'ajouterai rien (Jb 40,3-4).
Mais Dieu en rajoute une couche et lui fait rencontrer une bête fabuleuse, terrifiante sur laquelle les dieux mêmes n'ont pas de prise :
C'est lui le chef-d'œuvre de Dieu, mais son auteur le menaça du glaive (Jb 40,19).
Ces deux chapitres 40 et 41, finale du livre, relèvent du genre littéraire apocalyptique. Ce genre littéraire utilise les allégories et en particulier la symbolique animalière pour nous faire pénétrer dans un monde transcendant auquel nous n'avons pas accès naturellement par nos propres forces. Cette littérature assez ésotérique sera largement développée par Daniel avant de trouver son expression définitive dans le dernier livre de la Bible chrétienne, *l'Apocalypse* de Jean.
Job dans cette apocalypse, fait l'expérience de la rencontre avec Dieu, en face de qui *l'assurance n'est qu'illusion (Jb 41,1)*, cette expérience est bien existentielle, elle n'est pas théorique, philosophique mais charnelle :
Je ne te connaissais que par ouï-dire, maintenant, mes yeux t'ont vu (Jb 42,5).
Job perçoit, par cette rencontre, le côté dérisoire de ses prétentions à être un homme « juste », vénérable qui mérite le respect.
Aussi, j'ai horreur de moi et je me désavoue sur la poussière et sur la cendre (Jb 42,6).
Par ce combat avec Dieu, nous accédons à un tout autre registre que celui où il se débattait avec ses amis, qui était celui de peser qui fait bien, qui fait mal. Registre où l'application minutieuse de la morale,

pensaient-ils, permettrait de plaire à Dieu pour se couvrir de toute punition divine et assurer son salut par l'accumulation de mérites. Cette quête du « bien » qui cache une angoisse, une peur du désordre et de l'instabilité, peut nous faire rentrer, comme nous le voyons avec la tournure du débat entre Job et ses amis et la montée de leur rivalité, dans une sorte de spirale de violence perverse.

Epilogue : Dieu présent

Surprise ! Dieu, tout à coup, se met en colère contre les trois amis de Job, ceux-là même qui pourtant ont fait tant d'efforts pour défendre Dieu contre les attaques de Job. Cette colère, Dieu la justifie par leurs attaques insupportables contre son ami Job. Dieu devient son « goël », son défenseur, à sa demande : « *parce que vous n'avez pas parlé de moi avec droiture comme l'a fait mon serviteur Job* » *(Jb 42,8)*.
Ces trois personnages ont parlé de Dieu pour apparemment prendre sa défense (comme si Dieu avait besoin d'être défendu), mais en fait ils ont cherché à se conforter eux-mêmes, à se réfugier dans leurs certitudes, à fortifier leur « moi » face à l'Inconnu.
Alors que Job a parlé à Dieu, lui a confié sa colère contre Lui, l'a pris à partie. Ce faisant il l'a rencontré et cette rencontre l'a complètement décentré de son « moi ». Ce « moi », libéré de cette quête de perfection qui ne faisait que l'enfermer dans son égocentrisme, peut s'ouvrir à un autre niveau d'être, à un « Je », présence à l'Autre sans juger, naissance de la Relation, victoire sur la violence.
La question du scandale de l'injustice de la souffrance de l'innocent, cœur du Livre de Job, ne trouve pas dans ce livre une réponse directe. Mais ce livre entrouvre une voie non pas pour expliquer et encore moins justifier cette injustice, bien sûr, mais pour nous aider à la vivre dans notre chair et découvrir au fond de cette chair meurtrie par la perte d'un enfant, la maladie, l'incompréhension d'un époux ou d'une

épouse, la mise au ban de la société, etc.... une Présence.
Cette ouverture à la souffrance de l'autre par l'attention à l'émergence d'une telle présence permet de ne pas se résigner à tomber dans la tristesse et la stérilité d'un certain humanisme compassionnel face à des souffrances insupportables.

QOHÉLETH ou l'ECCLÉSIASTE

Prologue

Le livre de Qohéleth date du IIIe siècle avant notre ère, sous la domination des Ptolémées et sous l'influence de la culture grecque.

L'auteur de ce livre, Qohéleth[20], se présente comme fils de David, roi à Jérusalem, donc il ne peut s'agir que de Salomon. Mais bien sûr, il s'agit d'une fiction littéraire de l'auteur pour illustrer comment un homme, grand sage, ayant accompli de belles œuvres et connu gloire et richesse, finit désabusé.

Qohéleth s'interroge sur le sens de la vie. Son constat global est d'un réalisme tranchant. *Vanité des vanités, dit Qohéleth, vanité des vanités, tout est vanité*[21] *(Qo 1,2).*

Il commence par mettre en cause le sens du travail.
Quel profit y a-t-il pour l'homme de tout le travail qu'il fait sous le soleil ? (Qo 1,3)
Il constate que tout est cyclique, et si tout revient comme avant à quoi bon se fatiguer ?

---

20 - Qohéleth de la racine *qhl* en hébeu signifiant « assembler », transcrit en français « Ecclésiaste », dérive du mot grec Ekklèsia, désigne le prédicateur d'une assemblée ou le rassembleur.
21 - *Vanité* traduit le mot habèl signifiant « fumée, vapeur, haleine ».

Un âge s'en va, un autre vient, et la terre subsiste toujours. Le soleil se lève et le soleil se couche, (...) le vent tourne, tourne et s'en va, et le vent reprend ses tours. Tous les torrents vont vers la mer, et la mer n'est pas remplie (Qo 1,4-7a).

Première partie : Qohéleth fait son autocritique

La quête de la sagesse qu'il a exercée toute sa vie est décevante, elle rend la vie encore plus douloureuse.
J'ai eu à cœur de chercher et d'explorer par la sagesse tout ce qui se fait sous le ciel.
C'est une occupation de malheur que Dieu a donnée aux fils d'Adam pour qu'ils s'y appliquent (Qo 1,13).
J'ai connu que cela aussi, c'est poursuite de vent.
Car en beaucoup de sagesse, il y a beaucoup d'affliction ;
qui augmente le savoir augmente la douleur (Qo 1,17b-18).
La joie et le bonheur que l'on peut éprouver momentanément ne compensent pas le sentiment de vanité de toute chose.
Je me suis dit en moi-même : « Allons, que je t'éprouve par la joie, goûte au bonheur ! »
Et voici, cela aussi est vanité.
Du rire, j'ai dit : « C'est fou ! »
Et de la joie : « Qu'est-ce que cela fait ? » (Qo 2,1-2)

Il revient longuement sur toutes les œuvres qu'il a accomplies sur la terre. *J'ai entrepris de grandes œuvres : je me suis bâti des maisons, planté des vignes ; je me suis fait des jardins et des vergers, j'y ai planté toutes sortes d'arbres fruitiers ; je me suis fait des bassins pour arroser de leur eau une forêt de jeunes arbres (Qo 2,4-6).*
Mais je me suis tourné vers toutes les œuvres qu'avaient faites mes mains et vers le travail que j'avais eu tant de mal à faire. Eh bien ! Tout cela est vanité et poursuite de vent, on n'en a aucun profit sous le soleil (Qo 2,11).

Il ne faut donc espérer aucun avantage de sa sagesse.
Alors, moi, je me dis en moi-même :
Ce qui arrive à l'insensé m'arrivera aussi,
pourquoi donc ai-je été si sage ?
Je me dis à moi-même que cela aussi est vanité.
Car il n'y a pas de souvenir du sage, pas plus que de l'insensé, pour toujours.
Déjà dans les jours qui viennent, tout sera oublié (Qo 2,15-16a).
Certes, il concède que le sage vit mieux que le sot, mais au final leur sort est le même.
Voici ce que j'ai vu : On profite de la sagesse plus que de la sottise comme on profite de la lumière plus que des ténèbres. Le sage a les yeux là où il faut, l'insensé marche dans les ténèbres. Mais je sais, moi, qu'à tous les deux un même sort arrivera (Qo 2,13-14).

Il en vient à détester la vie car toute l'énergie qu'il a dépensée n'a servi à rien.
Eh quoi ? le sage meurt comme l'insensé !
Donc, je déteste la vie,
car je trouve mauvais ce qui se fait sous le soleil :
tout est vanité et poursuite de vent.
Moi, je déteste tout le travail que j'ai fait sous le soleil (Qo 2,16b-18a).
Le bilan est plutôt angoissant.
Oui, que reste-t-il pour cet homme de tout son travail et de tout l'effort personnel qu'il aura fait, lui, sous le soleil ? Tous ses jours, en effet, ne sont que douleur, et son occupation n'est qu'affliction ; même la nuit, son cœur est sans repos : cela aussi est vanité (Qo 2,22-23).

L'homme n'a plus qu'à se replier sur les bonheurs simples que la vie de tous les jours peut lui donner.
Rien de bon pour l'homme, sinon de manger et de boire,
de goûter le bonheur dans son travail.
J'ai vu, moi, que cela aussi vient de la main de Dieu (Qo 2,24).

Deuxième partie : réflexions philosophiques et morales

Il part alors dans une réflexion philosophique sur le temps, non pas le temps qui passe (*chronos* en grec) mais le temps opportun de la philosophie grecque (*kairos*).

Il y a un moment pour tout
et un temps pour chaque chose sous le ciel :
un temps pour enfanter et un temps pour mourir,
un temps pour planter et un temps pour arracher le plant,
un temps pour tuer et un temps pour guérir,
un temps pour saper et un temps pour bâtir,
un temps pour pleurer et un temps pour rire (Qo 3,1-4a).

Tout en faisant référence au don de Dieu, il rejoint la philosophie d'Epicure[22] sur l'importance de profiter des plaisirs de la vie.
Je sais qu'il n'y a rien de bon pour lui que de se réjouir et de se donner du bon temps durant sa vie. Et puis, tout homme qui mange et boit et goûte au bonheur en tout son travail, cela, c'est un don de Dieu (Qo 3,12-13).
Son anthropologie n'est pas très valorisante pour l'homme.
La supériorité de l'homme sur la bête est nulle, car tout est vanité. Tout va vers un lieu unique, tout vient de la poussière et tout retourne à la poussière (Qo 3,19b-20).
Il voit bien que le travail est entaché par le désir de dominer.
Je vois, moi, que tout le travail, tout le succès d'une œuvre,
c'est jalousie des uns envers les autres :
cela est aussi vanité et poursuite de vent (Qo 4,4).
Alors,
Mieux vaut le creux de la main plein de repos
que deux poignées de travail, de poursuite de vent (Qo 4,6).

Il faut aussi se méfier de la pratique religieuse.
Surveille tes pas quand tu vas à la Maison de Dieu,

---

22 - *Epicure* : philosophe grec mort en 270 av. J.-C.

approche-toi pour écouter plutôt que pour offrir le sacrifice des insensés ; car ils ne savent pas qu'ils font le mal (Qo 4,17).

Il faut user de la parole avec précaution et parcimonie.
Que ta bouche ne se précipite pas et que ton cœur ne se hâte pas de proférer une parole devant Dieu. Car Dieu est dans le ciel, et toi sur la terre. Donc, que tes paroles soient peu nombreuses ! (Qo 5,1)

L'antidote de l'hubris, de la tendance de l'individu à se considérer comme le centre du monde, est *la crainte de Dieu*.
Quand il y a abondance de rêves, de vanités, et beaucoup de paroles, alors, crains Dieu (Qo 5,6).
Paradoxalement, la quête de la richesse est facteur d'instabilité et de soucis alors que l'ouvrier, lui, dort bien.
*Qui aime l'argent ne se rassasiera pas d'argent,
ni du revenu celui qui aime le luxe.
Cela est aussi vanité.
Avec l'abondance des biens abondent ceux qui les consomment,
et quel bénéfice pour le propriétaire, sinon un spectacle pour les yeux ?
Doux est le sommeil de l'ouvrier, qu'il ait mangé peu ou beaucoup ;
mais la satiété du riche, elle, ne le laisse pas dormir.
Il y a un mal affligeant que j'ai vu sous le soleil :
la richesse conservée par son propriétaire pour son malheur (Qo 5,9-12).*

Il en revient toujours à sa conclusion qu'il faut profiter des petites joies de la vie qui nous sont données.
*Ce que, moi, je reconnais comme bien, le voici :
il convient de manger et de boire,
de goûter le bonheur dans tout le travail que l'homme fait sous le soleil,
pendant le nombre des jours de vie que Dieu lui donne,
car telle est sa part (Qo 5,17).*

Qohéleth ne partage pas l'opinion commune qui veut que vivre longtemps est un signe de bonheur.
Soit un homme qui engendre cent fois et vit de nombreuses années, (...).
Même si celui-ci avait vécu deux fois mille ans, il n'aurait pas goûté le bonheur.
N'est-ce pas vers un lieu unique que tout va (Qo 6,3 et 6).

De toute façon, le désir de l'homme n'est jamais pleinement satisfait. Il vaut mieux prendre de la distance que chercher à combler tous ses désirs.
Tout le travail de l'homme est pour sa bouche, et pourtant l'appétit n'est pas comblé.
En effet, qu'a de plus le sage que l'insensé,
qu'a le pauvre qui sait aller de l'avant face à la vie ?
Mieux vaut la vision des yeux que le mouvement de l'appétit :
cela est aussi vanité et poursuite de vent (Qo 6,7-9).

Troisième partie : se prémunir du conformisme

Cette partie (7.1 – 12.7) débute par une série de réflexions qui relativisent toute chose sous la forme comparative, « Mieux vaut... que... ».
Mieux vaut aller à la maison de deuil qu'à la maison du banquet ;
puisque c'est la fin de tout homme (Qo 7,2).
Il souligne la relativité de la joie et du malheur.
Mieux vaut le chagrin que le rire,
car sous un visage en peine, le cœur peut être heureux ;
le cœur des sages est dans la maison de deuil,
et le cœur des insensés, dans la maison de joie (Qo 7,3-4).

Le passé n'est pas plus beau que le présent.
Ne dis pas : Comment se fait-il que les temps anciens aient été meilleurs

que ceux-ci ?
Ce n'est pas la sagesse qui te fait poser cette question (Qo 7,10).

La sagesse elle-même est bien relative
Dans ma vaine existence, j'ai tout vu :
un juste qui se perd par sa justice, un méchant qui survit par sa malice.
Ne sois pas juste à l'excès, ne te fais pas trop sage ; pourquoi te détruire ?
(Qo 7,15-16)
Se considérer comme sage est une folie, car la sagesse est inaccessible à l'homme.
J'ai essayé tout cela avec sagesse, je disais : Je serai un sage.
Mais elle est loin de ma portée.
Ce qui est venu à l'existence est lointain et profond, profond !
Qui le découvrira ? (Qo 7,23)
La rétribution de la sagesse ne paraît pas évidente.
Que le pécheur fasse le mal cent fois, alors même il prolonge sa vie (8-12a).

Pourtant Qohéleth veut continuer à croire au bonheur pour ceux qui ont la crainte de Dieu.
Je sais pourtant, moi aussi, « qu'il y aura du bonheur pour ceux qui craignent Dieu,
parce qu'ils ont de la crainte devant sa face,
mais qu'il n'y aura pas de bonheur pour le méchant
et que, passant comme l'ombre, il ne prolongera pas ses jours,
parce qu'il est sans crainte devant la face de Dieu » (Qo 8,12b-13).

L'impuissance de la sagesse est pour l'homme une leçon d'humilité.
l'homme ne peut découvrir l'œuvre qui se fait sous le soleil,
bien que l'homme travaille à la rechercher, mais sans la découvrir ;
et même si le sage affirme qu'il sait, il ne peut la découvrir (Qo 8,17).

De toute façon, tout le monde terminera pareil.

Tout est pareil pour tous, un sort identique échoit au juste et au méchant, au bon et au pur comme à l'impur, à celui qui sacrifie et à celui qui ne sacrifie pas ;
il en est du bon comme du pécheur,
de celui qui prête serment comme de celui qui craint de le faire.
C'est un mal dans tout ce qui se fait sous le soleil qu'un sort identique pour tous (Qo 9,2-3a).

Alors encore une fois profitons de la vie.
Va, mange avec joie ton pain et bois de bon cœur ton vin,
car déjà Dieu a agréé tes œuvres.
Que tes vêtements soient toujours blancs et que l'huile ne manque pas sur ta tête !
Goûte la vie avec la femme que tu aimes durant tous les jours de ta vaine existence,
puisque Dieu te donne sous le soleil tous tes jours vains (Qo 9,7-9a).

Le malheur se joue de la logique humaine.
Je vois encore sous le soleil que la course n'appartient pas aux plus robustes, ni la bataille aux plus forts, ni le pain aux plus sages, ni la richesse aux plus intelligents, ni la faveur aux plus savants, car à tous leur arrivent heur et malheur. En effet, l'homme ne connaît pas plus son heure que les poissons qui se font prendre au filet de malheur (Qo 9,11-12a).

Cependant, même si elle est méconnue, la sagesse est tout de même préférable à la puissance.
Mieux vaut la sagesse que la puissance, mais la sagesse de l'indigent est méprisée et ses paroles ne sont pas écoutées. Les paroles des sages se font entendre dans le calme, mieux que les cris d'un souverain parmi les insensés. Mieux vaut la sagesse que des engins de combat, mais un seul maladroit annule beaucoup de bien (Qo 9,16-18).

Conclusion

Par ses réflexions sur la vanité des choses de ce monde, face à l'absurdité du monde, Qohéleth semble développer une philosophie matérialiste pessimiste et ses multiples appels à la jouissance peuvent paraître assez étonnants dans le corpus des livres de la Bible.
Pourtant il n'est pas un pur matérialiste, il partage la foi de son peuple.

Yhwh est le Créateur.
Souviens-toi de ton Créateur aux jours de ton adolescence,
- avant que ne viennent les mauvais jours. (...)
- avant que ne s'assombrissent le soleil et la lumière et la lune et les étoiles (Qo 12,1-2a).
Il a fait le monde beau
Il fait toute chose belle en son temps ; (...) sans que l'homme puisse découvrir l'œuvre que fait Dieu depuis le début jusqu'à la fin (Qo 3,11).
Il a créé l'homme droit et libre mais l'homme complique tout.
Seulement, vois-tu ce que j'ai trouvé : Dieu a fait l'homme droit,
mais eux ils ont cherché une foule de complications (Qo 7,29).

Par ses pensées, il veut dénoncer le conformisme des sages, les excès de toute idéologie, l'arrogance de toutes les certitudes, et prône un retour au bon sens, à la simplicité et à l'humilité.
Le plus important pour l'homme, et en cela il s'inscrit bien dans la trajectoire biblique, est d'apprendre *la crainte de Dieu*.
Fin du discours : Tout a été entendu.
Crains Dieu et observe ses commandements, car c'est là tout l'homme (Qo 12,13).

L'expression, *la crainte de Dieu*, s'enrichit progressivement dans l'itinéraire biblique. Elle regroupe toutes les étapes de la perception du divin dans l'histoire d'Israël, de la peur primitive du divin, à l'expérience d'une présence, au sentiment de confiance qui appelle la reconnaissance. Enfin, chez Qohéleth, elle est la condition même du développement de l'intelligence du réel.

Il n'en reste pas moins que la question de la rétribution de la sagesse reste en suspens. En attendant, Dieu offre aux hommes un bonheur réel, bien que limité, dont ils doivent profiter.

DANIEL

Introduction

Le livre de Daniel, dont l'origine est mal connue, est inclassable. Dans la Septante, le livre est rangé *avec les livres Prophétiques* où il succède à Ezéchiel, alors que dans la Bible hébraïque, il fait partie des *Autres Écrits.*

La version de Daniel dans la Bible hébraïque est écrite en partie en hébreu et en partie en araméen ; celle de la Septante, écrite en grec, comporte des récits supplémentaires, telle l'histoire célèbre de Susanne (Dn grec 13).

Ce livre, centré sur le personnage de Daniel[23], est composé de deux parties.

La première est une suite d'épisodes dans lesquels la capacité de Daniel à interpréter les songes des rois l'introduit à la cour du roi Nabuchodonosor ce qui provoque l'inimitié de courtisans jaloux.

Dans la seconde partie, c'est Daniel lui-même qui a des visions, et des anges lui en révèlent le sens.

Ces récits à connotation légendaire ont une finalité didactique : la défense du monothéisme et le soutien au peuple juif qui doit faire face à l'adversité de civilisations beaucoup plus puissantes.

---

23 - *Daniel* signifiant « Dieu rend justice ».

La place prépondérante des visions et des anges sont caractéristiques d'un genre littéraire, dit apocalyptique (*apocalupsis* = dévoilement), dont le monde oriental était très friand à partir de l'époque perse. Le but de cette littérature est de permettre d'entrevoir, à travers une profusion de symboles, des réalités invisibles. La dimension ésotérique de ce type d'écrits peu familier au lecteur d'aujourd'hui, rend la lecture de certains passages du livre assez difficile. Elle nécessite un travail d'interprétation des images symboliques utilisées, en évitant le piège d'une lecture trop littérale. Les prophètes Esaïe, Ezéchiel et Zacharie ont déjà utilisé dans certains passages[24] ce procédé littéraire pour évoquer l'instauration définitive du règne de Dieu.

Par-là, il y a bien une certaine continuité avec les livres prophétiques, cependant le héros du livre, Daniel, n'a pas l'assise historique des prophètes. Il s'agit d'un personnage de fiction derrière lequel se cache l'auteur visionnaire du livre. Dans la partie « récits » il a pu s'inspirer de l'histoire réelle d'individus remarquables qui ont résisté avec héroïsme à la volonté des autorités dominantes, perses puis grecques, d'éradiquer la religion juive.

Les récits légendaires didactiques

Daniel est présenté comme un jeune homme de la tribu de Juda, déporté à Babylone, qui est sélectionné avec trois autres de ses congénères par Nabuchodonosor pour être éduqués à la cour dans l'objectif de servir le roi (Dn 1,4-6).

Intégrés à la cour, Daniel et ses trois compagnons marquent cependant leur distance avec la culture perse. Ils obtiennent la dispense de manger de la viande et de boire du vin et signifient ainsi leur fidélité à la Loi.

---

24 - Récits apocalyptiques : Es 24 ; Ez 40 ; Za 14.

Le songe de Nabuchodonosor et visions de Daniel

Nabuchodonosor fait un rêve (Dn 2) qui le laisse dans un état de grande anxiété. Il convoque tous les mages de sa cour leur enjoignant de décrire son rêve et de lui en révéler le sens. Bien sûr, personne ne peut découvrir le contenu de son rêve et encore moins en donner le sens. Avant que Nabuchodonosor ne mette à exécution sa menace de condamner à mort ces mages pour incapacité, le jeune Daniel intervient et lui décrit son rêve.

Toi donc, ô roi, tu regardais ; et voici une grande statue. Cette statue était très grande, et sa splendeur, extraordinaire. Elle se dressait devant toi, et son aspect était terrifiant. Cette statue avait la tête d'or fin, la poitrine et les bras d'argent, le ventre et les cuisses de bronze, les jambes de fer, les pieds en partie de fer et en partie de céramique. Tu regardais, lorsqu'une pierre se détacha sans l'intermédiaire d'aucune main ; elle frappa la statue sur ses pieds de fer et de céramique, et elle les pulvérisa. Alors furent pulvérisés ensemble le fer, la céramique, le bronze, l'argent et l'or ; ils devinrent comme la bale sortant des aires en été : le vent les emporta et on n'en trouva plus aucune trace. Quant à la pierre qui avait frappé la statue, elle devint une grande montagne et remplit toute la terre (Dn 2, 31-35).

Daniel lui donne alors l'interprétation de son rêve.

(...) C'est toi qui es la tête d'or. Après toi s'élèvera un autre royaume, inférieur à toi ; puis un autre royaume, un troisième, celui de bronze, qui dominera sur toute la terre. Puis adviendra un quatrième royaume, dur comme le fer : de même que le fer pulvérise et brise-tout, comme le fer qui broie, il pulvérisera et broiera tous ceux-ci. Tu as vu les pieds et les doigts en partie de céramique de potier et en partie de fer : ce sera un royaume partagé (Dn 2, 38-41).

Après son empire (la tête d'or), d'autres empires lui succéderont : les Mèdes (l'argent), la Perse (le bronze), enfin le macédonien Alexandre le Grand (le fer) qui envahit toute la région en 332. Ce dernier royaume sera effectivement partagé à la mort d'Alexandre en 323 entre Lagides et Séleucides.

Il y aura en lui de la solidité du fer, de même que tu as vu le fer mêlé à la céramique d'argile. Quant aux doigts de pieds en partie de fer et en partie de céramique : pour une part le royaume sera fort, et pour une part il sera fragile (Dn 2,41-42).

Ce récit a donné naissance à l'expression « colosse aux pieds d'argile ». Nabuchodonosor est fort impressionné par Daniel et le garde à ses côtés. Quant aux trois amis de Daniel, ils sont nommés à des postes de gouverneur.

Alors le roi éleva Daniel, lui remit beaucoup de grands cadeaux, lui donna autorité sur toute la province de Babylone et en fit le surintendant de tous les sages de Babylone (Dn 2,48).

Les trois jeunes gens dans la fournaise

À l'occasion de l'inauguration d'une statue en or à la gloire de Nabuchodonosor (Dn 3), la population est invitée à se prosterner devant la statue.

Quiconque ne se prosternera pas et n'adorera pas, sera jeté au moment même au milieu de la fournaise de feu ardent (Dn 3,5-6).

Les trois jeunes compagnons de Daniel sont dénoncés comme ne s'étant pas prosternés devant la statue par des fonctionnaires jaloux de leur influence. L'empereur les supplie d'obéir car il est le seul à pouvoir les sauver.

« Si vous ne l'adorez pas, au moment même vous serez jetés au milieu de la fournaise de feu ardent, et quel est le dieu qui vous délivrera de ma main ? » (Dn 3,15)

Les trois jeunes gens ne lâchent rien.

Shadrak, Méshak et Abed-Négo prirent la parole et dirent au roi :

« *O Nabuchodonosor ! Nous n'avons pas besoin de te répondre quoi que ce soit à ce sujet. Si notre Dieu que nous servons peut nous délivrer, qu'il nous délivre de la fournaise de feu ardent et de ta main, ô roi ! Même s'il ne le fait pas, sache bien, ô roi, que nous ne servirons pas tes dieux et que nous n'adorerons pas la statue d'or que tu as dressée* » (Dn 3,16-18).
Furieux devant une telle résistance, Nabuchodonosor les fait jeter immédiatement dans une fournaise chauffée *sept fois plus qu'on avait coutume de la chauffer (v. 19)*, à tel point que les hommes qui les ont jetés ligotés dans le *feu ardent* sont eux-mêmes tués par *la flamme*. À son lever le roi entend des chants venant de la fournaise, il s'approche et voit les trois hommes marcher au milieu des flammes, accompagnés d'un ange.
« *Voici que je vois quatre hommes déliés qui marchent au milieu du feu sans qu'il y ait sur eux aucune blessure, et l'aspect du quatrième ressemble à celui d'un fils des dieux* » (Dn 3,25).
Nabuchodonosor prend alors le parti du Dieu de ces jeunes gens :
« *Quant à moi, j'ai donné ordre que quiconque, de tout peuple, nation et langue, parlerait avec insolence contre le Dieu de Shadrak, Méshak et Abed-Négo, soit mis en pièces, et sa maison transformée en cloaque ; car il n'y a pas d'autre Dieu qui puisse délivrer ainsi* » (Dn 3,29).

Songe du grand arbre

Plus tard, Nabuchodonosor fait encore un rêve effrayant (Dn 4).
Moi Nabuchodonosor, j'étais dans ma maison, florissant dans mon palais. Je vis un songe, et il m'effrayait ; des rêveries sur ma couche, et les visions de mon esprit me tourmentaient. Je donnai ordre d'introduire en ma présence tous les sages de Babylone, afin qu'ils me fissent connaître l'interprétation du songe (...). À la fin entra Daniel (Dn 4,1-5a).
Le roi demande à Daniel de lui interpréter une nouvelle fois la vision de son songe : « *Dans les visions de mon esprit sur ma couche, je regardais,*

et voici un arbre, au milieu de la terre, dont la hauteur était immense. L'arbre devint grand et fort : sa hauteur parvenait jusqu'au ciel, et sa vue, jusqu'aux extrémités de la terre. Son feuillage était beau et ses fruits abondants : il y avait en lui de la nourriture pour tous. Sous lui s'abritaient les bêtes des champs, dans ses ramures demeuraient les oiseaux du ciel, et de lui se nourrissait toute chair » (Dn 4,7). Un intervenant divin donne alors l'ordre d'abattre cet arbre tout en prenant soin de garder la souche. *« Abattez l'arbre et coupez ses ramures ! Dépouillez son feuillage et éparpillez ses fruits ! Que les bêtes fuient de sous lui, et les oiseaux, de ses ramures ! Mais la souche de ses racines, laissez-la dans la terre, (...). Puis sept périodes*[25] *passeront sur lui. La chose se fait par décret des Vigilants, et l'affaire par ordre des Saints, afin que les vivants reconnaissent que le Très Haut est maître de la royauté des hommes, qu'il la donne à qui il veut et y élève le plus humble des hommes »* (Dn 4,11-14).

Daniel est terrifié à l'idée de donner au roi l'interprétation de son rêve, il connaît trop bien les failles de sa justice et son manque de considération pour les pauvres.
« L'arbre que tu as vu (...) : c'est toi, ô roi ! » (Dn 4,17.19a).
Les sept années sont le répit donné au roi pour changer et rétablir la justice.
« C'est pourquoi, ô roi ! que mon conseil t'agrée ! Rachète tes péchés par la justice et tes fautes en ayant pitié des pauvres ! Peut-être y aura-t-il une prolongation pour ta tranquillité ! » (Dn 4,24)
Nabuchodonosor est bien destitué mais, surprenant pour un autocrate, il reconnaît alors la souveraineté de *l'éternel Vivant* et le glorifie *« car toutes ses œuvres sont vérité et ses voies sont justice, et il peut abaisser ceux qui se conduisent avec orgueil »* (Dn 4,34b).
Aussitôt il est rétabli sur le trône de son royaume.

---

25 - *sept périodes*, c'est-à-dire sept années.

Ecritures sur le mur

Le successeur de Nabuchodonosor, Balthasar, lors d'une soirée bien arrosée avec ses courtisans où ils firent usage des précieux ustensiles pris dans le temple de Jérusalem, voit apparaître une main mystérieuse qui écrit sur le mur (Dn 5). Terrifié, il veut comprendre les inscriptions, mais aucun des sages ne peut les lire et les interpréter. Sa mère se souvenant de Daniel, lui dit de le faire venir. Balthasar promet à Daniel de le revêtir d'or et de pourpre s'il décode ces inscriptions. Daniel refuse ses cadeaux et lui reproche de ne pas avoir tiré les leçons d'humilité données à son père.

« Lorsque son cœur s'éleva et que son esprit s'endurcit jusqu'à l'arrogance, il fut déposé de son trône royal et on lui retira sa gloire (...). Or toi, son fils Balthasar, tu n'as pas humilié ton cœur, bien que tu aies su tout cela : tu t'es dressé contre le Seigneur du ciel ; les ustensiles de sa Maison ont été apportés en ta présence, et toi-même et tes dignitaires, tes concubines et tes femmes de service, vous buvez du vin dedans. Tu as loué les dieux d'argent et d'or, de bronze, de fer, de bois et de pierre, qui ne voient ni n'entendent ni ne connaissent ; et le Dieu qui a dans sa main ton souffle et à qui sont toutes tes voies, tu ne l'as pas honoré ! » (Dn 5,20-23a)
Puis il lit l'inscription : *MENÉ MENÉ TÉQEL OU-PARSÎN.*
Quant à l'interprétation la voici : MENÉ, « Compté » : Dieu a fait le compte de ton règne et il y a mis fin. TÉQEL, « Pesé » : Tu as été pesé dans la balance et trouvé insuffisant. PERÈS, « Divisé » : Ton royaume a été divisé, et il a été donné aux Mèdes et aux Perses » (Dn 5,26-28).

C'est à cette époque qu'est né à Babylone le système de comptabilité qui a contribué à asseoir sa domination, aussi peut-on voir une certaine ironie dans ce récit où Dieu fait les comptes et les trouve mauvais. Balthasar est très impressionné.
Alors Balthasar ordonna de revêtir Daniel de la pourpre, de lui mettre

le collier d'or au cou, et de proclamer à son sujet qu'il commanderait en triumvir dans le royaume. Cette nuit-là même, Balthasar, le roi chaldéen, fut tué (Dn 5,29-30).
Et Darius le Mède reçut la royauté, à l'âge de soixante-deux ans (Dn 6,1).
Darius prit le pouvoir à Babylone.

Daniel dans la fosse aux lions

Sous le règne de Darius (Dn 6), Daniel est devenu un personnage très important, *car il avait en lui un esprit extraordinaire, et le roi projeta de l'établir sur tout le royaume (Dn 6,4).*
Il suscite beaucoup de jalousies de la part des courtisans du roi. Connaissant la foi de Daniel, ces derniers demandent à Darius de publier un décret qui interdit de prier un autre dieu que Darius.
Lorsque Daniel sut que le rescrit avait été signé, il entra dans sa maison. Celle-ci avait des fenêtres qui s'ouvraient, à l'étage supérieur, en direction de Jérusalem. Trois fois par jour, il se mettait donc à genoux, et il priait et louait en présence de son Dieu, comme il le faisait auparavant. Alors ces hommes se précipitèrent et trouvèrent Daniel qui priait et suppliait en présence de son Dieu (Dn 6,11-12).
Darius est alors obligé de jeter Daniel dans la fosse aux lions, mais un ange intervient pour fermer la gueule des lions. Darius voyant cela sort Daniel de la fosse et y jette les intrigants avec leur famille qui eux furent immédiatement dévorés. *Darius écrivit aux gens qui demeurent sur toute la terre (...) pour célébrer le Dieu de Daniel car c'est lui le Dieu vivant, et il subsiste à jamais (Dn 6,27).*

Les Apocalypses

Dans la seconde partie du livre (Dn 7-12), on retrouve des textes que l'on qualifie d'apocalypses. Ce sont des visions de Daniel qui décrivent, à l'aide de symboles empruntés aux écrits extra-bibliques de l'époque, le sens d'événements historiques dramatiques qui prennent une dimension cosmique. Ce sens est révélé par des intermédiaires divins afin de conforter l'espérance des fidèles de Yhwh et de les aider à traverser toutes sortes de tribulations en faisant preuve d'une endurance patiente et durable.

Vision de quatre bêtes et du Fils d'Homme

Une nouvelle vision illustre avec d'autres symboles le processus de l'effondrement successif des empires décrit au chapitre 2.
La « Grande Mer » (Dn 7,2) est le symbole terrifiant du Mal qui menace de destruction le cosmos. D'elle jaillissent successivement quatre bêtes plus terrifiantes les unes que les autres avec parfois certains caractères humains : *un lion* avec des ailes d'aigle qui se tient debout comme un homme (Nabuchodonosor), *un ours* qui dévore tout (Mèdes), *un léopard* à quatre têtes et des ailes d'oiseau (Perse) et enfin voici *une quatrième bête* (Alexandre le grand), *redoutable, terrifiante, extrêmement vigoureuse ; elle avait de monstrueuses dents de fer ; elle mangeait, déchiquetait et foulait le reste aux pieds ; elle différait de toutes les bêtes qui l'avaient précédée, et elle avait dix cornes. J'examinais les cornes et voilà qu'entre elles s'éleva une autre petite corne ; trois des cornes précédentes furent arrachées devant elle. Et voilà que sur cette corne il y avait des yeux, comme des yeux d'homme, et une bouche qui disait des choses monstrueuses (Dn 7,7-8).*
C'est alors qu'apparaît un vieillard (Dieu) assis sur un trône au milieu d'une très nombreuse assemblée. *Son trône était en flammes de feu, avec des roues en feu ardent. Un fleuve de feu coulait et sortait de devant lui. (...) dix mille myriades se tenaient devant lui (Dn 7,9-10).*

La quatrième bête est tuée dans l'embrasement tandis que les trois précédentes perdent leur souveraineté mais bénéficient d'une prolongation de vie jusqu'à une date déterminée. Un nouveau personnage qualifié de Fils d'Homme[26] fait alors son apparition.

Je regardais dans les visions de la nuit, et voici qu'avec les nuées du ciel venait comme un Fils d'Homme ; il arriva jusqu'au Vieillard, et on le fit approcher en sa présence. Et il lui fut donné souveraineté, gloire et royauté : les gens de tous peuples, nations et langues le servaient. Sa souveraineté est une souveraineté éternelle qui ne passera pas, et sa royauté, une royauté qui ne sera jamais détruite (Dn 7,13-14)[27].

Daniel est très troublé par ces visions et demande des explications à une personne de l'assemblée. L'ange lui répond que ces bêtes qui s'entredévorent représentent la succession des empires. Ainsi la dernière bête représenterait Alexandre le Grand et les dix cornes, les dix rois de la dynastie des Séleucides jusqu'à l'apparition d'une petite corne avec des yeux d'humains, monstruosité que l'on a pu associer à Antiochus IV Épiphane et son décret imposant le culte de Zeus dans le temple de Jérusalem.

Puis le tribunal siégera, et on fera cesser sa souveraineté, pour l'anéantir et le perdre définitivement. Quant à la royauté, la souveraineté et la grandeur de tous les royaumes qu'il y a sous tous les cieux, elles ont été données au peuple des Saints du Très Haut : Sa royauté est une royauté éternelle ; toutes les souverainetés le serviront et lui obéiront (Dn 7,26-27).

Daniel sort de ces visions physiquement atteint, mais garde profondément dans son cœur l'idée de la disparition des empires et l'avènement d'une souveraineté nouvelle donnée à un peuple nouveau.

Vision du Bélier et du Bouc

Deux ans après, Daniel eut une autre vision qui conforte la précédente. Inspirée du bestiaire mythique, elle décrit un combat entre

---

26 - *Fils d'Homme :* tournure hébraïque pour désigner un être humain (note de la TOB).
27 - Ce passage (Dn 7,13-14) sera repris dans l'Évangile de Matthieu qui associe le Fils de l'homme à Jésus. *Alors apparaîtra dans le ciel le signe du Fils de l'homme ; alors toutes les tribus de la terre se frapperont la poitrine ; et elles verront le Fils de l'homme venir sur les nuées du ciel dans la plénitude de la puissance et de la gloire (Mt 24,30).*

un Bélier et un Bouc (Dn 8). Le Bélier fit beaucoup de ravages sur terre, mais il finit par être abattu par un Bouc qui possédait une grande corne, symbole de force et de pouvoir.

La Corne jeta la Vérité par terre, et dans ce qu'elle entreprit, elle réussit. J'entendis alors un Saint parler. Et un Saint dit à celui qui parlait : « Jusques à quand cette vision du sacrifice perpétuel, de la perversité dévastatrice, du sanctuaire livré et de l'Armée foulée aux pieds ? » Il me dit : « Jusqu'à deux mille trois cents soirs et matins ; puis le sanctuaire sera rétabli dans ses droits » (Dn 8,12b-14).

Le Bouc qui jette la Vérité par terre est une allusion au décret d'Antiochus Épiphane sur le temple de Jérusalem en 167. Le chiffre de deux mille trois cents soirs et matins, soit mille cent cinquante jours, est à rapprocher des années d'occupation du Temple qui fut libéré et purifié en 164, moins de quatre ans plus tard.

L'ange Gabriel[28] explique la vision à Daniel.

Il (Gabriel) vint près de l'endroit où je me tenais ; et tandis qu'il venait, je fus terrifié et me jetai face contre terre. Il me dit : « Comprends, fils d'homme, car la vision est pour le temps de la fin » (Dn 8,16b-17).

Les soixante-dix septénaires d'années

Dans le chapitre 9, Daniel consulte le livre du prophète Jérémie et cherche à comprendre le sens des soixante-dix ans après la destruction de Jérusalem dont il est question dans ce livre.

Ce pays tout entier deviendra un champ de ruines, une étendue désolée, et toutes ces nations serviront le roi de Babylone pendant soixante-dix ans. Mais quand les soixante-dix ans seront révolus, je sévirai contre le roi de Babylone et contre cette nation-là - oracle de Yhwh -, contre leurs crimes, contre le pays des Chaldéens : je le transformerai pour toujours en étendue désolée (Jr 25,11-12).

---

28 - *Gabriel,* nom signifiant « force de Dieu ».

Il médite sur cette prophétie et dans une longue prière à Yhwh, il reprend toute l'histoire d'Israël et de Jérusalem. Il reconnaît les torts du peuple, affiche sa honte et demande miséricorde. C'est alors que sa prière est interrompue.

Je parlais encore en prière, quand Gabriel, cet homme que j'avais vu précédemment dans la vision, s'approcha de moi d'un vol rapide au moment de l'oblation du soir. Il m'instruisit et me dit : « Daniel, maintenant je suis sorti pour te conférer l'intelligence (...).
Il a été fixé soixante-dix septénaires sur ton peuple et sur ta ville sainte, pour faire cesser la perversité et mettre un terme au péché, pour absoudre la faute et amener la justice éternelle, pour sceller vision et prophète et pour oindre un Saint des Saints » (Dn 9,21-24).

Alors que Daniel se posait la question des soixante-dix ans, c'est-à-dire dix septénaires, après la destruction de Jérusalem et la déportation à Babylone, l'ange Gabriel élargit son champ de vision à soixante-dix septénaires (soit 490 ans après l'année 585) à l'issue desquels régnera la justice éternelle apportée par un messie.

Il y aura *sept septénaires* pour reconstruire le temple. Sept septénaires est une période symbolique, le jubilaire, au terme de laquelle advient après la faute, un temps de grâce. Il est peut-être fait allusion à la reconstruction du temple, autour de 535.

Et après il y aura *soixante-deux septénaires* (434 ans), de reconstruction de la cité *mais dans la détresse des temps* (Dn 9,25).

Toute cette période sera donc difficile avec l'arrivée d'un *dévastateur*[29] (Antiochus IV en 167) qui sera à son tour anéanti. Finalement à l'aube du dernier siècle avant J.-C., un état israélien sera restauré.

---

29 - Cette vision sera reprise dans l'Évangile de Matthieu *« Quand donc vous verrez installé dans le lieu saint l'Abominable Dévastateur, dont a parlé le prophète Daniel, - que le lecteur comprenne ! - alors, ceux qui seront en Judée, qu'ils fuient dans les montagnes.* (Mt 24,15).

La vision finale

Sous le règne de Darius le Mède, après une retraite de trois semaines, Daniel se trouvait au bord du Tigre avec des compagnons (Dn 10-12). Il eut encore une vision qui le laisse dans un état second.
Moi, Daniel, je vis seul l'apparition ; les gens qui étaient avec moi ne virent pas l'apparition, mais une grande terreur tomba sur eux, et ils s'enfuirent en se cachant. Je restai donc seul et regardai cette grande apparition. Il ne me resta aucune force ; mes traits bouleversés se décomposèrent et je ne conservai aucune force. J'entendis le son de ses paroles ; et lorsque j'entendis le son de ses paroles, je tombai en léthargie sur ma face, la face contre terre (Dn 10, 7-9).
Un ange soutenu par l'archange Michel[30] vient le réconforter.
Il me dit : « Ne crains pas, Daniel, car depuis le premier jour où tu as eu à cœur de comprendre et de t'humilier devant ton Dieu, tes paroles ont été entendues, et c'est à cause de tes paroles que je suis venu. Le Prince du royaume de Perse s'est opposé à moi pendant vingt et un jours, mais voici que Michel, l'un des Princes de premier rang, est venu à mon aide, et je suis resté là auprès des rois de Perse. Je suis venu te faire comprendre ce qui arrivera à ton peuple dans l'avenir, car il y a encore une vision pour ces jours-là » (Dn 10,12-14).

Alors apparaît comme un *Fils d'homme* qui lui annonce l'enchaînement des événements politiques futurs. Trois rois Perses se succéderont, *puis le quatrième amassera une richesse plus grande que celle de tous, et lorsqu'il serra fort de sa richesse, il mettra tout en branle contre le royaume de Grèce (Dn 11,2).*
Il est fait état ici des combats entre la Perse et la Macédoine avant l'invasion d'Alexandre le Grand. Ce dernier, *quand il sera bien établi, son royaume sera brisé et partagé aux quatre vents du ciel, sans revenir à ses descendants ni avoir la domination qu'il avait exercée, car sa royauté*

---

30 - *Michel*, nom hébreu signifiant « qui est comme Dieu ? ».

sera déracinée et reviendra à d'autres qu'à eux (Dn 11,4).
L'empire d'Alexandre sera effectivement partagé en trois : la Macédoine à l'ouest, l'Assyrie au nord-est et l'Egypte au sud.
Israël est d'abord rattaché aux Lagides, rois du Sud qui occupent l'Egypte. Au siècle suivant, les Séleucides, rois du Nord, entrent en guerre contre les Lagides et conquièrent Israël.
Le roi du Midi deviendra fort, mais l'un de ses princes sera plus fort que lui et exercera une domination plus grande que la sienne (Dn 11,5).
La vision se termine par la description d'un roi terriblement arrogant qui profane le temple, y installe « l'abomination de la désolation » et persécute les justes. Il s'agit clairement d'Antiochus IV Épiphane.
Il s'emportera et agira contre l'Alliance sainte ; de nouveau il sera d'intelligence avec ceux qui abandonnent l'Alliance sainte. Des forces venues de sa part prendront position ; elles profaneront le Sanctuaire-citadelle, feront cesser le sacrifice perpétuel et placeront l'abomination dévastatrice. Il fera apostasier par des intrigues les profanateurs de l'Alliance (Dn 11,30b-32a).
Ce passage fait état de dissensions au sein même du peuple juif où l'hellénisation forcée voulue par Antiochus IV trouvera des complices parmi des personnages politiques ou religieux influents. Les circonstances nationales et internationales, en mettant en cause les fondements même des rapports entre Dieu et son peuple, provoquent un drame dans la communauté des croyants.

Puis la vision évoque *le temps de la fin*[31] avec une catastrophe finale. *En ce temps-là se dressera Michel, le grand Prince, lui qui se tient auprès des fils de ton peuple. Ce sera un temps d'angoisse tel qu'il n'en est pas advenu depuis qu'il existe une nation jusqu'à ce temps-là (Dn 12,1)*[32].
Pourtant il ne faut pas perdre espoir.

---

31 - *le temps de la fin* ou allusion à l'épreuve de la persécution (note de la TOB).
32 - Passage repris en Mt 24,21 : *Priez pour que vous n'ayez pas à fuir en hiver ni un jour de sabbat. Il y aura alors en effet une grande détresse, telle qu'il n'y en a pas eu depuis le commencement du monde jusqu'à maintenant et qu'il n'y en aura jamais plus.*

En ce temps-là, ton peuple en réchappera, quiconque se trouvera inscrit dans le Livre[33]. Beaucoup de ceux qui dorment dans le sol poussiéreux se réveilleront, ceux-ci pour la vie éternelle, ceux-là pour l'opprobre, pour l'horreur éternelle. Et les gens réfléchis resplendiront, comme la splendeur du firmament, eux qui ont rendu la multitude juste, comme les étoiles à tout jamais (Dn 12,1b-3).
Daniel demande des précisions sur la date du temps de la fin. La réponse est énigmatique : « *Ce sera pour une période, deux périodes et une demi-période ; lorsque la force du peuple saint sera entièrement brisée, toutes ces choses s'achèveront* » *(Dn 12,7).*
Le chiffre de 3,5 années, la moitié de 7, symbolise une échéance limitée dans le temps de l'histoire, opposée à la plénitude du chiffre 7.
Devant l'annonce que son peuple sera complètement brisé, on comprend que Daniel soit inquiet, aussi demande-t-il plus de précisions. Il n'obtient pour toute réponse : « *Va, Daniel, car ces paroles sont tenues secrètes et scellées jusqu'au temps de la fin* » *(Dn 12,9).*
Cette fin ne signifie pas la mort pour tous.
Une multitude sera purifiée, blanchie et affinée. Les impies agiront avec impiété. Aucun impie ne comprendra, mais les gens réfléchis comprendront (Dn 12,10).
Au final, Daniel ressuscitera avec tous ceux qui sont restés fidèles.
« *À partir du temps où cessera le sacrifice perpétuel et où sera placée l'abomination dévastatrice il y aura mille deux cent quatre-vingt-dix jours[34]. Heureux celui qui attendra et qui parviendra à mille trois cent trente-cinq jours ! Toi, va jusqu'à la fin. Tu auras du repos et tu te lèveras pour recevoir ton lot à la fin des jours* » *(Dn 12,11).*

---

33 - D'après Ps 69.29, Dieu détient un livre de vie où sont inscrits les noms des justes. Cette façon de parler s'inspire peut-être des listes établies lors des recensements ; être rayé d'une telle liste, c'est ne plus faire partie du peuple.
34 - Nous retrouvons avec 1290 jours, les 3,5 années déjà évoquées.

Conclusion

Le livre révèle la puissance du mal et comment l'humanité qui chemine de crise en crise tend vers une crise finale. Israël est bien le dépositaire et le bénéficiaire de la promesse d'un nouveau royaume, mais il est lui aussi traversé par le mal et en raison de ses infidélités, il subit des persécutions. Le peuple à l'époque d'Antiochus IV, est désorienté par tant d'*abominations dévastatrices*; aussi le « jugement divin » annoncé apparaît concomitant à l'idée de « salut » et son annonce intervient pour réconforter le fidèle affronté à des épreuves et à la mort; elle l'encourage à persévérer (ὑπομονή)[35] dans la fidélité à la parole de Dieu. Les visions révèlent que le mal qui apparaît si puissant, ne peut qu'échouer.
Le Dieu d'Israël est le défenseur des plus faibles soumis à la loi du plus fort. Que les puissants n'abusent plus de leur pouvoir, qu'ils soient attentifs aux pauvres, qu'ils sortent de leur arrogance d'accusateur et laissent à Dieu le jugement « à la fin des temps » !

Comme Daniel, le juif se doit d'être le sauveur des sociétés dans lesquelles il vit. Les puissants qui ont écrasé les petits peuvent même à leur contact en arriver à changer et à proclamer la grandeur de Yhwh comme Nabuchodonosor au contact de Daniel.
Le livre débouche ainsi sur un message d'espérance qui prolonge celui des prophètes.
Ainsi le thème de la résurrection individuelle apparaît-il pour la première fois aussi explicitement.

---

35 - mot grec *Upomoné*, en français « persévérance » : ce mot sera très souvent utilisé dans le Nouveau Testament pour exprimer, l'endurance, la patience, l'assurance dans une attente constante.

LE SIRACIDE

Le Siracide est le seul livre de la Bible dont l'auteur, Jésus Ben Sira, est clairement identifié grâce à sa signature dans la conclusion du livre. *Une instruction d'intelligence et de savoir a été gravée en ce livre par Jésus fils de Sirakh, fils d'Eléazar, de Jérusalem, qui a déversé comme une pluie la sagesse de son cœur (Si 50,27).*

Il s'agit d'un scribe sans doute important vivant à Jérusalem vers 200 av. J.-C. Son petit-fils a traduit ses écrits de l'hébreu au grec et édité autour de 130 av. J.-C., comme il le dit dans un prologue :

C'est pourquoi mon grand-père Jésus, qui s'était adonné par-dessus tout à la lecture de la Loi, des Prophètes et des autres livres de nos pères, et qui y avait acquis une grande maîtrise, fut amené à écrire lui aussi sur l'instruction et la sagesse, afin que ceux qui aiment le savoir, s'étant familiarisés avec ces sujets, progressent encore davantage dans la vie selon la Loi. Vous êtes donc invités à en faire la lecture avec bienveillance et attention, et à montrer de l'indulgence s'il vous semble que nous avons échoué, malgré tous nos efforts, à rendre certaines expressions. Car les choses dites en hébreu dans ce livre n'ont pas la même valeur lorsqu'elles sont traduites en une autre langue.

L'Ecclésiastique est l'autre nom donné à ce livre, nom qui exprime clairement les destinataires visés, à savoir les communautés (*ekklêsia*) de croyants.

Ben Sira écrit ce livre dans un contexte culturel dominé par la philosophie grecque et son ambition universaliste. Nous avons déjà noté chez les prophètes cette ouverture à l'ensemble des humains, mais après les difficultés de la période postexilique, la nécessité de sauvegarder l'identité du judaïsme a amené l'auteur à enraciner son enseignement dans la Loi et à souligner le caractère singulier de l'élection d'Israël et de ses exigences cultuelles.

Le livre est partagé en deux grandes sections, la première (Si 1-42,14) est une collection de sentences et de poèmes didactiques sur la sagesse, la seconde (Si 42,15-51) est un hymne à la sagesse de Dieu qui se manifeste à la fois dans la nature et dans l'histoire du peuple d'Israël.

Sentences et Poèmes

Le Siracide reprend les fondamentaux du livre des Proverbes et son éloge de la sagesse.
Il souligne avec insistance la particularité de la sagesse juive, déjà notée dans le livre des Proverbes, à savoir la place centrale que tient la *crainte de Yhwh* qui est à la source de la sagesse.
La crainte de Yhwh est gloire et fierté, joie et couronne d'allégresse.
La crainte de Yhwh réjouit le cœur, donne joie, gaieté et longue vie.
Pour qui craint Yhwh, tout ira bien à la fin, au jour de sa mort, il sera béni.
Le commencement de la sagesse, c'est la crainte de Yhwh (Si 1,11-14a).
Elle procure assurance et prospérité.
La richesse et la force donnent confiance, mais plus encore la crainte de Yhwh.
Avec la crainte de Yhwh rien ne manque, avec elle il n'y a plus à chercher de secours.
La crainte du Seigneur est comme un jardin luxuriant et mieux que toute gloire elle protège (Si 40,26-27).

Ben Sira reprend aussi la dimension féminine de la sagesse. Elle est comparée à la femme que l'homme doit rechercher, « draguer » pourrait-on dire aujourd'hui avec l'image du chasseur qu'il utilise.
Heureux l'homme qui s'applique à la sagesse et qui exerce son intelligence à raisonner, qui en médite les voies dans son cœur et réfléchit sur ses secrets.
Il se lance à sa poursuite comme un chasseur, il se tient aux aguets sur son passage.
Il regarde par sa fenêtre, il écoute à sa porte. (...)
Il dresse sa tente auprès d'elle, il campe au séjour du bonheur.
Il place ses enfants sous son abri, sous ses rameaux il demeure.
Il est abrité par elle de la chaleur, il campe dans sa gloire (Si 14,20-27).

La sagesse apparaît comme la face féminine de Yhwh, elle est accueillie par l'homme comme une future épouse, elle nourrit, abreuve les humains comme une mère son enfant.
Celui qui craint Yhwh agit en conséquence, celui qui est maître de la Loi atteindra la sagesse.
Elle viendra à sa rencontre comme une mère, comme une épouse vierge, elle l'accueillera ; elle le nourrira du pain de l'intelligence, elle l'abreuvera de l'eau de la sagesse (Si 15,1-3).

La Sagesse, avec une majuscule (comme dans les chapitres 1 et 8 des Proverbes), *proclame son propre éloge. (...) « Je suis sortie de la bouche du Très Haut et comme une vapeur j'ai recouvert la terre. J'habitais dans les hauteurs du ciel et mon trône reposait sur la colonne de nuée »* (Si 24,1-4). Elle est aussi identifiée à la Parole créatrice des premiers versets de la Bible.

Cependant le mal est là. Comment concilier son existence avec cette foi en la Parole créatrice bonne et toute-puissante ?
La sagesse a créé l'homme libre face à la Loi, de son choix découle la vie ou la mort.

Lui-même (Yhwh) a créé l'homme au commencement et l'a laissé à son propre conseil. Si tu le veux, tu peux observer les commandements, rester fidèle dépend de ton bon vouloir. Il a placé auprès de toi le feu et l'eau ; selon ton choix tu peux étendre la main. Aux hommes sont proposées la vie et la mort : à chacun sera donné selon son choix (Si 15,14-17).
C'est en lui-même, et non en Dieu que se trouve la source du mal.
Quand un impie maudit son adversaire, c'est lui-même qu'il maudit (Si 21,27).

La réponse du Siracide à la question de la rétribution, du bonheur pour ceux qui font le bien et du malheur pour ceux qui font le mal, n'apporte pas d'éléments nouveaux. Il reste limité à l'horizon terrestre et sa conception du bonheur reste traditionnelle : santé, prospérité, renom et aisance.
Une vie heureuse ne dure qu'un nombre limité de jours,
mais la bonne renommée demeure à jamais (Si 41,13).
De ce fait, face à la fatalité de la mort, il a parfois un ton un peu désabusé.
Toute chair vieillit comme un vêtement ; c'est la loi éternelle : « Tu dois mourir » (Si 14,17).
Depuis celui qui est assis sur un trône illustre, jusqu'à celui qui est humilié sur la terre et la cendre, depuis celui qui porte la pourpre et la couronne jusqu'à celui qui est vêtu de toile grossière, ce n'est que fureur, jalousie, trouble et agitation, crainte de la mort, ressentiment et discorde. Et au moment où l'on repose sur son lit, le sommeil de la nuit ne fait que varier les soucis (Si 40, 3-5).

Hymne à la sagesse de Yhwh

La gloire et la sagesse de Yhwh se manifestent avec éclat dans la nature avec la course du soleil, les changements de la lune qui indique le temps, la beauté des étoiles, la splendeur de l'arc-en-ciel. Tous les phénomènes naturels sont sources d'admiration : le vent, la neige, les

grêlons. Des merveilles s'échappent jusque dans les plus petits détails de la nature.
Que toutes ses œuvres sont désirables,
jusqu'à la plus petite étincelle qui se peut contempler (Si 42,22).
Devant tant de merveilles, l'auteur reste coi.
Nous pourrions dire bien des choses sans arriver au bout,
le point final de nos discours, c'est : il est le tout (Si 43,27).

Mais la gloire de Yhwh se manifeste aussi dans l'histoire à travers les grands ancêtres d'Israël dont l'auteur fait l'éloge, depuis les patriarches jusqu'aux prophètes en passant par Moïse, les Juges, les Rois et les prophètes.
Dans son éloge du prophète Élie, le Siracide entrevoit l'idée d'immortalité.
Quelle gloire tu t'es acquise, Élie, par tes prodiges !
Qui pourra tirer fierté de te ressembler ?
Toi qui as fait lever un défunt de la mort
et du séjour des morts par la parole du Très Haut (Si 48, 4-5).
Heureux ceux qui t'ont vu
et ceux qui se sont endormis dans l'amour,
car nous aussi nous vivrons sûrement[36] *(Si 48, 11).*

---

36 - note de la TOB : allusion probable à Elisée qui a vu Elie s'en aller (voir 2 R 2,10-12).

LA SAGESSE

L'auteur du livre de la Sagesse est inconnu. Son titre Sagesse de Salomon relève d'un artifice, la pseudépigraphie, pratique courante pour donner du poids à un écrit.
L'auteur, pétri de philosophie grecque, utilise les textes bibliques dans la version de la septante. Il est probablement issu du milieu d'Alexandrie autour des années 30 avant J.-C. Postérieur de plus d'un siècle au Siracide, il cherche à répondre à la question existentielle de la mort et du mal et à éclaircir la question connexe de la rétribution restée en suspens.
Le livre est composé de trois parties bien distinctes : la première (Sg 1-6) est consacrée à la question de la mort et de la souffrance, la seconde (Sg 7-9) est un hymne à la sagesse et la dernière (Sg 10-19) est axée sur l'histoire d'Israël pour comprendre le projet divin.

La question de la mort et de la souffrance

L'auteur affirme clairement dès le début du livre : *Dieu, lui, n'a pas fait la mort et il ne prend pas plaisir à la perte des vivants. Car il a créé tous les êtres pour qu'ils subsistent (Sg 1,13).*
Il reprend ainsi le prophète Ezéchiel : *Est-ce que vraiment je prendrais plaisir à la mort du méchant - oracle de Yhwh Dieu - et non pas plutôt à ce qu'il se détourne de ses chemins et qu'il vive ? (Ez 18,23)*

Plus tard, Jésus réaffirmera explicitement ce projet : « je suis venu pour que les hommes aient la vie et qu'ils l'aient en abondance » (Jn 10, 10b).

Pourtant au regard des hommes, c'est moins évident.
Elle est courte et triste notre vie ; il n'y a pas de remède quand l'homme touche à sa fin (Sg 2,1).
Notre nom sera oublié avec le temps et personne ne se rappellera nos actions. Notre vie aura passé comme un nuage, sans plus de traces (Sg 2,4).
Face à cette absence d'horizon, à l'instar de la pensée d'Epicure, l'homme se replie sur les plaisirs immédiats. *Eh bien, allons ! Jouissons des biens présents et profitons de la création comme du temps de la jeunesse, avec ardeur. Du meilleur vin et de parfum enivrons-nous, ne laissons pas échapper les premières fleurs du printemps (Sg 2, 6).*

Dans cette logique, l'homme écarte tout ce qui s'oppose au plaisir et à la jouissance. *Opprimons le pauvre, qui pourtant est juste, n'épargnons pas la veuve et n'ayons pas égard aux cheveux blancs du vieillard. Mais que pour nous la force soit la norme du droit, car la faiblesse s'avère inutile (Sg 2,10).*
Il en vient ainsi à développer une franche hostilité contre ceux qui maintiennent malgré tout, une grande fidélité à la Loi.
« *Traquons le juste : il nous gêne, s'oppose à nos actions, nous reproche nos manquements à la Loi et nous accuse d'être infidèles à notre éducation. Il déclare posséder la connaissance de Dieu et il se nomme enfant du Seigneur* » *(Sg 2,12-13).*
Cette hostilité grandira jusqu'à prendre des formes extrêmes, elle s'exprimera par la moquerie, la torture et enfin la mise à mort.
Mettons-le à l'épreuve par l'outrage et la torture pour juger de sa sérénité et apprécier son endurance. Condamnons-le à une mort honteuse, puisque, selon ses dires, une intervention divine aura lieu en sa faveur (Sg 2,19-20).

L'auteur reprend ainsi le célèbre passage d'Esaïe sur le serviteur souffrant[37] et le récit de la passion du Christ fait référence implicitement à ce chapitre 2 de la Sagesse, en particulier dans l'évangile de Matthieu (Mt 27,43).

A partir de cette mise à mort du juste, à l'instar de la vision apocalyptique du livre de Daniel (Dn 12,2), l'auteur porte un regard nouveau sur la mort.
Les âmes des justes, elles, sont dans la main de Dieu et nul tourment ne les atteindra plus.
Aux yeux des insensés, ils passèrent pour morts, et leur départ sembla un désastre, leur éloignement, une catastrophe (Sg 3,1-3a).
À noter l'usage du mot âme (psuché en grec) : ce terme, même s'il est rare, n'est pas totalement inconnu dans la Bible, il est utilisé pour traduire le mot hébreu nepes, organe de la respiration, le souffle. Ici, l'auteur s'inspire de la distinction corps-âme de la philosophie grecque, pour introduire l'idée d'immortalité.
Pourtant ils sont dans la paix. Même si, selon les hommes, ils ont été châtiés, leur espérance était pleine d'immortalité (Sg 3,4).

Il justifie la présence de la souffrance comme un outil de purification.
Après de légères corrections, ils recevront de grands bienfaits.
Dieu les a éprouvés et les a trouvés dignes de lui ;
comme l'or au creuset, il les a épurés, (...).
Au temps de l'intervention de Dieu, ils resplendiront,
ils courront comme des étincelles à travers le chaume (Sg 3,5-7).

Cette traversée des épreuves, dans la confiance persévérante, dans l'amour de Yhwh, ouvre la porte de l'immortalité.
(...) Ceux qui se confient en lui comprendront la vérité,
ceux qui restent fermes dans l'amour demeureront auprès de lui.
Car il y a grâce et miséricorde pour ses élus (Sg 3, 9).

---

37 - Es 53.

Le mystère de la mort du sage sera levé.
Les gens ont vu et n'ont pas compris, ils ne se sont pas mis dans l'esprit ce mystère : qu'il y a grâce et miséricorde pour ses élus, et qu'il interviendra en faveur de ses saints (Sg 4,14b-15).

C'est toute la perception de la mort qui est inversée, la mort du juste donne la vie et la longue vie de l'injuste, la mort.
La mort du juste condamne la survie des impies, et la jeunesse tôt parachevée, la longue vieillesse de l'injuste. Ils verront donc la mort du sage, sans comprendre ce qu'a voulu pour lui le Seigneur et pourquoi il l'a mis en sûreté. Ils verront et n'auront que mépris, mais le Seigneur se rira d'eux (Sg 4,16-18).
Le juste sera intronisé dans la royauté céleste.
Alors le juste se tiendra debout, avec une belle assurance, face à ceux qui l'opprimèrent et qui méprisaient ses efforts (Sg 5,1).
Les justes vivent pour toujours ; leur salaire dépend du Seigneur, le Très Haut prend soin d'eux. Aussi recevront-ils la royauté splendide et le diadème magnifique de la main du Seigneur (Sg 5,15-16a).
Sur cette terre, le juste est un combattant, il doit en revêtir tous les attributs, cuirasse, casque, bouclier, épée. Son combat pour la justice prend une dimension cosmique.
Comme cuirasse, il revêtira la justice, comme casque, il mettra le jugement sans appel. Il prendra sa sainteté invincible pour bouclier, en guise d'épée, il affûtera sa colère inflexible et l'univers viendra combattre avec lui contre les insensés. Tels des traits bien ajustés, les éclairs partiront (Sg 5,18-20)[38].

Dans ce combat, les puissants sont particulièrement menacés et s'ils veulent éviter le jugement ils doivent se mettre à l'école de la Sagesse.
De façon terrible et soudaine, il surgira devant vous, car un jugement rigoureux s'exerce contre les grands. Le petit, lui, est excusable et digne de pitié, mais les puissants seront examinés avec vigueur. Le souverain de

---

38 - Comme l'appel à l'audace dans le livre de Josué (Eph 6,13).

tous ne reculera devant personne et ne tiendra pas compte de la grandeur : il a créé le petit comme le grand et sa providence est la même pour tous. Mais aux forts une dure enquête est réservée. C'est donc à vous, ô princes, que vont mes paroles, afin que vous appreniez la Sagesse et ne trébuchiez pas (Sg 6,5-9).

Eloge de la vertu

La deuxième partie du livre est un hymne à la Sagesse. L'auteur reprend à son compte les composantes de la vertu selon la philosophie : la prudence, la justice, le courage.

Aime-t-on la rectitude ? Les vertus sont le fruit de ses travaux, car elle enseigne modération et prudence, justice et courage, et il n'est rien de plus utile aux hommes dans la vie (Sg 8,7).

Il s'inscrit pourtant clairement dans le cadre de la révélation juive. Comme le Siracide, il reprend l'image féminine de la Sagesse.

C'est elle que j'ai aimée et recherchée dès ma jeunesse, j'ai cherché à en faire mon épouse et je suis devenu l'amant de sa beauté. (...) Et si la richesse est un bien désirable dans la vie, quoi de plus riche que la Sagesse, l'auteur de toutes choses ? (Sg 8,2-5)

La Sagesse n'est pas un propriété de l'homme, elle est un don de Dieu. La reconnaissance de ce don est signe d'intelligence, elle permet d'éviter la prétention d'être sage, elle protège de l'hubris.

Pourtant je savais que je n'obtiendrais pas la sagesse autrement que par un don de Dieu - et reconnaître de qui dépend un bienfait, c'était encore une preuve de discernement - (Sg 8,21)

L'auteur va plus loin, il associe la Sagesse à une personne divine présente à la création du monde.

Près de toi se tient la Sagesse qui connaît tes œuvres, et qui était présente lorsque tu créais le monde (Sg 9,9a).

La Sagesse est l'Esprit de Dieu, inaccessible à l'homme mais Dieu veut la communiquer à l'homme.

Déjà nous avons peine à nous représenter les réalités terrestres, même ce qui est à notre portée, nous le découvrons avec effort. Mais les réalités célestes, qui les a explorées ? Et ta volonté, qui donc l'aurait connue, si tu n'avais donné toi-même la Sagesse et envoyé d'en haut ton saint Esprit ? (Sg 9,16-17)

Nous pouvons voir là les prémices de la doctrine chrétienne de la trinité.

Sens de l'Histoire

La dernière partie du livre souligne un élément très important dans la quête de la sagesse, le sens à tirer de l'Histoire. L'auteur se démarque ici nettement de la philosophie grecque pour laquelle le temps est une simple contingence cyclique. On peut même voir dans ce livre un lointain précurseur de la phénoménologie contemporaine pour laquelle l'Histoire fait partie des phénomènes que le philosophe doit observer pour comprendre l'existence. Il tire, de sa longue méditation sur les événements de la sortie d'Egypte (Sg 11,4 et Sg 19,22), des leçons fondamentales pour l'homme.

Il a cette phrase un peu énigmatique et paradoxale sur un phénomène qu'il a observé et qui donne partiellement l'explication du mal et de la souffrance. Ce sont des avertissements et un appel à changer de cap :

Ainsi les réalités mêmes qui avaient servi à châtier leurs ennemis devinrent pour eux un bienfait dans leur détresse (Sg 11,5).

Les mêmes périls, les mêmes souffrances qui ont apporté la mort aux ennemis de Yhwh, ont servi de leçons à son peuple et sont devenus chez eux source de vie.

Au lieu du jaillissement continu d'un fleuve troublé par un sang boueux en châtiment du décret infanticide, tu leur as donné à eux, contre tout espoir, une eau abondante, après leur avoir montré par la soif subie alors comment tu avais puni leurs adversaires. En effet, par cette épreuve, bien que corrigés avec miséricorde, ils surent quels tourments subissaient les impies jugés avec colère. Les tiens, tu les as mis à l'épreuve en père qui avertit (Sg 11,6-10a).

Dans cette optique du mal, le pardon divin apparaît comme le cœur même de la sagesse.
Mais tu as pitié de tous parce que tu peux tout, et tu détournes les yeux des péchés des hommes pour les amener au repentir. Tu aimes tous les êtres et ne détestes aucune de tes œuvres : aurais-tu haï l'une d'elles, tu ne l'aurais pas créée (Sg 11,23-24).

Cette perception positive de la souffrance et du mal comme outil de correction pour donner à l'homme la possibilité de changer de trajectoire ou du moins de se purifier pour accéder au divin ne répond pas pleinement à la question, elle peut même devenir insupportable comme nous l'avons vu avec Job, avec le texte d'Esaïe sur le serviteur souffrant et comme nous le verrons avec les souffrances du Christ, parfaitement pur et innocent.
Il faudra attendre la révélation christique pour donner aux hommes un sens plus fécond de la souffrance, fondé non plus seulement sur l'idée de correction et le sentiment de culpabilité, mais sur la communion avec ceux qui souffrent.

CONCLUSION

Mille ans d'histoire

La Loi transmise par Moïse engage le peuple d'Israël dans une nouvelle perception du sacré, difficile à intégrer.
C'est au début du premier millénaire avant notre ère qu'Israël s'installe dans la terre de Canaan promise par Yhwh.
Après l'enthousiasme des débuts, le contact quotidien avec des tribus implantées bien avant eux et souvent plus développées économiquement et militairement, estompe progressivement la référence à Yhwh. Les pratiques cultuelles traditionnelles et les sacrifices aux dieux locaux refont inexorablement surface.
La monarchie mise en place, un temps exemplaire avec David, se banalise et la plupart de ses successeurs se comportent comme des rois ordinaires, ils s'appuient sur leur statut royal sacralisé pour dominer et exploiter leurs sujets. L'exigence de Yhwh, à savoir la pratique de la justice et l'aide aux pauvres, n'est pas leur priorité.

Les Prophètes qui apparaissent alors fustigent les rois, les prêtres et les faux prophètes. Ils affirment que leur pouvoir n'est pas sacré, leur légitimité repose sur la fidélité à la loi de Yhwh.
Hélas, malgré quelques tentatives de réforme, force est de constater l'échec du projet de Yhwh de créer un peuple pour lequel l'écoute de sa parole se substituerait aux croyances du sacré primitif. Non, les

malheurs ne sont pas le fait de la colère des dieux, c'est le comportement du peuple qui en est l'origine. Chacun, à commencer par les autorités, doit assumer sa part de responsabilité.

L'abandon de l'enseignement de Yhwh a entraîné la destruction de Jérusalem et la dispersion de ses habitants, comme l'avaient annoncées les Prophètes.

Pourtant après la déportation à Babylone, malgré toutes les infidélités de son peuple, Yhwh cherche à rétablir le lien avec lui hors du temple et sans passer par des sacrifices. Il envoie des prophètes dans cette terre étrangère, pour manifester sa volonté de le sauver. Il promet un retour à Jérusalem pour *un reste* de rescapés qui, par l'étude des textes de la Loi et des Prophètes, prendra conscience des causes profondes de ses malheurs et rétablira la justice.

Le retour à Jérusalem marque une nouvelle étape. L'étude des Écritures devient primordiale, plus importante que le culte.

Le Temple est cependant reconstruit et le culte rétabli. Il s'agit de défendre l'identité propre d'Israël face à la culture grecque dominante. Cette dichotomie autour de son identité après l'exil, entre le culte et l'étude de la Loi, est le germe d'un judaïsme polyforme qui apparaît dans les siècles qui suivent avec la naissance de différents courants : les Pharisiens, les Sadducéens, les Esséniens, les Zélotes.

Les Pharisiens prônent un retour vers une pratique méticuleuse de la Loi, les Sadducéens, en tant que prêtres, ont tendance à priorizer le culte, les Esséniens sont des ascètes qui vivent en communauté loin de ce monde de perdition, influencés par les religions à mystère de l'Orient, ils recherchent le sens caché des écritures qui n'est accessible qu'à une élite purifiée de toute souillure terrestre (ésotérisme). Quant aux Zélotes, ils représentent un mouvement politico-religieux focalisé sur la libération de l'occupation romaine.

À ces lignes de partage théologiques, cultuelles ou spirituelles, s'ajoutent des intérêts plus platement personnels ou politiques qui aiguisent les oppositions entre ces différents courants.

Le monothéisme conforté

Le monothéisme sort fortifié de toutes les épreuves traversées pendant ce millénaire par la rupture, certes lente et progressive mais néanmoins radicale, avec le sacré primitif. Les actes divinatoires des voyants ou des sibylles (à l'époque grecque) sont proscrits.
La mission des Prophètes, qui se sont substitués aux devins, n'est pas tant de prédire l'avenir que d'apporter un enseignement à partir d'une lecture des événements de l'histoire. Les rois qui étaient assurés de la dimension sacrée de leur pouvoir disparaissent. On assiste à un infléchissement ou plutôt une réorientation du culte. Les sacrifices ne sont plus des actes magiques destinés à calmer la colère des dieux et à attirer leur bienveillance, ils expriment le désir d'un lien avec Yhwh. Dans la quête de la relation avec Yhwh, la prière personnelle ou collective, ce moment où l'homme prend la parole face à Yhwh pour exprimer tout ce qu'il a sur le cœur, tend à supplanter les sacrifices. Plaintes, incompréhensions, colères et même désir de vengeance sont entendus et même attendus par Yhwh. Son écoute et sa présence auprès de l'homme *au cœur brisé*, le purifie, le transforme, le libère. La prière se termine alors en louange.
Les fêtes cultuelles qui dans le sacré primitif célébraient la fécondité de la nature ne disparaissent pas, mais elles sont désormais portées par le mémorial des évènements libérateurs de l'histoire du peuple et la reconnaissance des bienfaits de la Loi.

Questions restées en suspens

Le renforcement du monothéisme ne clôt pas toutes les questions. On peut même dire que la radicalité du monothéisme prônée par les prophètes exacerbe la question du mal, de la souffrance du juste et de la rétribution.
La souffrance n'est plus légitimée par l'idée de correction du péché. Les malheurs du juste ouvre l'hypothèse d'une vie après la mort. La question de la résurrection des corps est posée. Elle est mise en scène par Ezéchiel, affirmée par les Pharisiens, niée par les Sadducéens.

Par ailleurs, des petites communautés non juives adhèrent au monothéisme de la Torah sans se soumettre aux pratiques du judaïsme. Leurs membres sont appelés les « craignants Dieu ».

Comment concilier une ouverture universaliste qui voit ainsi le jour, induite par la foi en un Dieu unique créateur de l'univers avec la spécificité du judaïsme et ses revendications identitaires qui le séparent des autres peuples ?
Que devient au sein du judaïsme la promesse d'un territoire spécifique alors que l'expérience faite à Babylone a montré que le lien avec Yhwh n'était pas lié à un territoire donné ?
De fait, désormais, la diaspora juive dispersée hors du territoire historique d'Israël assure son identité spécifique par l'étude de la Loi, par la prière des psaumes et une harmonisation du culte libéré de toute attache géographique. La ville de Jérusalem n'est plus pour certains une capitale politique, la montagne de Sion devient le symbole de la cité céleste.

Qu'en est-il de la notion de royauté éternelle promise à David ?
Les prophètes ont bien évoqué l'idée d'un messie qui viendrait accomplir la promesse, mais les caractéristiques de cet envoyé de Yhwh

CONCLUSION

restent bien énigmatiques. D'un libérateur politique attendu par les Zélotes à un être divin porteur de lumière spirituelle chez les Esséniens, en passant par la venue d'un nouveau prophète promis dans les Ecritures, le champ d'interprétation de la mission du messie est vaste.
Les prophètes et les priants des psaumes ont perçu intuitivement les perspectives à la fois exigeantes et exaltantes de la venue de ce messie et en ont donné des signes : disparition des empires, transformation des armes de guerre en charrue, cohabitation du loup avec l'agneau, guérison des éclopés. Esaïe a aussi parlé d'un serviteur de Yhwh qui porte la souffrance du monde, perspective difficile à concilier avec l'attente du peuple d'un messie royal triomphant. Dans le livre de Daniel, un fils d'homme mystérieux, type de l'humanité entière et en même temps porteur d'une dimension royale, apparaît pour juger le monde.
Dans tous les cas, l'attente d'un messie implique un changement profond du cœur de l'homme, le responsabilise. Telle est la mission pour *le reste* d'Israël auquel se joindront tous les humiliés de la terre, en vue de l'établissement d'un monde nouveau sous l'action de l'esprit de Yhwh.
La question du *quand* et du *où* de la venue du messie reste entière. *Dis-nous quand cela arrivera, et quel sera le signe de ton avènement et de la fin du monde (Mt 24,3)* demanderont plus tard les disciples de Jésus. Pour certains, cette question n'est pas pertinente dans la mesure où le monde nouveau annoncé semble bien transcender le temps et l'espace. Il est de la responsabilité de chacun de lire les signes de sa venue prochaine et de s'y engager activement.

La confiance en Yhwh qui se déploie au milieu des incertitudes et des remises en question, ouvre un chemin, aiguise une attente, attitude inconfortable mais féconde qui tranche avec l'assurance stérile des porteurs de certitude.

Toutes ces questions sur le mal, la rétribution, la vie après la mort, la nature du royaume attendu et les tensions entre défense de l'appartenance et ouverture à l'universel, sont le terreau sur lequel germera la révélation de Jésus-Christ.

Structure de l'Ancien Testament et abréviations des Livres

Bible chrétienne	Bible hébraïque	Livres	Abréviations
LOI	TORAH	Genèse Exode Lévitique Nombres Deutéronome	Gn Ex Lv Nb Dt
LIVRES HISTORIQUES	NEVI'IM	Josué Juges 1-2 Samuel 1-2 Rois	Jos Jg 1S et 2S 1R et 2R
LIVRES PROPHÉTIQUES		Esaïe Jérémie Ezéchiel Amos Osée Michée Nahum Sophonie Habaquq Abdias Jonas Joël Aggée Zacharie Malachie	Es Jr Ez Am Os Mi Na So Ha Ab Jon Jl Ag Za Ml
AUTRES ÉCRITS	KETOUVIM	Lamentations Psaumes Proverbes Job Qohélet Daniel Siracide Sagesse	Lm Ps Pr Jb Qo Dn Si Sg

Correspondance dans la numérotation des psaumes :	
Bible hébraïque	Bible grecque ou latine
1-8	1-8
9-10	9
11-113	10-112
114-115	113
116, 1-9	114
116, 10-19	115
117-146	116-145
147, 1-11	146
147, 12-20	147
148-150	148-150

ANNEXES

TABLEAU CHRONOLOGIQUE

Pour vous repérer dans l'histoire biblique, voici un tableau avec la date approximative des événements avant J.-C. et le livre de la Bible associé :

1800-972 - Les fondements

Dates av. J.-C.	Evènements	Livres
1800 ?	Abraham, Isaac, Jacob et ses 12 fils	Racontés dans la Genèse
1250	Sortie d'Egypte avec Moïse	Exode, Lévitique, Nombres et Deutéronome
1250-1200	Installation en Canaan	Livre de Josué
1200-1050	Période des Juges (Sauveur)	Livre des Juges
1050	Instauration de la Royauté avec Saül	1er livre de Samuel
1000	Règne de David	2è livre de Samuel
972	Règne de Salomon Construction du temple de Jérusalem	1er livre des Rois (1R 1-11)
933	Schisme entre les royaumes du Nord (Israël) avec Jéroboam I et du Sud (Juda) avec Roboam	1er livre des Rois (1R 12-14)

933-722 - Période royale d'Israël et de Juda

850	Prophète Elie roi d'Israël Akhab roi de Juda Josaphat	1er livre des Rois (1R 17-22)
840	Prophète Elisée rois d'Israël Yoram puis Jehu rois de Juda Yoram, Athalie puis Joas	2è livre des Rois (2R 2-13)
811	roi d'Israël Joas rois de Juda amasias	2è livre des Rois (2R 14)

750	Prophètes Amos et Osée roi d'Israel Jeroboam II	Livres d'Amos et Osée
740	Prophète Michée début de l'activité du prophète Esaïe roi de Juda Yotam puis Akhaz	Livre de Michée Livre d'Esaïe (Es 1-40) 2e livre des rois (2R 15-16)
722	Osée, dernier roi d'Israël Prise de Samarie par les Assyriens Fin du Royaume du Nord	2e livre des rois (2R 17-18)

722-587 - De la fin du Royaume d'Israël à la fin du Royaume de Juda

716-687	Règne d'Ezéchias avec sa tentative de réforme religieuse	2e livre des rois (2R 18-20)
700	Prophète Nahum Poursuite de l'activité d'Esaïe	Livre de Nahum Livre d'Esaïe
640-609	Règne de Josias découverte du livre de la Loi - Deutéronome ?	2e livre des rois (2R 22-23)
630	Prophète Sophonie	Livre de Sophonie
626	Début de l'activité du Prophète Jérémie	Livre de Jérémie
597	Règne de Yohakim Siège de Jérusalem par Nabuchodonosor 1ère déportation à Babylone	2e livre des rois (2R 24)
593	Début de l'activité d'Ezéchiel	Livre d'Ezéchiel
587	Règne de Sédécias Fin du Royaume du Sud Destruction du Temple 2e déportation à Babylone	2e livre des rois (2R 25) Deutero Esaïe Es 40-55
587-522	Période d'Exil à Babylone Ecriture des livres : Psaumes, Jonas, Chroniques	Livres de Jérémie et d'Ezéchiel Livre d'Esther

538-333 - Sous la domination perse

538	Cyrus, roi de perse prend Babylone. Edit de Cyrus permettant le retour à Jérusalem	Livre d'Esdras
522	Le roi de Perse Darius encourage la reconstruction du temple par le gouverneur Zorobabel	Livre de Néhémie
520	Début de la reconstruction du temple de Jérusalem	Livre de Néhémie
520-400	Difficultés du retour d'exil. Prophète Aggée Prophète Zacharie	3è Esaïe Es 56-66 Livre d'Aggée Livre de Zacharie

333-63 - Sous la domination grecque

332	La Palestine conquise par Alexandre le Grand	
323	Mort d'Alexandre à Babylone. Partage de l'empire entre Lagides et Séleucides	
320-200	La Palestine aux mains des Lagides. Traduction de la Bible en grec	La septante
200	Victoire d'Antiochus III sur le roi lagide Ptomélée V	Le Siracide
175-164	Antiochus IV, décret interdisant le culte juif : temple dédié à Zeus. Début de la révolte des juifs par le prêtre Mattathias, l'hasmonéen	Livre des Maccabées 1M 1 1M 2
167-160	Lutte contre les séleucides et victoire de Juda Maccabée, 3e fils de Mattathias.. Il reconquiert le temple et le purifie Extension du territoire des juifs	1M 3 1M 4 et 2M 10 Livre de Daniel

160-64	Jean Hyrcan, petit-fils de Mattathias	1M 16
	Indépendance d'Israël	2M
	où il est question de pétrole brut	2M 1,20-36

63 - Sous la domination romaine

63	Pompée, général romain, prend Jérusalem	
37-4	Régne d'Hérode le grand, grand prêtre puis gouverneur juif, sous l'autorité de Rome.	
20	Restauration du temple de Jérusalem	
7 ou 6	Naissance de Jésus	Mt 2 et Lc 3

ANNEXES

BIBLIOGRAPHIE

ASSOULINE Pierre, *Vies de Job*, Gallimard, 2010.
ABECASSIS Armand, *La pensée juive T 1 à 4*, LGF, 1986 à 1996.
BALMARY Marie, *Le sacrifice interdit*, Freud et la Bible,
    Grasset & Fasquelle, 1986.
BALMARY Marie, *La divine origine, Dieu n'a pas créé l'homme*,
    Grasset & Fasquelle, 1993.
BALMARY Marie, *ABEL ou la traversée de l'Eden*,
    Grasset & Fasquelle 1999.
BEAUCHAMP Paul, *Psaumes nuit et jour,* le Seuil 1980.
BOURETZ Pierre, *Témoins du futur*, Philosophie et messianisme,
    Gallimard, 2003.
BUBER Martin, *Je et Tu (1923)*, Aubier-montaigne 1996.

Cahiers Evangile 76, *La violence dans la Bible*, Cerf 1991.
Cahiers Evangile 125, *Le livre des Juges*, Cerf 2003.
Cahiers Evangile 44, *Les livres de Samuel et des rois,*
    De la légende à l'histoire, Cerf 1983.
Cahiers Evangile 43, *Les Prophètes de l'Ancien Testament*, Cerf 1983.
Cahiers Evangile 64, *Amos*, Cerf 2002.
Cahiers Evangile 142, *Le livre d'Isaïe ou la fidélité*
    de Dieu à la maison de David, Cerf 2007.
Cahiers Evangile 40, *Le livre de Jérémie*, Cerf 2004.
Cahiers Evangile 38, *Le prophète Ezéchiel*, Cerf 1981.
Cahiers Evangile 28, *Aux racines de la Sagesse*, Cerf 1979.

DELUMEAU Jean, *La Peur en Occident (14è - 18è siècles)*.
  Une cité assiégée, Fayard, 1978.
Equipe œcuménique, *Traduction Oecuménique de la Bible*,
  Introductions de chaque livre, Cerf 1974.
GAUCHET Marcel, *Le désenchantement du monde*.
  Une histoire politique de la religion,
  Gallimard 1985.
GIRARD René, *La violence et le sacré*, Grasset, 1972.
GIRARD René, *Des choses cachées depuis la fondation du monde*,
  Grasset 1978.
GIRARD René, *La route antique des hommes pervers*, Grasset 1985.
GIRARD René, *Je vois Satan tomber comme l'éclair*, Grasset 1999.
GIRARD René, *Achever Clausewitz : entretiens avec Benoit Chantre*,
  Carnets Nord 2007.
HORVILLEUR Delphine, *En tenue d'Eve*, Grasset 2013.
JUNG Carl Gustav, *Réponse à Job*, Buchel Chastel 1952.
LACAN Jacques, *Les Séminaires 2,20,23*, Le Seuil 1978.
LEVINAS Emmanuel, *Totalité et infini*, Kluwer academic 1971.
LEVINAS Emmanuel, *Difficile liberté*, Albin michel 1963.
LEVINAS Emmanuel, *De Dieu qui vient à l'idée*,
  Libr philo Vrin 1982.
MALDAMÉ Jean Michel, *Le scandale du mal,*
  une question posée à Dieu, Cerf 2001.
MALDAMÉ Jean Michel, *Un livre inspiré, la Bible :*
  le livre où Dieu se dit, Cerf 1998.
MANSIR Jean, *L'Evangile et la Religion*, Cerf 2011.
MARROU Henri Irénée, *Théologie de l'histoire*, Le Seuil 1968.
MARION Jean luc, *Certitudes négatives*, Grasset & Fasquelle 2010.
MICHAUX Robert, *Les patriarches ; histoire et théologie*,
  Lire la Bible, Cerf 1975.

MICHAUX Robert, *De l'entrée en Canaan à l'exil à Babylone*, Lire la Bible, Cerf 1982.
MULLER COLARD Marion, *L'autre Dieu - la Plainte, la Menace et la Grâce*, Labor et Fides 08-2014.
NOTHOMB Paul, *L'image de Dieu*, La longue vue 1985.
NOTHOMB Paul, *Le Second récit*, Phébus 2000
OUAKNIN Marc Alain, *Les dix commandements*, Seuil 2003.
RICOEUR Paul, *L'herméneutique biblique*, Cerf févr. 2001
ROSENZWEIG Franz, *L'étoile de la rédemption*, Seuil 2003
SIBONY Daniel, *Lectures bibliques*, Odile jacob 2006
de SOUZENELLE Annick, *Job sur le chemin de la lumière*, Albin Michel 1994.
WÉNIN André, avec Jean-Daniel Causse et Elian Cuvillier, *Divine violence*, Cerf 2011
WÉNIN André, *D'Adam à Abraham, ou les errances de l'humain*, (Lire la Bible 148), Cerf 2007
WÉNIN André, *L'homme biblique. Lectures dans le Premier Testament*, Cerf 2004.
WIESEL Elie, avec Josy Eisenberg, *Job ou Dieu dans la tempête*, éditions Fayard-Verdier 1986.

Sous la direction Abbaye de Maredsous, *Dictionnaire Encyclopédique de la Bible*, Brepols 1987.
Sous la direction de LEON-DUFOUR Xavier (ouvrage collectif), *Vocabulaire de théologie biblique*, Cerf 1981.

TABLE DES MATIÈRES

La mutation du sacré 3
Rois, Prophètes et Sages 3

INTRODUCTION 9
    Rappel du tome précédent 9
    Arrière-plan historique 12
        La logique impériale 13
        Face à la logique impériale, l'enseignement de la Torah 14
    Trois groupes de livres pour s'arrracher aux forces de la violence 17

Première partie 21
LIVRES HISTORIQUES 21
    Introduction 22

JOSUÉ 24
    Appui indéfectible de Yhwh 24
    La conquête du territoire 25
        Circoncision des israélites 26
        Les trompettes de Jéricho 26
        Infidélité de Akan 27
        Victoire et répartition des territoires 28
    Historicité du Livre de Josué 29
    Questions sur la violence des « guerres de Yhwh » 30
        Le contexte historique 31
        Lecture anthropologique de la violence et du développement psychique . 32
        Caractéristiques des guerres de Yhwh 35
        Les guerres de Yhwh, symbole du combat spirituel 36
    N'ayons pas peur 37

LES JUGES ... 39
- Introduction ... 39
- Installation des tribus ... 40
- Les Récits ... 41
  - Histoire de Débora ... 42
  - Histoire de Gédéon ... 43
  - Histoire de Jephté ... 45
  - Histoire de Samson ... 46
- Enseignement théologique de la période des Juges ... 49
  - L'idolâtrie, le péché d'Israël ... 50
  - La mission des Juges ... 52
  - L'Esprit de Yhwh ... 52
- Enseignement politique ... 53

SAMUEL ... 55
- Introduction ... 55
- Premier livre de Samuel ... 57
  - Naissance et Vocation de SAMUEL ... 57
  - L'arche perdue et retrouvée ... 59
  - Un homme du pays de Benjamin, SAÜL, nommé roi ... 62
  - Onction et ascension de DAVID ... 64
- Deuxième livre de Samuel ... 67
  - L'investiture de David ... 67
  - L'Apogée de David à Jérusalem ... 68
  - La promesse d'une dynastie éternelle ... 69
  - La faute de David ... 71
  - Avec Absalom, une fin de règne bien difficile ... 73
  - Recensement ... 74
- Conclusion ... 74

LES ROIS ... 77
- Introduction ... 77
- Premier livre des rois ... 78
  - La lutte pour la succession de David ... 78
  - Le Règne de SALOMON ... 79
    - Ambiguïté dans l'exercice du pouvoir politique ... 80

    Ambiguïté dans l'exercice du pouvoir religieux 82
    Le cheminement spirituel par un travail de symbolisation 84
        Prise de conscience de la responsabilité de l'homme 85
        Questionnement sur la rétribution 87
    La fin de règne de Salomon 87
    Le schisme 88
    Le cycle du prophète ÉLIE 91
        De l'obscurité à la lumière 91
        Lutte contre les prophètes de Baals 92
        Manifestation de Yhwh 93
        Jézabel et Naboth 94
        Intervention d'un autre prophète 94
Deuxième Livre des Rois 96
    Décadence du pouvoir politico-religieux des deux royaumes 96
    Ascension d'Élie 96
    Le Cycle d'ÉLISÉE 97
        Miracles et don 98
        Au delà d'Israël 99
        Athélie reine sanguinaire 100
    Fin du royaume d'Israël en 721 101
    Fin du royaume de Juda en 587 103
    Conclusion 105

Deuxième partie 107
LIVRES DES PROPHÈTES 107
    Origine du prophétisme 108
        De Voyant à Prophète 108
        Emergence d'un nouveau type de prophètes 110
        Vrais et faux prophètes 112
        Le prophète au coeur de la Révélation 114
        Quels sont les prophètes-écrivains de la Bible ? 114
        Ces prophètes ont-ils écrit eux-mêmes ces textes ? 115

Les premiers « petits prophètes » écrivains 116
AMOS 117
    Qui est cet homme ? D'où vient-il ? 117

    Des jugements sur les nations et sur Israël.. 118
    Les Oracles spécifiques contre Israël.. 119
    Menaces sur l'avenir d'Israël... 122

OSÉE 124
    Par son mariage... 124
    Infidélité d'Israël à son Dieu et réconciliation................................. 124
    Conspiration et ingratitude.. 126
    Déchéance morale du pays 128
    Le pardon, attribut du divin.. 129
    Après le mensonge, retour à une vie nouvelle 130

MICHÉE... 132
    Prophète de malheur... 132
    Vision inaugurale... 132
    Invectives contre les exploiteurs 133
    Invectives contre les autorités judiciaires et religieuses 133
    Avènement d'un temps nouveau... 134
    Sanctions, lamentations, espérance.. 136

ÉSAÏE 138
    Introduction... 138

ÉSAÏE (ES 1–39) 142
    Préface... 142
    Oracles visant le royaume du Nord.. 143
    Malédictions contre les grands de Juda 144
    Vision et vocation d'Esaïe 145
    Pérennité de la maison de David 146
    Le Reste d'Israël 148
    Condamnation universelle des Puissances 150
    Apocalypse d'Esaïe... 151
    Oracle contre Samarie... 153
    Annonce du siège de Jérusalem.. 154
    L'illusion d'une alliance politique avec l'Egypte 155

DEUTÉRO ÉSAÏE (ES 40-55) 159
   Introduction 159
   Yhwh défend la crédibilité de sa Parole 160
   Ouverture sur des chemins nouveaux 161
      Appel à la mémoire 161
      Annonce de la venue d'un serviteur mystérieux et
      de l'avènement d'un peuple nouveau 162
      La présence de Yhwh, marqueur du monothéisme 163
      Le culte est démythifié 164
      Bonheur et malheur 166
   Avertissement à Babylone - Reproches à Israël - Fidélité de Yhwh 167
   La renaissance et le « serviteur de Yhwh » 169
   Mission et souffrance du serviteur de Yhwh 170
   Portée anthropologique du « Serviteur souffrant » 173
      Fonction du sacrifice 173
      Lever le voile sur la violence 174
      Le retournement ou conversion 175
      Alliance nouvelle 176
      La question du Mal et du Pardon 177
   Conclusion : Sens et fécondité de l'exil 178

ÉSAÏE (ES 56-66) 180
   Contexte historique 180
   Conditions du renouveau universel 181
      Pratique de la justice 181
      Dénonciation des autorités 182
      Promesse de salut 184
      Israël, porteur de lumière pour toutes les nations 185
   Dialogue à connotation eschatologique entre Yhwh et le prophète 186
   Le jugement final 189

JÉRÉMIE 192
   Introduction 192
   Vocation et vision 193
   Dossier d'accusation 194
   Yhwh peut-il laisser faire ? 196

Exhortations et appel à un renouveau 197
Dénonciations des illusions du culte 198
Drame personnel et solitude de Jérémie 199
Jérémie prend à partie Yhwh 200
Puissance régénératrice de la Parole 201
Dans une lettre aux déportés, Jérémie
prône la soumission à Nabuchodonosor 204
Promesse d'une renaissance 205
Arrestation de Jérémie 207
Retour de Nabuchodonosor et destruction de Jérusalem 208
Conclusion 210

ÉZÉCHIEL 212
Introduction 212
Oracles avant la destruction de Jérusalem 214
    Vision inaugurale et Vocation du prophète 214
    Yhwh quitte le temple de Jérusalem et vient en soutien
    aux déportés à Babylone 217
    Invectives contre Jérusalem et annonce d'une deuxième déportation 220
        Situation politique 223
        A qui la faute de tous ces malheurs ? 224
        Prise de conscience 226
        Nouvelles invectives 227
        Annonce d'un rescapé 228
    Le châtiment des nations 228
Oracles après la destruction de Jérusalem 229
    Appel à la responsabilité 229
    Restauration et renouveau spirituel 231
    Vision des ossements desséchés qui reprennent de la chair 232
    La bataille finale contre Gog et synthèse de l'action de Yhwh 232
    Construction d'un nouveau temple et retour de la gloire de Yhwh 233
    Sanctuaire, territoire et prince 234
Conclusion 235

Les autres « petits prophètes » 238
   NAHOUM 239
   SOPHONIE 241
   HABAQUQ 243
   ABDIAS 245
   JONAS 246
   JOËL 248
   AGGÉE 249
   ZACHARIE 250
   MALACHIE 253

Troisième partie 255
AUTRES ÉCRITS 255
   Introduction 256
   Histoire d'Israël : de Babylone à Jésus 257
      Les difficultés du retour d'exil 257
         ESDRAS 258
         NÉHÉMIE 259
      L'hellénisation et la traduction de la Bible en grec avec la SEPTANTE .. 260
      La révolte des MACCABÉES 261
      L'Occupation Romaine 263
   La sagesse 264
      Ses origines 264
      Sagesse et religion 265
      Contestation du lien de la sagesse avec la royauté 266
      Développement de la Sagesse en Israël après l'exil 266
      Sagesse divine et sagesse des hommes 267
      Sagesse et métaphysique 268
   Livres abordés dans cette troisième partie 269

LES LAMENTATIONS 270

LES PSAUMES 274
   Introduction 274
   Types de psaumes 276
      1. Les supplications individuelles 276

    2. Les supplications collectives 281
    3. Les chants de confiance 282
    4. Les chants de reconnaissance et d'action de grâce 283
    5. Les chants d'instruction ou de sagesse 283
    6. Psaumes du jugement de Dieu 286
    7. Les hymnes de louange 287
    8. Les psaumes royaux, messianiques 288
  Place des psaumes dans l'histoire du judaïsme et du christianisme 290
  Importance des psaumes dans l'évolution de la perception du sacré 291
  Renversement de la perception de la puissance du divin 292

LES PROVERBES 295
  Introduction 295
  Livret I 296
  Livret II 299
  Autres livrets 301
  Conclusion 302

JOB 303
  Introduction 303
  La structure du Livre 305
  Le conte en prose où Satan dialogue avec Dieu 305
  Les dialogues en vers avec Élifaz, Bildad et Çofar 307
    Première série (Jb 4-14) : Dieu espion ? 308
    Deuxième série (Jb 15-21) : Dieu rédempteur ? 311
    Troisième série (Jb 22-31) : Dieu attendu ? 314
  Un nouveau personnage, Elihou, justifie l'action de Dieu 316
  La réponse de Dieu 317
  Epilogue : Dieu présent 319

QOHÉLETH ou L'ECCLÉSIASTE 321
  Prologue 321
  Première partie : Qohéleth fait son autocritique 322
  Deuxième partie : réflexions philosophiques et morales 324
  Troisième partie : se prémunir du conformisme 326
  Conclusion 329

DANIEL 331
    Introduction 331
    Les récits légendaires didactiques 332
        Le songe de Nabuchodonosor et visions de Daniel 333
        Les trois jeunes gens dans la fournaise 334
        Songe du grand arbre 335
        Ecritures sur le mur 337
        Daniel dans la fosse aux lions 338
    Les Apocalypses 338
        Vision de quatre bêtes et du Fils d'Homme 339
        Vision du Bélier et du Bouc 340
        Les soixante-dix septénaires d'années 341
        La vision finale 343
    Conclusion 346

LA SAGESSE 347
    Sentences et Poèmes 348
    Hymne à la sagesse de Yhwh 350

LE SIRACIDE 352
    La question de la mort et de la souffrance 352
    Eloge de la vertu 356
    Sens de l'Histoire 357

CONCLUSION 359
    Mille ans d'histoire 359
    Le monothéisme conforté 361
    Questions restées en suspens 362

ANNEXE 1 - ABRÉVIATIONS 365
ANNEXE 2 - NUMÉROTATION DES PSAUMES 366
ANNEXE 3 - TABLEAU CHRONOLOGIQUE 367
ANNEXE 4 - BIBLIOGRAPHIE 371

Remerciements

Ce livre n'aurait pu voir le jour sans l'exigeante persévérance de Françoise.
Merci à mes amis Catherine, Serge et Vincent pour leur active relecture, leurs corrections et leurs suggestions.
Merci Claire et Audrey pour votre coopération à la couverture et à la mise en page.

Je vous remercie toutes et tous, membres des groupes de lecture de la Bible que j'anime, ainsi que les lecteurs du tome 1, qui m'avez encouragé à écrire ce tome 2.